U0146318

中国工程院院士
是国家设立的工程科学技术方面的最高学术称号，为终身荣誉。

中国工程院院士传记

李冠兴传

冠世兴核

杨新英 杨 关 著

科学出版社

人民出版社

内 容 简 介

　　李冠兴院士是一位成就卓著的战略科学家和工程技术专家，是一位谦和且执着的学者，也是一位德艺双馨的智者，他的身上，体现了风度与才华的完美融合，也谱写了科学家与管理者的"双料"传奇。本书展示了这位腹内有乾坤、立马振山河的核科学家曲折感人而又辉煌励志的人生故事，真实记录了李冠兴院士为我国核材料及核燃料元件事业做出的卓越贡献，再现了李冠兴院士胸怀祖国、服务人民的优秀品质，以及心怀"国之大者"，为核一生、忠诚奉献，为国分忧、为国解难、为国尽责的使命担当。他以赤胆忠诚的爱国情怀、卓尔不群的科学品质、无私无我的价值追求，深刻展现了一代科学巨擘崇高的大师风范和超凡的人格魅力。

　　本书适合核科学、能源科学等领域的专业研究者、科研工作者、教育工作者和大学生等阅读，亦是学习科学家精神的良好读本。

图书在版编目(CIP)数据

冠世兴核：李冠兴传 / 杨新英，杨关著 . —北京：科学出版社，2024.8
（中国工程院院士传记）

ISBN 978-7-03-077481-1

Ⅰ. ①冠… Ⅱ. ①杨… ②杨… Ⅲ. ①李冠兴–传记 Ⅳ. ①K826.16

中国国家版本馆 CIP 数据核字（2024）第009998号

责任编辑：张　莉　陈晶晶 / 责任校对：韩　杨
责任印制：师艳茹 / 封面设计：有道文化

科 学 出 版 社 出版
北京东黄城根北街 16 号
邮政编码：100717
http://www.sciencep.com

北京中科印刷有限公司印刷
科学出版社发行　各地新华书店经销
*
2024年8月第 一 版　开本：720×1000　1/16
2024年8月第一次印刷　印张：24　插页：6
字数：310 000
定价：**118.00元**
（如有印装质量问题，我社负责调换）

中国工程院院士　李冠兴

李冠兴家庭合照（前排从左至右：母亲王妙珍、父亲李守仁；
后排从左至右：妹妹李冠秀、李冠兴、弟弟李冠雄）

1957 年，在清华大学读书时的李冠兴

李冠兴夫妇伉俪情深

李冠兴（左）与张沛霖院士（右）

李冠兴（左）与胡思得院士（右）

李冠兴夫妇与王大中院士（前排左一）

李冠兴（中）在生产现场指导工作

李冠兴亲自到生产车间见证 CF3 核燃料组件实物出厂检验

李冠兴（左一）在科研一线指导工作

2003 年，李冠兴在二〇二厂建厂 45 周年大会上致辞

2006 年，李冠兴（左二）参加清华大学工程物理系建系 50 周年纪念活动

2012 年，李冠兴在第 25 届世界核妇女大会上致辞

2014 年 9 月，李冠兴在纪念我国第一颗原子弹爆炸成功 50 周年座谈会上致辞

2016 年，李冠兴在第四届"魅力之光"夏令营开营仪式上致辞

2016 年，李冠兴出席国际青年核能大会并致欢迎辞

2016 年，李冠兴在第二十届太平洋地区核能大会上致辞

2017 年 6 月，在"科普中国——绿色核能主题科普活动"启动仪式上，李冠兴（中）、王乃彦、杜祥琬、叶奇蓁、徐銤 5 位院士担任首席科学家

2017 年，李冠兴在第十六届海峡两岸核能学术交流研讨会上致辞

李冠兴作为中国共产党第十六次全国代表大会代表
在人民大会堂前留影

李冠兴（中）荣获中国核学会 2019 年学术年会特别贡献奖

中国核学会原秘书长申立新（左一）在李冠兴（右二）八十寿辰时
送给他贺寿条幅

中国工程院院士传记丛书

总　序

　　20 世纪是中华民族千载难逢的伟大时代。千百万先烈前贤用鲜血和生命争得了百年巨变、民族复兴，推翻了帝制，肇始了共和，击败了外侮，建立了新中国，独立于世界，赢得了尊严，不再受辱。改革开放，经济腾飞，科教兴国，生产力大发展，告别了饥寒，实现了小康。工业化雷鸣电掣，现代化指日可待。巨潮洪流，不容阻抑。

　　忆百年前之清末，从慈禧太后到满朝文武开始感到科学技术的重要，办"洋务"，派留学，改教育。但时机瞬逝，清廷被辛亥革命推翻。五四运动，民情激昂，吁求"德、赛"升堂，民主治国，科教兴邦。接踵而来的，是国民大革命、10 年内战、14 年抗日和 4 年解放战争。恃科学救国的青年学子，负笈留学或寒窗苦读，多数未遇机会，辜负了碧血丹心。

　　1928 年 6 月 9 日，蔡元培主持建立了中国近代第一个国立综合性科研机构——中央研究院，设理化实业研究所、地质研究所、社会科学研究所和观象台四个研究机构，标志着国家建制科研机构的诞生。20 年后，1948 年 3 月 26 日遴选出 81 位院士（理工 53 位，人文 28 位），几乎都是 20 世纪初留学海外、卓有成就的科学家。

　　中国科技事业的大发展是在新中国成立以后。1949 年 11 月

1 日成立了中国科学院，郭沫若任院长。1950—1960 年有 2500 多名留学海外的科学家、工程师回到祖国，成为大规模发展中国科技事业的第一批领导骨干。国家按计划向苏联、东欧各国派遣 1.8 万各类科技人员留学，全都按期回国，成为建立科研和现代工业的骨干力量。高等学校从新中国成立初期的 200 所增加到 600 多所，年招生增至 28 万人。到 21 世纪初，高等学校 2263 所，年招生 600 多万人，科技人力总资源量超过 5000 万人，具有大学本科以上学历科技人才达 1600 万人，已接近最发达国家水平。

新中国成立 60 多年来，从一穷二白成长为科技大国。年产钢铁从 1949 年的 15 万吨增加到 2011 年的粗钢 6.8 亿吨、钢材 8.8 亿吨，几乎是 8 个最发达国家（G8）总年产量的 2 倍。水泥年产 20 亿吨，超过全世界其他国家总产量。中国已是粮、棉、肉、蛋、水产、化肥等第一生产大国，保障了 13 亿多人口的食品和穿衣安全。制造业、土木、水利、电力、交通、运输、电子通信、超级计算机等领域正迅速逼近世界前沿。"两弹一星"、高峡平湖、南水北调、高公高铁、航空航天等伟大工程的成功实施，无可争议地表明了中国科技事业的进步。

党的十一届三中全会以后，实行改革开放，全国工作转向以经济建设为中心。加速实现工业化是当务之急。大规模社会性基础建设，大科学工程、国防工程等是工业化社会的命脉，是数十年、上百年才能完成的任务。中国科学院张光斗、王大珩、师昌绪、张维、侯祥麟、罗沛霖等学部委员（院士）认为，为了顺利完成中华民族这项历史性任务，必须提高工程科学的地位，加速培养更多的工程科技人才。中国科学院原设的技术科学部已不能满足工程科学发展的时代需要。他们于 1992 年致书党中央、国务院，建议建立"中国工程科学技术院"，选举那些在工程科学中做出重大的、创造性成就和贡献、热爱祖国、学风正派的科学家和工程师为院士，授予终身荣誉，赋予科研和建设任务，请他们指导学科发展，培养人才，对国家重大工程科学问题提出咨询建议。中央接受了他们的建议，于1993年决定建立中国工程院，聘请30名中国科学院院士和遴选66名院士共96名为中国工程院首批院士。于1994年6月3日，召开了中国工程院成立大会，选举朱光亚院士为首任院长。中国工程院成立后，全体院士紧密团结全国工程科技界共同奋斗，在各条战线上都发挥了重要作用，做出了新的贡献。

中国的现代科技事业比欧美落后了200年。虽然在20世纪有了巨大进步，但与发达国家相比，还有较大差距。祖国的工业化、现代化建设，任重道远，还需要有数代人的持续奋斗才能完成。况且，世界在进步，科学无止境，社会无终态。欲把中国建设成科技强国，屹立于世界，必须持续培养造就数代以千万计的优秀科学家和工程师，服膺接力，担当使命，开拓创新，更立新功。

中国工程院决定组织出版"中国工程院院士传记"丛书，以记录他们对祖国和社会的丰功伟绩，传承他们治学为人的高尚品德、开拓创新的科学精神。他们是科技战线的功臣，民族振兴的脊梁。我们相信，这套传记的出版，能为史书增添新章，成为史乘中宝贵的科学财富，俾后人传承前贤筚路蓝缕的创业勇气、魄力和为国家、人民舍身奋斗的奉献精神。这就是中国前进的路。

宋健

2012年6月

序一　我认识的李冠兴

光阴荏苒，白驹过隙。李冠兴院士离开我们已一年有余，思念之情不绝。我们当年与冠兴院士一起研讨建设国家科技重大专项工程——高温气冷堆核电站示范工程核燃料元件生产线的情景时常泛起在心间。欣闻讲述冠兴院士生平的传记即将付梓，感慨、感动之情油然而生……

虽然冠兴生前与我不在一个单位共事，我在清华大学潜心科研、教书育人，他在核工业科研生产建设一线披肝沥胆、顽强拼搏，但我们两心相知、恍若比邻：涓涓流水不因石而阻，真挚情谊不因远而疏。不管在任何时候、任何情况下，我们都能做到知己般地推心置腹、互相支持。

我比冠兴年长5岁，在我的印象中，冠兴总是那么和蔼可亲、温文尔雅，却又永远充满自信、奋发有为。在与他几十年的友谊中，我总感到他身上好像燃烧着一团火，这团火，是那样炽烈，那样暖人心脾，那样鼓舞人心！

我和冠兴在清华大学读书时就已相识。1956年，清华大学成立了工程物理系，这是国家为培养原子能科学技术人才而成立的第一个核工程系。冠兴以优异的成绩考入该系，而我作为清华大学机械系在校学生调入工程物理系转读核反应堆专业，我们成为同系的系友。

　　1956 年，冠兴年仅 16 岁，他在班里年纪最小却是班上的尖子生之一。他一直担任学习委员，后来又担任团支部宣传委员，并在毕业时获评优秀毕业生。1962 年大学毕业后，他又留校攻读核材料专业研究生，师从李恒德先生，1966 年毕业。那时候的清华大学对学生的培养，理论联系实际，真刀实枪地做毕业设计，完全开放式地思考问题、研究问题，学生的动手能力和分析解决问题的能力都得到了很大锻炼，这一点应该也是让冠兴终身受益的。

　　研究生毕业以后，冠兴选择到祖国最需要的地方去，为国家重大工作扎根一线，在原二机部二〇二厂工作了 40 年。他几十年如一日，脚踏实地、辛勤耕耘。他敢于推翻苏联专家的结论，为生产堆元件成品合格率的大幅提升和堆内事故率的降低做出了重要贡献。在改革开放的艰难转型期，二〇二厂陷入困境，他四处奔走，争取

2018 年 5 月，李冠兴院士（左二）与王大中院士（中）、
詹文龙院士（左一）、陈佳洱院士（右二）、王乃彦院士（右一）
参加中国核学会第九次全国会员代表大会时合影

支持，筹建了核工业唯一建在工厂里的重点实验室，建设了研发基地，争取到了一批重大科研项目。2001年被任命为二〇二厂厂长后，他组织建成了我国第一条重水堆核电燃料元件生产线，为秦山三期核电燃料元件国产化奠定了坚实基础。学者治厂，他力求为每一位员工提供施展才能的舞台，受到了全体员工的敬佩和爱戴。2004年10月，冠兴从厂长的岗位上退下来，受中国核工业集团有限公司委托，参加第三代核电技术的国际招标工作，任核燃料组组长，前后历时三年，出色地完成了任务。2008～2018年，冠兴担任中国核学会第七、第八届理事会理事长，在他的领导下，中国核学会在学术引领、产业发展、国际交流、科普宣传、人才培养等方面取得了显著成就。

生活中，他为人厚道、以诚待人；学术上，他求真务实、创新图强。一路走来，从"中国制造"到"中国创造"，从"跟跑"到"领跑"，在核燃料领域，冠兴带领团队，取得了一系列重大科研成果，使我国的核燃料产业不断成长、壮大起来。

1997年，担任二〇二厂总工程师的李冠兴带领团队承担了用于10兆瓦高温气冷堆球形燃料元件制备的八氧化三铀（U_3O_8）粉末的研制任务。他以为国家高技术发展做贡献、为企业长远发展提升创新能力的理念，激励团队中的同志们全力投入、艰苦攻关，研制出了完全符合技术指标要求的产品，并保质、超量地按时提交给了清华大学，为实验堆建设和我国高温气冷堆技术发展做出了重要贡献。

自主创新的高温气冷堆技术必须实现工程化、商业化，高校和企业必须产学研结合、协同创新。经过我们双方的通力合作，2016年3月27日，我国拥有完全自主知识产权的全球首条工业规模高温气冷堆核电站核燃料元件生产线在二〇二厂正式投料生产，标志着我国在第四代核能系统技术研发和工程应用上已经走在世界前列。此外，我们还共同构建了高温气冷堆核电站核燃料元件生产线独特的技术管理体系，完善的质量管理、安全环保、职业健康安全的体系，为推动高温气冷堆核燃料元件制造技术标准体系建设，实现高温气冷堆技术工程化、产业化、国际化，助力我国"一带一路"实施，打下了坚实基础。

冠兴非常有战略眼光，他总是告诫大家，建设高温气冷堆核燃料元件生产线，不仅是为了给国家科技重大专项——高温气冷堆核电站示范工程供应核燃料元件，更是为了给今后我国建设商用模块式高温气冷堆核电厂需要的年产百万级数量的球形核燃料元件生产技术积累有益的经验，为我国国民经济发展、能源技术转型升级做出贡献。

冠兴十分关心、支持元件生产线的建设工作。在生产线建设过程中，他多次到生产线现场了解实际情况，深入车间仔细询问每一个工序，与相关人员进行讨论，关心工程化难题的解决、工艺技术的改进、设备的国产化、质量管理与可靠性提高等各方面的问题。

冠兴是一位成就卓著的工程技术专家，是我国宝贵的战略科学家。同时，他又是一位执着且谦和的学者，是一位德艺双馨的智者。他的身上展现了智慧才华与人格魅力的完美融合，也谱写了科学家与管理者的"双料"传奇。认识了李冠兴，你就见到了一种格局和高度。冠兴以赤胆忠心的爱国情怀、卓尔不群的勇气与能力、无私忘我的科学家精神，完美展现了一代科学巨擘超凡的大师风范和崇高的人格魅力，让人仰大师之学，更慕大师之德。

在冠兴离开我们一周年之际，《冠世兴核：李冠兴传》创作完成，不久将出版。该书将冠兴传奇式的人生呈现在世人的眼前。"求真务实，创新图强，厚道为人，报效祖国""自知者明，自胜者强"，冠兴自觉地把自己的人生融入国家发展的洪流之中，始终心系"国之大者"，在一穷二白时大胆探索，在改革发展中奋力追赶，在市场搏击中自立自强，在国际竞争中创新突围。在服务国家民族的崇高信仰下，他像战士一样战斗、像旗帜一样引领、像磐石一样坚守，穷其一生，坚定不移、坚韧不拔，致力于科技创新和产业报国。他的一生，是共产党人坚守初心、勇担使命、艰苦奋斗的一生，是杰出科学家不畏艰辛、敢为人先、知难而进的一生，也是清华大学毕业生真切践行"爱国奉献、追求卓越"的清华精神、"自强不息、厚德载物"的清华校训的一生！他是清华的骄傲，是祖国需要的大师！

中国进入了新时代，每天都在以精彩华章谱写中国梦的传奇。中国梦是民族的梦，是每个中国人的梦。实现中国梦必须走中国道路，必须弘扬中国精神，必须凝聚中国力量，必须讲好中国故事。《冠世兴核：李冠兴传》一书，正是我们凝聚力量难得的精神食粮。

社会飞速进步，各种思潮纷至沓来，坚守善良、无私与爱国、奉献的崇高品质，也面临诸多挑战。但《冠世兴核：李冠兴传》会把你带入一种纯洁、高远、奋发的精神境界。洁白无瑕的灵魂、熊熊燃烧的热情、一往无前的勇气、战无不胜的信心，将会使生命变得更加充实、更加美好，让人领略到真正意义上的幸福，激发起昂扬向上的斗志，焕发出生命中最大的力量。

万物皆有逝，唯精神永存！冠兴用奋斗的一生为中国核工业事业做出了杰出贡献，他那颗美丽、高贵的心灵，也照亮了我们的精神家园。冠兴虽然离开了我们，但他德馨品高的大师风范必将历久弥新、光耀后人，永远是我们立身做人、研究治学、干事创业的光辉旗帜。

冠兴，安息！冠兴院士精神永存！愿冠兴院士钟情一生、奋斗一生的祖国核事业繁荣昌盛，愿我们伟大的祖国早日成为世界核强国！

是以为序。

中国科学院院士

国家最高科学技术奖获得者

2022 年 1 月 5 日

序二　腹内有乾坤　立马振山河

　　值此李冠兴院士诞辰82周年之际,《冠世兴核：李冠兴传》将要与读者见面了。李冠兴院士是我熟知的一位科学家,他宏大的格局、渊博的学识、开阔的视野和敏锐的判断力给我留下了深刻的印象。我和从清华大学毕业后从事核工业创业创新的莘莘学子,一直对李冠兴院士矢志不渝的强国梦和报国志充满景仰,可以说,他是我们这一代核工业人学习的楷模。

　　李冠兴院士是为了坚守祖国的核事业而一诺千金的国之栋梁。他将一腔热血洒在核工业科研生产第一线,用一生践行"两弹一星"精神。我从李冠兴院士不平凡的一生中深刻地感受到：要建成强大的中国核工业,就一定要有李冠兴院士这样的功勋科学家,他们是值得信赖的能够瞄准世界核科技前沿、引领核科技发展方向的科学巨人。核工业创业史反复启迪我们,核工业的关键核心技术是要不来、买不来、讨不来的,而只能来自像李冠兴院士这样一代代杰出的核科学家呕心沥血的攻坚和不计回报的奉献。李冠兴院士用实际行动完美诠释了"强核报国,创新奉献"的新时代核工业精神。

　　李冠兴院士的一生是腹内有乾坤、立马振山河的传奇式的一生。这部厚重的传记,不仅记述了李冠兴院士一个人的光辉人生,而且记录了中国核工业从无到有、从小到大、从弱到强的伟大变革,很多内容都可以汇入核工业史的篇章。当年,他提出"要把二〇二厂建成国际一流的核燃料工业基地"的发展目标,提出"我们不怕困难，中央给我们的任务一定要完成，想尽办法去完成"的工作信念，至今还余音绕梁、激励后人，是我们核工业人砥砺奋进的精神动力。

作为闻名行业内外的核工业功勋人物，李冠兴院士的身上集中体现了科学家精神与企业家精神的完美融合，他身上所具有的"干惊天动地事，做隐姓埋名人"的家国情怀，诠释了中国核工业人胸怀天下、为国抱薪的高韵深情。我们对李冠兴院士的最好纪念，就是秉承他的精神，完成他的夙愿，坚定不移地大力发展我国核科学技术，努力打造世界核科学技术中心和创新高地，成为国际核科技发展的引领者。

习近平总书记指出："广大院士要不忘初心、牢记使命，响应党的号召，听从祖国召唤，保持深厚的家国情怀和强烈的社会责任感，为党、为祖国、为人民鞠躬尽瘁、不懈奋斗！"① 从一定意义上说，该书真实地再现了李冠兴院士胸怀祖国、服务人民的优秀品质，心怀"国之大者"，为国分忧、为国解难、为国尽责的使命担当。该书的出版对于充实和丰富我国的核工业发展史具有重要的时代意义，更为核材料工艺技术与核燃料产业发展留下了弥足珍贵的资料。

衷心希望广大读者，特别是新时代核工业人以史为鉴、开创未来，从这部《冠世兴核：李冠兴传》中找到一条"为天地立心，为生民立命，为往圣继绝学，为万世开太平"的精神大道，义不容辞地肩负起建设强大中国核工业的神圣使命，为实现中华民族伟大复兴的中国梦做出无愧时代、不负人民的忠诚担当和无私奉献！

余剑锋

中国核工业集团有限公司党组书记、董事长

2022年1月8日

① 习近平. 在中国科学院第二十次院士大会、中国工程院第十五次院士大会、中国科协第十次全国代表大会上的讲话 [M]. 北京：人民出版社，2021.

目　　录

中国工程院院士传记

冠世兴核：李冠兴传

引　子

他是从工厂里走出来的科学家，求真务实是他的人生追求，自信自强是他的人生底色，立己达人是他的人生格局，报效祖国是他的人生目标。

他就是中国工程院院士，中国核学会第七、第八届理事会理事长，中核北方核燃料元件有限公司（原中国核工业集团核工业二〇二厂）原厂长、名誉总经理李冠兴。

千秋风骨，博大襟怀；万世垂范，永延无垠。

这是一位谦卑且执着的学者，常被科学界大人物尊称为先生或老师；这是一位众人口中和蔼可亲、德艺双馨的智者，在核工业创建 65 周年之际，被评为德才兼备、功勋卓著的"核工业功勋人物"；这是一位从工厂里走出来的科学家……他就是中国工程院院士李冠兴。

坐落于我国北疆内蒙古包头市的中核北方核燃料元件有限公司（原中国核工业集团核工业二〇二厂，以下简称二〇二厂），创建于1958 年，是中国核工业集团有限公司（简称中核集团）的重要成员单位，是我国核工业最早建成的核燃料元件和核材料科研生产基地，李冠兴就是从这家企业走出来的中国工程院院士。

1967 年，李冠兴来到二〇二厂，在此工作了一辈子，历任第二研究室（简称二室，1984 年改称冶金研究所）专题组组长、组长、分室主任、副主任（副所长）、厂副总工程师、厂总工程师、厂长等职。2004 年 4 月卸任厂长职务后，他仍被聘为中核北方核燃料元件有限公司名誉总经理。

自 1896 年法国物理学家安东尼·亨利·贝克勒尔（Antoine Henri Becquerel）发现了天然放射性现象，核科学技术和核工业得以迅速发展，实现了从基础理论研究到应用技术研究、从军事应用到新能源应用的重大转变。核工业是一个完整的产业链系统，在这个系统中，有铀矿地质勘探开采与铀的提取、铀同位素的分离、核燃料元件的制造等，其中核燃料元件的制造是极为重要的环节。二〇二厂是核工业整体链条上的重要一环，为我国核材料科研生产体系的建立，为原子弹、氢弹的成功爆炸和核潜艇的顺利下水以及和平利用原子能做出了重要贡献。李冠兴就是一位长期从事核材料与核燃料元件研究制造的科学家。

原子能反应堆是靠装载的核燃料发生裂变反应产生中子并提供能量的。为了满足反应堆的各种性能要求，以及便于补充更换，除均匀性反应外，在大多数情况下，必须把核燃料制成一特定结构的单元体，才能装入堆内，这种单元体就称为"核燃料元件"。

核燃料元件好比火电厂发电用的煤，好比我们吃的粮食，是核电站发电的能量源泉，所以，核燃料元件厂又被称为核电站的"粮仓"。核燃料元件就是"粮草"，"兵马不动，粮草先行"，核燃料元件的研制生产实际上是在提前为国家的核电工程建设做准备。

煤是利用燃烧释放的化学能产生热量，而核燃料元件是利用核裂变反应释放的核能产生热量。一座百万千瓦级的热电厂每年需要消耗 300 万吨煤，每天燃烧的煤大约需要 40 节火车车厢运输，一年产生的废物总量超过 300 万吨。同样级别的核电站每年仅需 30 吨低浓铀原料，全年所需原料仅需一辆重型卡车运输，两者相差 10 万倍。核燃料元件在裂变过程中不释放任何温室气体，是绿色清洁能源。

按照反应堆用途的不同，核燃料元件相应分为生产堆核燃料元件、试验堆核燃料元件和动力堆核燃料元件。核燃料元件的性能直接影响反应堆的安全可靠性，因而，核燃料元件的研究与制造在核工业中是关键环节。在制造时，对所用材料及其结构设计和制造工艺的要求都十分严格，制成的核燃料元件要经过严格的质量检查，还要经堆内辐照考验，这就使核燃料元件的制造成为一项相当复杂的技术。从产业链的角度来看，核燃料元件的制造是核工业全产业链中的上游环节之一，是确保核电站安全的第一道屏障。

核燃料元件是核燃料产业的最终产品，是核电站的能量源泉。核燃料元件制造工艺由化工、机械、粉末冶金、理化分析、辐射防护等许多领域的工艺技术组成，是一个技术综合性很强的行业。由于核工业的特殊性，许多工艺技术的实现比普通行业难，需要面对设备专用性强、产品研制周期长、材料价格高等问题，客观上增加了相应技术发展的难度。

20 世纪 50～60 年代以生产堆核燃料元件和试验堆核燃料元件

的研制与生产为主要特征。在这一阶段，我国系统地开展了核燃料元件制造技术的研究，逐步建立了较为完整配套的核燃料元件研发体系，并提高了批量生产能力，为我国各种反应堆研制和生产了多种不同类型的核燃料元件。这些核燃料元件的研制成功，奠定了我国核燃料元件制造的技术基础，为我国核燃料元件制造技术的进一步发展积累了经验、培养了人才。

20 世纪 70～80 年代以动力堆核燃料元件的研制和生产为主要特征，潜艇核动力堆核燃料元件研制成功并投入生产。我国自行设计的 300 兆瓦压水堆核电站 CQS300 燃料元件研制成功并投入生产，标志着我国已基本掌握了核电燃料元件的制造技术。

自 1991 年起，我国先后引进了法国的 M310 核电技术、俄罗斯的 VVER1000 核电技术、加拿大的坎杜 6 型（CANDU6）核电技术和第三代核电技术——美国西屋电气公司（Westinghouse Electric Corporation）的 AP1000 核电技术、法国阿海珐（AREVA）公司的第三代原子能反应堆（evolutionary power reactors，EPR）核电技术。与之相对应，我国核燃料元件制造技术先后引进了法国 AFA2G、AFA3G 与全 M5AFA3G 三种核燃料元件制造技术，俄罗斯 VVER1000 核燃料元件制造技术，加拿大 CANDU6 核燃料元件制造技术，美国 AP1000 核燃料元件制造技术，并实现了国产化。应该说，通过这一轮引进，我国核燃料元件的制造技术水平和能力已接近或达到国际水平。

我国自 2010 年开始研制具有自主知识产权的 CF 系列核燃料元件。CF 核燃料元件是我国自主研发的三代核电技术，具有完全自主知识产权的"华龙一号"的 CF 系列核燃料元件实现系列化、型谱化制造，突破锆合金核燃料包壳管、下管座等关键制造技术，核燃料元件制造工艺技术水平得到大幅提升。近年来，伴随着 N36 特征化组件、CF2 辐照考验组件、CF3 先导组件、CF3A 先导组件等不同型号和批次的核燃料元件研制成功与入堆考验，以及 CAP1400 和高温气冷堆自主化元件的研制，中核品牌核燃料元件技术的成熟度不断提高，先进性日益突出，为国家核电自主化与"走出去"发展战略提供了强力支撑，为国内大量现役和在建核电机组提供了合格装料，对能源供应安全具有重要的战略意义。

核燃料元件的发展与核电技术的发展是相辅相成的，随着核电技术的不断发展，核燃料元件的制造技术也在不断地发展和创新，特别是核燃料元件材料和结构不断推陈出新，这对核燃料元件的制造技术提出了更新、更高的要求。

中国正北方崛起的最大核燃料基地——中核北方核燃料元件有限公司

让李冠兴钟情一辈子的二〇二厂，地处祖国正北方的内蒙古自治区，在群山、黄河环抱中，新中国的工业重镇包头巍然屹立，在共和国的版图上熠熠闪光。包头钢铁（集团）有限责任公司、内蒙古第一机械制造（集团）有限公司、内蒙古北方重工业集团有限公司、包头铝业（集团）有限责任公司……一家家声名显赫的企业共同撑起了包头工业的骨架。与它们比肩，二〇二厂虽未能显现大工业时代的恢宏壮观，甚至略显神秘、低调，但这家为共和国"两弹一艇"（原子弹、氢弹、核潜艇）和核电事业做出不可磨灭贡献的历史悠久的核工厂，同样头顶光环，历尽辉煌，值得为之骄傲。

20世纪50年代初，新中国面临着西方国家的经济封锁、军事包围和战争威胁，有些西方国家甚至多次扬言要对新生的中华人民共和国进行核军事打击。1954年，我国地质部和苏联专家采集到了中国第一块铀矿石。1955年1月15日，我国的第一块铀矿石被带到了中南海，在中央书记处扩大会议上揭开了它的神秘面纱。

我国首次发现的中国第一块铀矿石——"开业之石"

1955年1月15日，党中央做出中国要发展原子能工业的战略决策。

1956年4月25日，毛泽东主席在中共中央政治局扩大会议上强调，我们要有原子弹，"在今天的世界上，我们要不受人家欺侮，就不能没有这个东西"[1]。

1964年10月16日，我国首颗原子弹爆炸引发的那片冲天而起的蘑菇云，改变了新中国的命运，也影响了整个世界的格局。当得

---

[1] 逄先知，金冲及.毛泽东传（1949—1976）.北京：中央文献出版社，2003.

知原子弹使用的关键核部件是由中国自主研制生产的消息后，世人纷纷把关注的目光聚焦在了新中国的工业重镇——包头。

历史不会忘记在阴山脚下、黄河岸边建成的中国第一个核燃料元件厂。1956 年 8 月 17 日，中苏两国政府签订关于苏联援助中国建设原子能工业的协定，我国决定兴建核燃料元件厂。于是，中国第一座核燃料元件厂二○二厂，就作为核工业的重要组成部分，开始酝酿筹建。1957 年 3 月，周恩来总理亲自批准了迅速发展包括二○二厂在内的五个建设项目的分工协议书。经过多方考察，厂址最终选定在包头市郊的马家营子。1958 年 5 月 31 日，邓小平批准了中华人民共和国第二机械工业部（以下简称二机部）上报的"五厂三矿"①的选点方案，这是中央为尽快研制出原子弹、氢弹、核潜艇做出的重大决策部署。同年 10 月，二机部首任部长宋任穷批准了二○二厂的初步设计任务书。

党中央高度重视二○二厂的建设，选派国内知名大学和回国留学生中的优秀人才到这里，还从上海、沈阳、天津、大连等工业发达城市抽调来一批能工巧匠，工厂聚集了大批各类精英，其中有以刘允斌（核化学专家）、乌杰（系统科学及系统哲学专家）等为代表的留学苏联的专家学者数十人；有以李冠兴、李子彬（化工专家）等为代表的毕业于清华大学、北京大学等著名院校的专家 800 余人；有以张诚、杨朴（二人均为我国核燃料工业的创始人）为代表的管理干部。

1958 年 3 月，从全国各地抽调的一批管理干部和科研骨干以及技术工人，开始秘密地向这里汇集，他们陆续来到包头大青山下。许多优秀的中青年科学家告别家人甚至隐姓埋名，开始了建厂筹备工作，他们成为建厂初期的骨干力量。

包头是蒙语"包克图"的谐音，意为"有鹿的地方"，又称"鹿

---

① "五厂"指衡阳铀水冶厂、包头核燃料元件厂、兰州铀浓缩厂、酒泉原子能联合企业、西北核武器研制基地，"三矿"指郴县铀矿、衡山大浦铀矿、上饶铀矿。

城",地处中国华北地区、蒙古高原南端、内蒙古西部,南濒黄河,阴山山脉横贯中部,城市依山傍水、疏朗大气。包头是内蒙古自治区制造业、工业中心及最大的城市,是中国重要的基础工业基地和全球轻稀土产业中心,被誉称"草原钢城""稀土之都",也是我国典型的移民城市,从古至今经历了数次大规模的人口迁徙。然而就是这种漫长的多民族文化的历史迁徙,在促进各民族交融以及加快包头市社会与经济发展的同时,也吸引并造就了一批批献身国防的精英才子,他们为祖国的军工事业呕心沥血,是中国国防工业振兴与崛起的坚实脊梁和中流砥柱。在这些创造军工奇迹的重量级人物中,既有武器装备型号研制的总设计师、行业内的领军者、技能精湛的国家工匠,也有在平凡岗位上取得不平凡业绩的全国劳动模范和先进工作者,与他们创造的一个个传奇故事一起构成了一幅生动感人、气势磅礴、见证共和国国防工业成长的历史画卷。

二〇二厂建厂时,包头的自然条件十分艰苦,第一代创业者口中流传着"白天老鼠黑夜狼,大风一来刮走羊"的顺口溜。当年,迎接第一批建设者的只有"一口深不见底的老井、生满枯黄的沙蒿、两段不知毁于何时的残垣断壁"。空旷的厂址只有一些创业者搭的帐篷,人们外出甚至都找不到回来的路,沿途一点标记都没有。建厂初期,我国就遭遇了三年经济困难时期,物资供应紧张,许多人吃不饱饭。为了充饥,大家吃猪毛菜、灰菜、糖菜渣,喝酱油汤,不少人得了水肿。尽管土地荒凉、气候恶劣、饮食简陋,但在中苏两国设计人员的密切配合下,二〇二厂的建设工作如火如荼地展开了。

对于二〇二厂的建设和发展,周恩来总理强调,二〇二厂非常重要,一定要确保工程质量,大胆而扎实地工作,加快建设速度,争取早日建成投产。他还说,要关心职工的生活,有困难要及时向上级部门和地方政府部门汇报,争取支持。1959年,周恩来总理在参加包钢1号高炉出铁剪彩典礼大会期间,接见了当时的二〇二厂领导,指示:要大胆而又扎扎实实地工作,把原子能事业搞上去。

二〇二厂的建设得到了周恩来总理主持的中央专门委员会的高度重视和大力支持，他甚至还亲自帮助解决二〇二厂建设中遇到的困难，为厂里解决刚建厂时的镍材紧缺问题，调拨国库几十吨当时极其紧缺的镍材，解决了厂里重材料生产线设备制造问题。经过四年的建设，二〇二厂第一条生产线于 1962 年 12 月 12 日建成投产，为中国第一颗原子弹于 1964 年 10 月 16 日的成功爆炸做出了贡献。1967 年 3 月 27 日，周恩来总理亲自签发命令，以国务院、中央军委的名义，要求内蒙古军区对二〇二厂实行军管，以保证该厂安全生产。同年 5 月 29 日，周恩来总理再次签发经叶剑英、粟裕审阅过的以国务院、中央军委名义发出的"关于保证二〇二厂安全、稳定生产的几项决定"的电报。"文化大革命"期间，在周恩来、聂荣臻、叶剑英等中央领导及二机部领导的亲切关怀下，二〇二厂广大职工排除干扰、抵制破坏，继续努力工作。从 1966 年 6 月到 1969 年底，二〇二厂数条军品生产线基本保证了连续运行。

建厂初期的 1961 年 11 月，国务院副总理兼外交部部长陈毅到二〇二厂视察工作，当时，他在包头住了一个多月，有一段时间差不多每天去一趟厂里察看工程进度。他说，我这个外交部部长在外面说话硬不硬、腰杆硬不硬，就看你们的了……

1964 年 4 月，邓小平、彭真、乌兰夫等领导同志来厂视察。邓小平在听完汇报后高兴地说，你们做出了成绩，工程技术人员是有贡献的。彭真说，你们这是丢掉"拐棍"（指苏联援助）自己干出来的，不容易啊！

由此可见，老一辈革命家为二〇二厂的创建和发展倾注了大量心血。

二〇二厂建厂初期，孕育形成了"三种精神"。在当时缺少资料、设备和场地的艰苦条件下，企业干部、技术人员和工人实行"三结合"，在简陋的仓库里搞试验，开展技术攻关，最终成功研制出核部件，为原子弹的成功爆炸做出了贡献，这种"团结协作、勇克技术关"的精神，被罗瑞卿赞誉为"仓库精神"。在国家极其困难的20世纪60年代初期，企业积极进行生产自救，孕育形成了"以苦为乐、勇渡难关"的精神，原二机部第一任部长宋任穷曾说"你们吃的是山药蛋，造的是原子弹"，并将这种精神赞誉为"土豆大会餐精神"。在"工业学大庆"活动中，为了节约成本，广大干部职工群策群力，从点点滴滴入手，千方百计节约开支，把分析成本细算到小数点后三位数，由此形成了"严抓管理、厉行节约"的"一厘钱精神"。这三种精神不仅是"事业高于一切，责任重于一切，严细融入一切，进取成就一切"（"四个一切"）的核工业精神的具体体现，更是激励二○二厂人不断创新发展的优良传统。2017年，这三种精神被包头市委提升为"包头市军工精神"。二○二厂的创业者把实现人生的价值，与助力国家安全、民族强盛的伟大事业紧密联系起来，与为国争光的伟大抱负和革命乐观主义精神统一起来，吃苦不叫苦，受累不抱怨，一心要将二○二厂建成重要的军工企业，出产品，出人才，体现了第一代创业者无私奉献的高尚品格。二○二厂人之所以能在异常艰苦的环境里干出惊天动地的事业，靠的就是对党和人民的无限忠诚、对核事业的赤诚热爱，以及对自身责任和使命的深刻理解，当他们意识到自己所从事的事业是祖国的企盼和需要的时候，奉献精神就会油然而生。是核事业激发了他们的责任，是责任增添了创业者的志气。正是靠着这些精神，在极端艰难困苦的条件下，我国第一座核燃料元件厂建成，构建起完整配套的科研生产体系。

在核工业系统内，二○二厂是唯一一家厂所合一、科研与生产紧密结合的独具特色的企业。二○二厂建厂时就设有一个专门的核燃料元件研究室，也就是如今的二○二厂冶金研究所，这个所功能齐全，设施设备完善，并拥有很强的自主创新和科研开发能力。当年，二机部副部长、著名科学家钱三强来厂检查指导工作时就曾指出，二○二厂"厂所合一"的模式是一个出人才、出产品的好路子。

这是名副其实的技术研发工程中心，工程和研发紧密结合，无论有哪种元件设计要求，工厂都能研发出来并很快应用于生产中。

现在，二〇二厂冶金研究所建有中核集团特种材料研究与应用开发重点实验室、核电燃料元件制造技术院士专家工作站、核燃料材料联合研究实验室、内蒙古自治区钍基燃料元件开发工程技术研究中心、博士后科研工作站等。多年来，该所承担了国家科技重大专项、中核集团"龙腾2020"科技创新计划、核能开发等科研项目，广泛开展科研协作，与多个科研院所建立了合作关系，为我国大部分试验堆、生产堆研制了核燃料元件，积累了雄厚的技术资本和丰富的经验。同时，工厂研制的航天器用测高仪屏蔽体，还为我国航天事业的发展做出了重要贡献。

如今，二〇二厂冶金研究所大楼上高悬的 8 个大字——团结、求实、自强、创新，是李冠兴院士提炼的二〇二厂的精神。他是这样提的，更是这么做的。他经常跟大家讲：人总是要有一点精神的。

二〇二厂冶金研究所今日风采

二〇二厂是我国核工业最早创建的核燃料元件厂，也是我国核燃料工业的一个"母厂"，先后整建制输出核工业八一二厂、八一三厂，以及核工业第五研究设计院和中国核动力研究设计院第四研究所等，为核工业系统输出各类人才 4000 多人。

2007 年二〇二厂完成公司制改革，正式更名为中核北方核燃料元件有限公司。二〇二厂是在 60 多年前十分严峻的历史条件下，我国为打破核垄断、核威胁而创建起来的，是我国第一个核燃料元件和核材料生产科研厂家，是我国核科技工业体系的重要组成部分。

邓小平曾深刻指出，如果 20 世纪 60 年代以来中国没有原子弹、氢弹，没有发射卫星，中国就不能叫有重要影响的大国，就没有现在这样的国际地位。2015 年 1 月 15 日，在我国核工业创建 60 周年之际，习近平总书记作出重要指示："60 年来，几代核工业人艰苦创业、开拓创新，推动我国核工业从无到有、从小到大，取得了世人瞩目的成就，为国家安全和经济建设作出了突出贡献。核工业是高科技战略产业，是国家安全重要基石。要坚持安全发展、创新发展，坚持和平利用核能，全面提升核工业的核心竞争力，续写我国核工业新的辉煌篇章。"[①] 二〇二厂为我国争取一定的国际地位，为我国研制成功"两弹一艇"和加速我国国防现代化、提升我国国防实力做出了不可磨灭的贡献。

中国的核燃料元件生产是从二〇二厂起步的。这里拥有包括生产堆、研究堆、重水堆、压水堆、高温气冷堆等各种类型的核燃料元件的生产线，是国内拥有核燃料元件生产线最多、核燃料元件品种最全的企业，其堆型数量、产品种类在国际上都是首屈一指的。作为在运、在建机组总量位居世界第三的核电大国，我国核电的"粮食"生产已跻身世界先进行列。二〇二厂这个从事核电"粮食"生产、中国核工业最早建立的老厂，如今已经站在了新的历史起点上，前途光明璀璨。

2018 年是中核北方核燃料元件有限公司创建 60 周年，李冠兴说：

---

① 新华社 . 习近平就我国核工业创建 60 周年作出重要指示 [EB/OL]. http://www.xinhuanet. com/politics/2015-01/c_1114011173.htm [2022-10-01].

奋进中的中核北方核燃料元件有限公司气势恢宏，蔚为壮观

60年来，几代二〇二人始终"坚守首责，不忘强国初心，牢记兴核使命"，建成了我国核燃料元件种类最多、技术路线最全的核材料和核燃料元件生产线，形成了以核为主业、多元发展、多级支撑的产业发展格局，为我国"两弹一艇"的成功研制和核燃料事业的发展做出了重要贡献。特别是近10年来，在中国核工业集团有限公司、中国原子能工业有限公司和中核北方公司党政的正确领导下，广大职工凝心聚力、奋力拼搏，抓主业发展，抓管理提升，抓人才队伍建设，各项工作都迈上了新台阶。二〇二厂在产业能力建设、生产经营、人才队伍、科技创新、项目建设、管理提升等方面取得了显著成绩，极大地提升了保障能力，奠定了后续发展的坚实基础，二〇二厂面貌发生了翻天覆地的变化。

60年的发展离不开一直关心、关注和支持二〇二厂发展的各方各界人士，更离不开几代二〇二人的辛勤工作与艰辛付出。二〇二厂在创建时期形成了"仓库精神""土豆大会餐精神""一厘钱精神"，在这三种精神的激励下，老一辈创业者将一张张蓝图绘制成一个个精品，在一穷二白的基础上创造了不朽的业绩。今天，这三种精神已成为二〇二厂企业文化的重要组成部分和宝贵的精神财富。它拂去了历史的尘埃，不断地绽放出璀璨的光彩，激发着二〇二人的历史自豪感和使命感，成为凝聚人心、支撑企业高质量发展的强大精神力量。

衷心地希望二〇二厂这座致力于高质量发展的核燃料元件厂，紧紧抓住当前最好的发展时期，把握机遇、敢于挑战、团结奋进、拼搏进取，在阔步迈向建成面向全球、国际一流核材料和核燃料元件生产科研基地奋斗目标的新征程中再写新佳绩、再创新辉煌。

中核北方核燃料元件有限公司正朝着国际一流的目标踔厉奋发新时代，笃行不怠向未来

从 1962 年在清华大学读研究生，李冠兴就开始从事核材料的研究与开发工作。在近 60 年的时间里，李冠兴早已成为核材料与工艺技术领域的专家，1999 年当选为中国工程院院士，是核工业领域唯一从企业中走出来的院士。

2008～2018年，李冠兴担任中国核学会第七届理事会理事长和第八届理事会党委书记、理事长。2018年开始担任中国核学会第九届理事会监事会监事长、中国核学会核材料分会理事长。他是中核北方核燃料元件有限公司名誉总经理，曾兼任核工业特种材料重点实验室主任，中国核工业集团有限公司科学技术委员会顾问，全国核能标准化技术委员会主任委员，国家核安全专家委员会副主任，军用核基础技术专业组顾问，中国核动力研究设计院反应堆燃料及材料重点实验室学术委员会主任，清华大学核能与新能源技术研究院双聘教授及精细陶瓷北京市重点实验室学术委员会主任，中核集团核燃料与材料研发中心专家委员会主任，国家能源先进核燃料元件研发（实验）中心学术委员会主任。

2020年12月1日，李冠兴院士因病医治无效，在北京逝世，享年81岁。

为大公、守大义、求大我。一个如火的生命已完成了他最为彻底的燃烧，一个人，一辈子，胸中这裂变的能量，能够汇入一个光明的时代，获得最尽情的燃烧、最蓬勃的喷发，他该是无限欣慰了。在半个多世纪的职业生涯中，李冠兴许党报国，不负使命，献身事业，鞠躬尽瘁。在他洒满光辉的路上，一切都是那么通透。

大师远行，长歌未尽。李冠兴的崇高品德和科学精神永垂千古！

第一章

少年立志，学优品上

1940 年 1 月 14 日，李冠兴出生于上海。1956 年高中毕业，考入清华大学工程物理系。当时他年仅 16 岁，是班里年纪最小的，是班上的尖子生之一，毕业时获得了优秀毕业生奖状。1962 年大学毕业后，李冠兴留校攻读核材料专业研究生，师从李恒德先生。1966 年，李冠兴研究生毕业。他始终认为，他们这一代研究生的培养和达到的实际水平是绝不亚于后来者的，与国外博士研究生的水平至少也是旗鼓相当的。

上海市鲁班路位于原卢湾区中部偏南，北起徐家汇路，南至黄浦江边，全长约 2 公里。中国传统民谚中有"三百六十行，无祖不立行"之说，各行各业都有自己特定的"行业神"，鲁班路的得名，实际上来自一座寺庙——鲁班庙，这里居住的大多是从事建筑行业的工匠。1940 年 1 月 14 日，李冠兴在鲁班路 30 弄 29 号的李家大宅出生。

一、动荡年代，磨砺少年

1840 年第一次鸦片战争后，依照 1842 年签订的《南京条约》，上海被迫成为五个对外通商口岸之一，允许英国在上海设立租界。开埠后的近代上海成为远东最繁荣的港口和经济、金融中心，是近代亚洲唯一的国际化大都市。20 世纪 40 年代，战火纷飞，时局动荡。古老的中华民族，地无分南北，人无分老幼，全在经历着一次空前的血与火的大洗礼。1942 年至 1945 年日本战败投降，是上海完全沦陷时期。1945 年 8 月至 1949 年上海解放，是百年上海结束黑暗迎接光明的最后时期。

李家是建筑世家，到了李冠兴的祖父李东生这一代逐渐兴旺，成为当地的大户人家。李家大宅子共有 9 间正房和 2 间厢房，分上下两层，每间房子里的家具都是红木家具，在当年的虹桥镇还拥有一座花园，名为"李家花园"，平时为家族休闲之地，兼做祖墓陵园。史料记载，民国初年，虹桥镇聚集 32 个行业、56 家店场，也算是上海的繁华之地。然而抗日战争期间，虹桥地处日伪"清乡"封锁线内，市面剧衰，经历了上海至暗时期的李家也逐渐失去了往日的风光。

李冠兴的父亲李守仁出生于上海，长得高大帅气，皮肤白皙，体魄像个运动员，十分健康。李守仁在大厦大学念商科，抗日战争的爆发，加上其父李东生因青光眼失明，他没有毕业就开始接替父亲做生意。李守仁是个大大咧咧的人，由于缺乏经商的经验，加上动荡年代的世事无常、商界竞争的尔虞我诈、亲朋之间的钩心斗角，很快便把老本都亏掉了，李家的生意难以为继，世事维艰，家道逐渐衰落。

李冠兴的母亲王妙贞（中华人民共和国成立后改名王妙珍）是

李冠兴的母亲王妙珍

无锡一家茧厂老板的女儿，李冠兴的外公外婆家是当地十分富有的家庭，王妙珍出生时家道尚旺，也算是富家小姐，大家闺秀。她在洋学堂接受过教育，识文断字，通情达理，多才多艺，属于当时思想比较进步的女性。在嫁到李家之前，王妙珍曾办过小学，自任校长。

中华人民共和国成立前夕，李守仁听从王妙珍的劝说，利用李家的大宅子办了一所小学，名为道达小学，李家总算安定下来。李守仁在学校里担任校长，王妙珍担任语文老师，李冠兴就是从道达小学毕业的。

李冠兴上小学时抗日战争已经结束，但国民党政府腐败的黑暗统治并未结束，多数人处于茫然、彷徨、忧虑、愤慨之中，老百姓提心吊胆地过日子。物价飞涨，有时连米都买不到，民不聊生。对此，年幼的李冠兴记忆深刻，他暗自发誓一定要好好学习，不负家族期望。1949年5月27日，终于迎来了上海的解放，李冠兴与父母及道达小学的同学们感受着解放带来的变化，他很快戴上了红领巾，加入了少先队。

1950 年 2 月 6 日，国民党空军对上海进行空袭，史称"二六"大轰炸。"二六"大轰炸时，为师生安全考虑，道达小学曾临时迁往虹桥的"李家花园"继续办学。

随着年龄的增长和岁月的历练，那份独思探究的气质从李冠兴的思想、兴趣、行为中显露出来。他是独特的，但他的想法并非独特，也不知道那些时候旺盛的内省对李冠兴的未来到底产生了怎样的影响。

中华人民共和国成立后，李冠兴的父亲李守仁被调往大同中学任物理老师。父亲回家后对大同中学的描述，以及常常提及的"笃学敦行、立己达人"的校训，"学会做人、学会学习、学会生活、学有特长"的办学宗旨等，对少年李冠兴影响很大。

李冠兴是七个月时就出生的早产儿，从小体弱多病，也是兄妹三人中唯一由母亲亲自喂养带大的，妹妹李冠秀和弟弟李冠雄则是由奶妈喂养带大的。李冠兴原本有个姐姐，但因患肺部疾病幼年夭折。李冠兴在两岁多的时候也得过一次肺炎，西医说只有注射青霉素才有希望保命，但该药在沦陷区属于管制药品，家里想尽办法从"黑市"弄来几支青霉素才使他得以保命，母亲每天还要督促李冠兴吃鱼肝油。母亲去世后，李冠兴给父亲写信，第一句话就是："父亲，当我拿起笔的时候，我第一个想到的就是母亲……"

幼年李冠兴

李冠兴家庭合照（从左至右依次为：
弟弟李冠雄、母亲王妙珍、李冠兴、父亲李守仁、妹妹李冠秀）

因为父亲李守仁是独子，所以家族对李冠兴倍加呵护，宠爱有加。李冠兴刚到内蒙古包头工作时，家里人担心他吃不惯粗粮，每月都会用糙米换成精米给他寄过去，当时大米的价格是每千克0.36元，而邮寄大米的费用是每千克1.5元。李东生曾立遗嘱将虹桥的"李家花园"承继给李冠兴，中华人民共和国成立后，"李家花园"被李守仁出让。

二、笃学敦行，立己达人

当时，上海的学龄儿童上学用的都是虚岁，六岁就可以上小学一年级。李冠兴渴望学习知识，但因年龄太小，小学一二年级的课程都是由母亲在家亲自教的。李冠兴是直接从小学三年级开始念的，1950年7月从道达小学毕业。中华人民共和国成立后，母亲调往丽园路小学教语文，多次被评为上海市优秀教师、先进工作者后，她把增加的工资拿出来救济生活困难的人。母亲任学校教导主任后，依然亲自辅导李冠兴的功课。母亲虽然是大家闺秀，不会做饭，不会做针线活，表面柔弱，但内心十分刚烈，宁折不弯。她极富同情心，平时总是笑嘻嘻的，对人和蔼可亲，一点没有大小姐的架子，与邻里的关系十分和睦。有人说，习惯决定性格，性格决定命运。习惯的好坏，影响着人的一言一行，决定着人生的方向，好习惯会让人受益终身。身教永远是重于言教的，李冠兴认为，自己的性格受母亲的影响很大。

李冠兴家庭合照（前排从左至右：母亲王妙珍、弟弟李冠雄、父亲李守仁；后排从左至右：妹妹李冠秀、李冠兴）

上初中后，李冠兴先是就读于上海沪新中学，从初一下学期开始转学至上海市私立肇和中学，直至初中毕业。该校以培养学生自觉的成才意识和健全人格为目标，创设适合不同天资学生的丰富多样的教育方式，这为李冠兴日后的学习与成长打下了良好的基础。1956年，上海市私立肇和中学由上海市有关部门接办并改名为上海市第六十中学。

这所学校离家比较远，有六公里左右，但李冠兴与在同院楼下李家老屋平房居住的李守富结伴，每天坚持步行上下学。李冠兴的纪律性很强，没有无故缺过一天课，也从未迟到过。学校里没有食堂，午饭需要自带，李冠兴和李守富的午餐都是放在一起的，共同分享。李冠兴与李守富虽然年龄相仿，但按辈分是叔侄关系，李守富是李冠兴父亲李守仁的堂弟。李守富兄妹五人，家庭经济状况不佳，李冠兴的父亲常常要接济李守富一家，李守富父亲的后事也是由李守仁操办的。当时，道达小学的老师经常聚餐，每当这时，李冠兴的父母就会将李冠兴和李守富二人一起带上。每天，他们二人会很早就来到学校，利用早课前的时间打一会儿乒乓球。放学时经过沪南体育场，两人经常会进去打一会儿篮球。路上还会经过一个摆在马路边的书摊，租书看也是两个人的喜好。每到休息日，他们还会与李守富堂姐的孩子一起去淮海路游泳场游泳。一般情况下，回到家里后，李冠兴会在楼上自己的卧室里埋头学习，很少在院子里见到他的影子。李冠兴与李守富在一起非常开心地相处了一年，李守富念初一的时候李冠兴已开始初三的学习了，紧接着，李冠兴就要去卢湾中学读高中了。

李冠兴是个很重感情的人，毕业前特意去文具店买了一支钢笔，还请钢笔店的师傅刻了一行字"祝你踏上第二高度"，送给每天一起上学的伙伴李守富。1956年，李冠兴考入清华大学，要和李守富分开了，这一去也不知何时才能相聚，于是他送给了李守富一本日记本，在扉页上写道："爷叔（上海话中'叔叔'的意思）：愿你的青春发出夺目的光彩！阿侄：冠兴。"初中毕业后，李守富就读于技校，毕业后分配到武汉锅炉厂工作，并定居汉口。李冠兴去清华大学上学时，李守富与李冠兴的父亲李守仁一起将他送上了火车，直到1980年李守富回上海探亲，才与因为要去美国做访问学者而在上海外国语大学参加教育部外语考试的李冠兴别后重见，这一次见面竟然相隔了24年，这也是他们二人的最后一次见面。谈起这些，李守富老人唏嘘不已。

李冠兴是一个十分注重亲情的人。李冠兴的弟弟李冠雄喜爱无线电，中学时就喜欢自己动手组装半导体收音机。李冠兴的言行常常给弟弟很大的鼓励，包括动手能力和克服困难的勇气。有了哥哥的榜样和启发，李冠雄对学习无线电的兴趣越来越浓，还帮姐姐李冠秀组装了一部收音机和一台 12 寸[①] 的黑白电视机。李冠兴的榜样力量，影响了弟弟妹妹，他们都十分优秀。妹妹李冠秀在上海市敬业中学任艺术课老师，取得了高级教师的职称，曾多次被评为上海市优秀艺术教师。弟弟李冠雄以优异的成绩考取了上海科技大学自动控制专业，取得了高级工程师的资格，多次被评为上海市的先进工作者。

李冠兴家庭合照（前排从左至右：母亲王妙珍、
父亲李守仁；后排从左至右：妹妹李冠秀、李冠兴、弟弟李冠雄）

　　1996 年，李冠兴去上海开会，那年，他们家要从老房子搬到闵行区莘庄。李冠兴尽管工作繁忙，但还是抽出时间去看望了弟弟妹妹。那天中午全家包馄饨吃，由于馄饨皮质量不好，煮熟后，馄饨都破了，让人看了没有食欲。李冠雄想重新买馄饨皮包馄饨给哥哥吃，李冠兴却说，没关系，可以吃的，就这样吃掉吧……哥哥的淳朴、随和、亲切、善良，让李冠雄非常感动。

---

① 　1 寸≈0.03 米。

李冠雄回忆说：

2004 年，哥哥嫂嫂来上海开会，看我脑出血痊愈不久，身体虚弱，非常心疼我，当即拿出一万元钱，送到我手里，叫我补补身体。当时，哥哥嫂嫂的工资也不怎么高啊！这件事让我感动得热泪横流。

李冠兴（中）和弟弟李冠雄（左）、妹妹李冠秀（右）在一起

李冠兴的妹夫沈先生说：

我与冠兴哥哥只见过两次面，都是他到上海来开会，到家里来看望我们时见的。那时，我们根本不知道他是做什么工作的，他自己也从来不跟我们说。哥哥见到我们后只是说，看到妹妹和弟弟都生活得很好，他就放心了。后来，我们是从宣传报道中才得知他的工作是保密的，他是一位著名的核科学家，他就是这样一位跟他们的母亲一样很厚道的人。他常说，要做老实人、说老实话，要有一颗平常心。所以，我感觉，他们兄妹三人都像他们的妈妈一样：性格温和、老实忠厚。他们无论

是在家里还是在单位，从来都是带着微笑的。

初中毕业后，带着一丝兴奋、一丝期盼和一丝懵懂，李冠兴考入上海卢湾中学继续高中学业。进入高中后，李冠兴的思想发生了很大的变化，他的思想逐渐成熟，世界观和价值观逐渐形成，高中生活成为他人生中一段非常宝贵的经历。

李冠兴（前排右一）和少年伙伴在一起

2003年10月，李冠兴（中）回母校上海市卢湾高级中学（卢湾中学前身）参加50周年校庆活动，与校领导共祝学校昌盛、再创辉煌

三、学优品上，求学清华

李冠兴的父母都是教师，参与的政治活动比较多，这对少年李冠兴的影响很大，他在政治上是积极要求进步的，因而升入高中不久，14岁的李冠兴就加入了中国共产主义青年团。他不是"两耳不闻窗外事，一心只读圣贤书"，他是校合唱团的成员，他还记得当年演唱的曲目有《黄河大合唱》等。因为从小就喜欢打乒乓球，他还是校乒乓球队的队员。他还与班上的同学一起踢足球，参加校内比赛，是运动场上的活跃分子。体育课上，老师还教他们打拳击和垒球，高水平的老师和丰富多彩的教学活动令李冠兴难以忘怀。他说："全面发展的素质教育使我终身受益。"

人所缺乏的不是才干而是志向，王阳明曾说："志不立，天下无可成之事。"如果一个人没有坚定的志向，就很难取得成功。远大的理想，是照耀前方之路的太阳，是催人奋进的动力。遵从"学优品上，报效国家"的志向，李冠兴用适合自己的方法去学习，去追求高

李冠兴（后排右一）和高中同学合影

效率的学习。他认为，首先是知识，然后是方法，最后才是思路，也就是如何找到问题所在并加以解决。"念书当然费力气，但在这个过程中，我也能找到趣味。"无论学什么，李冠兴都能全身心投入，培养起兴趣。中学时，他对物理产生了很大兴趣，他说："力热声光电，里面有好多道理，多有意思！"中学时代的李冠兴学习成绩十分优异。

1956年，李冠兴高中毕业，是上海卢湾中学的首届高中毕业生。1956年是个不寻常的年份，当时的国内外形势特别是政治形势，给面临高中毕业的李冠兴带来了很大的影响。学习掌握更多的知识，建设社会主义祖国，是他的一个朴素的想法。他立下誓言要考上当时中国最好的大学，他要践行"学优品上，报效国家"的志向。

在人生的转折点中，高考绝对算得上一个关键转折点，是人生中一个重要的十字路口。高考让未谙世事的李冠兴感到无比兴奋，也让家长为其未来操心。当时，国家需要大量的建设人才，号召高中毕业的学生积极报考大学，那年，16岁的李冠兴报名参加了高考。

抛开天赋的加成，每个人的成绩和他所付出的努力是成正比的，李冠兴如愿考上了当时我国最好的工科大学——清华大学。李冠兴的家庭非常民主，当时填报志愿都是他自己拿主意，家长没有过多参与，父母都尊重他的选择。李冠兴既想学工科，又想离开上海，因此没有填报上海的高校，而是报了外地的高校。李冠兴想，世界这么大，出去闯一闯，一定会有一扇门向自己敞开。一直宠爱李冠兴的母亲嘴上没说，内心却不大愿意他去外地上学。后来弟弟李冠雄高考时就听从了母亲的意见，没有报考外地的学校，而是直接报了上海科技大学，毕业后在上海工作。但当时的李冠兴一心想离开上海，他想到其他地方去见见世面，他想投身新中国火热的社会主义建设中。

填报高考志愿时，李冠兴的第一志愿填报的是清华大学，同时还填报了成都电讯工程学院（1988年更名为电子科技大学），老师也鼓励他报考清华大学。"当时报清华大学实际也没什么更多的想法，只是想学工科，所以第一志愿就填报了清华大学。"李冠兴参加高考时早已心有所属。因为清华大学的录取通知来得很早，几个报考上海交通大学的同学的录取通知书来得晚，在那些等待录取通知书的日子里，同学们得知他被清华大学录取了都非常羡慕。

1956年秋，刚满16岁的李冠兴放弃了上海优越的生活，告别了父母及其他家人，带着学习新知识、建设新中国的梦想北上京城，来到了清华大学工程物理系攻读核材料专业。

1957年，在清华大学读书时的李冠兴

清华大学在长期的办学实践中形成了深厚的文化积淀和光荣的革命传统，"自强不息、厚德载物"的校训，"行胜于言"的校风，"严谨、勤奋、求实、创新"的学风，"爱国奉献、追求卓越"的精神，塑造了清华人的意志品质，涵养了清华人的气度风范。一代代清华人接续奋斗，为祖国、为人民、为民族建立了突出功绩，走出了一条扎根中国大地建设世界一流大学之路。曾任清华大学中文系主任的朱自清说过："清华的精神是实干。"经过一百多年的沧桑岁月，一代又一代清华人在"爱国、成才、奉献"的道路上，崇德修业，发奋图强。他们的成长，受学校熏陶；他们的命运，与国家相连；

他们的脚步，伴民族振兴。

清华大学工程物理系是根据党中央、毛泽东主席、周恩来总理的指示，为开创和发展我国核科学与工程技术、培养专门人才而设立的。1955年1月15日，中共中央书记处召开扩大会议，听取李四光、钱三强等科学家关于中国原子能科学研究现状的讲解。毛泽东提出要加强这方面的研究。这次会议上作出了中国要发展原子能事业的战略决策。

发展原子能事业，首要任务是培养原子能科技人才，中央指派张劲夫、钱三强、蒋南翔等8位同志组成培养核科技人才领导小组。清华大学响应党中央号召，面向国家发展原子能事业的重大战略需求，作出了设立工程物理系的重大战略部署。时任清华大学校长的蒋南翔认为，为核事业培养人才，是清华大学义不容辞的责任，并在1955年春正式启动了清华大学原子能新专业的建设。清华大学工程物理系是我国培养高素质核科技人才的主要基地，"以身许国、人才强国、创新报国"是工程物理系一以贯之的光荣传统。从建系开始，就确立了理工结合的培养模式、"又红又专"的方向，学生数理基础深厚，并进行了工科的学习和训练。工程物理系的主要特色是物理和工程的紧密结合，培养的学生不仅物理、数学、外语等基础强，而且工程素质好，他们为"建设祖国原子能事业的春天"而刻苦学习和工作。自组建以来，清华大学工程物理系为我国核武器研制和核工业建设输送了一大批生力军，一批学术大师、兴业之士、治国之才成长起来。清华大学工程物理系学制原定为5年，1960年改为6年。李冠兴成为清华大学工程物理系正式成立后的六年制核材料专业的第一届新生。

接到大学录取通知书后，李冠兴做的第一件事就是去购买丁字尺、圆规等文具用品，他知道到了学校之后这些都是要用的。听说北京很冷，他还特意为自己准备了一床6斤重的厚被子。一切准备妥当后，自小就很独立的他，手拎两个大箱子，第一次离开熟悉的家乡上海，独自一人远赴 1200 多公里以外的北京，开始了异地求学之路。

李冠兴（二排右四）与清华大学工程物理系 1962 届核材料
专业全班同学在系馆门前合影

四、崇德修业，与核结缘

北上的列车，车轮滚滚，风驰电掣。远处灯火阑珊，列车进入一座座小站，一些神秘的光影掠过站台，火车只在这里作短暂的停留，又带着它的光影匆匆离去，在一片静寂中疾驰。朝霞终于迎来了这列疾驶而来的北上列车，新的一天开始了。一马平川的华北平原，祖国大地的辽阔壮丽，在北上列车的窗口闪回，让李冠兴平添了一腔豪情，新生们又开始说说笑笑、高谈阔论，车厢里充满了理想的挥洒和青春的气息。

因为上学早，上海的考生年纪都比较小，他们去北京报到的时候坐同一节车厢，每个行李箱上都有一个红布条，上面写着"新生北上团"，清华大学的学生会干部负责到车站接他们。去北京读书之前，李冠兴从来没有一个人到过外地，对他来说，一切都是新奇的。清华大学专门派人到前门火车站接站，然后又热情地组织大家吃饭。

在中国北方素有"接风的饺子，送行的面"之说，请刚从远地而来的人吃饭，一般吃饺子，寓意团圆和合，李冠兴他们到了北京后的第一顿饭就是饺子。饺子是羊肉馅的，李冠兴不习惯吃牛羊肉，咬了一口才发现是羊肉馅的，又不好意思扔掉，只能看着别人吃。即便之后在包头生活了几十年，他不吃牛羊肉的习惯依然没有改变。

刚到清华大学的时候，新生都住在一个大屋子里，没分班以前住的是平房，24个人住一套单元房，每个房间是8个人，上面有火墙。与李冠兴同房间的同学都是上海人。分班以后住的房间有3张双人铺，住6个人，两铺之间有一张很长的大桌子，像一张床一样，大家可以两两相对而坐学习，也可以到公共的图书馆、教室去学习。

刚到清华大学时，李冠兴年龄最小，同学中大部分是男生，当时班里同学的年龄差距很大，不像现在的学生同班的年龄都差不多。全班有40多个同学，有8人来自上海，他们均来自上海中学等名牌中学，而当时卢湾中学还算不上是名校。其他同学分别来自全国各地的名校，都是十分优秀的学生。李冠兴虽然带了6斤重的厚被子，但北京的冬天还是把他冻得够呛。几个北京的同学看着李冠兴6斤重的厚被子，说南方人盖的被子特别厚，但褥子薄啊。也有从广州来的同学，他们带来的棉被都很薄，根本扛不住北方的严寒。北方人的被褥不是那种弹的棉花，而是絮的棉。班里的同学知道了他的情况后，就让他去买棉花，然后大家共同给班里这个最小的弟弟加厚被褥，同学们在生活上都特别照顾他。

那时国家对大学生都特别重视，每月给每人发12.5元餐费，大家在食堂里吃饭，分在哪个食堂就在哪个食堂吃，伙食都一样，早餐5分钱、中餐2角、晚餐1.6角钱就能吃得很好。食堂的饭菜品种很多，有米饭有面食，菜品非常丰富，来自全国各地的学生可以根据自己的口味选择，各取所需。这种情况一直持续到1959年，彼

李冠兴在清华大学礼堂前留影

时学生每天拿卡片去吃饭，不用交12.5元菜品钱票。但是伙食变得差了，粮食也少了，粗粮、细粮的数量搭配都按比例，不是吃荞麦面的黑卷子，就是吃窝头。李冠兴是南方人，原来在上海吃米饭等食物还行，一些简单的面食也可以，因而窝头也好，荞麦面的黑卷子也好，有什么就吃什么。困难时，粮食不够吃，粗粮多，油水少，一些同学出现了水肿等现象。

虽然母亲不在身边，但母亲的关爱时刻伴随着他。李冠兴到了清华大学读书没多久，通过书信，母亲知道他身体不是很好，经常头晕。她心疼儿子，请教中医，根据医嘱，将乌胶、桂圆、芝麻、核桃熬成膏，凝固后切成块放进罐头瓶里，邮寄给他，让他补充营养。

20世纪50年代，新中国社会主义建设如火如荼地进行，那个时代的大学生充满了为社会主义工业化奋斗的激情，有人说他们是共和国最有理想的一代人。当时，核工业在我国正处于起步阶段，学校师资力量薄弱，教材奇缺，一本外文资料往往要拆成一页页交给全班学生传阅。即使条件如此艰苦，但李冠兴仍坚持努力学习，凭借着坚韧、细心和肯钻研的劲儿，为日后的发展奠定了基础。

清华大学有一条"铁律"，那就是：体育课不及格不能毕业。自建校之初，清华大学就有每日下午4点后开展体育运动的硬性要求。1957年，清华大学校长蒋南翔提出"争取至少为祖国健康工作五十年"的口号,这成为清华大学学子奋进的目标,激励着大家坚持体育锻炼,塑造完美人格,实现报国梦想。李冠兴在学校积极参加篮球、乒乓球、羽毛球等体育活动,后来因为半月板受伤就没有再去打篮球而改为打羽毛球和乒乓球。在参加各种体育活动、强身健体的同时,他还热衷于参加学校组织的一些与学习有关的活动,如听专家讲座、参加各种读书活动等。参加这些活动让李冠兴进一步开阔了视野,增长了知识。

初入清华大学,李冠兴还没有掌握大学的学习规律,因此,大一第一学期前两个月感到学习很吃力,跟不上其他同学的进度。他从小就很喜欢看小说和杂志,家里长期给他订了一份杂志《知识就是力量》,每次从信箱里拿出该杂志来,他都会一字不漏地看完。来到大学后有很多书可以借阅,李冠兴除了上课之外,最大的兴趣就是阅读,大学第一学期的上半个学期,他看了很多小说,可是到了考试的时候,成绩却不够理想。清华大学的学子都是雄心勃勃、充满上进心的,他意识到自己行为的偏差,为了将学习成绩赶上去,从大学第一学期的下半学期开始,李冠兴将各门功课都从头复习了一遍。中午不休息,晚自习也加班,最后以数理化三门功课均为5分(这是当时五级记分制的打分标准,5分即现在的优等)的成绩结束了大一第一学期的学习。此后,由于掌握了学习规律,他的成绩一直在班上名列前茅,他成为班上的学习委员,后来又担任团支部宣传委员,最后以优异的成绩完成清华大学工程物理系六年制的学习,并在毕业时获得了优秀毕业生奖状。

李冠兴平时不太爱吭声,但遇到事情十分认真,学校里安排的活动,他都积极参加。1958年春天,为响应毛主席的号召,北京全市各界都派人到十三陵水库参加义务劳动,清华大学也派人参加。大家每天推土、挑担子,都干得非常卖力,李冠兴更是铆足了劲地干活。他们原来饭量都不大,但体力劳动让他们的食量大增,有的男生吃饭时可以拿筷子插一串包子吃。1958年的时候吃饭还不定量，可以随便吃，所以，当时大家都是干得来劲，吃得特别香。

1958 年，学校决定建造一座 2 兆瓦游泳池式实验核反应堆，用来做屏蔽实验。这座反应堆的设计工作是在少数教师的领导下，由工程物理系学生参与完成的，参加建设的人员平均年龄仅 23 岁。1960 年该项目获批，工程于当年下半年开始动工，于 1964 年建成。反应堆于 1964 年 10 月 1 日达到临界，是我国自行设计建造的首批反应堆之一。同时，还建成了一座零功率反应堆及相应的堆物理实验室，陆续建立了与核技术有关的化学化工、材料、热工、核探测器制造等一系列实验室，从而形成了一个较完整的核科学技术基地，该基地于 1962 年独立为研究所，取名为"试验化工厂"（简称"200号"），即现在的清华大学核能与新能源技术研究院前身。

清华大学 200 号（核能与新能源技术研究院）的建设大都靠学生去完成，不同年级的学生干不同的活。李冠兴所在的班级负责采购和运输工作，像长管、钢筋之类的材料不好运，需要用平板车，从昌平南口一直运到清华大学 200 号现场。路途较远，夜间要走两个多小时，有近 30 里 [①] 的距离，从昌平南口车站一直慢慢拖上山。有时候到百子湾仓库，白天卸管子，从库里提出来卸在马路旁边的排水沟，晚上再用大车拉走，因为管子有十多米长，必须夜里拉。李冠兴做这些事时，从来不讲任何条件，给他安排什么活就干什么活，表现得非常好。

李冠兴的大学同班同学高桂仲说：

> 李冠兴在同学们当中年龄最小，他和同学们都特别合得来，班里安排他参加什么活动，他都积极参加，他跟全班同学都能够谈到一起去，所以说，他的人缘特别好。

在平时的学习中，李冠兴十分热心地帮助学习相对吃力的同学，帮助他们掌握正确的学习方法。他为人厚道，待人真诚，有亲和力，

---

① 1 里 =500 米。

这可能与他求学时的这种经历有很大的关系。

清华大学是一所有着深厚文化积淀和光荣革命传统的学校。清华人的理想主义气质，在不同的历史阶段有着不同程度的呈现。当时有许多高级领导干部到清华大学做报告，李冠兴仿佛进入了一个新的知识天地，怀着满腔激情，听取这些报告，汲取革命的营养。他听过彭真市长的报告，听过蒋南翔校长的报告，也听过清华大学教务长钱伟长的报告……这些报告对李冠兴思想的触动是深刻的，影响是久远的，可以说影响了他的一生。

李冠兴在北京颐和园佛香阁前留影

据李冠兴回忆，1959年冬天，一场严肃而带有几分神秘的"红专大辩论"在清华大学展开。学生的思想十分活跃，有"先专后红"想法的学生占了相当大的比例，但后来批判"白专道路"的舆论占了上风。《蒋南翔传》中有过这样的描述：清华大学在学生中开展"红专大辩论"后，当时学校里，有的同学不敢多看业务书，怕被说是走"白专道路"，在图书馆看业务书时，还要把《红旗》杂志盖在上面。有个别班级在辩论中把想当爱因斯坦的同学看成是要走"白专道路"加以批判。针对这种情况，蒋南翔说：千万不能这样，清华大学如果能出"爱因斯坦"，那是清华的光荣。"只红不专"或"先红后专"都不对，学校应该反对这种情况。只要是给学生做报告，蒋南翔总是会反反复复地阐述他对"红与专"关系的理解。李冠兴对于蒋南翔校长关于"红与专"的论述，印象深刻。

大辩论让一批学生进一步坚定了奉献祖国的信念。毕业时，绝大多数学生填写的分配志愿都是西部、基层，很少有人选择大城市，李冠兴研究生毕业时也选择了去基层、去一线。

在大学，学习是主业，李冠兴接触到了更专业的研究方向，自己做实验，自己写文章，进行理论研究，验证理论，并提出自己的观点，不断创新与进步。李冠兴在大学期间学习到的不仅是专业知识，更是一种科研态度甚至生活方式。大学，是理想开始的地方，追寻理想的 6 年大学生活，与核结缘，李冠兴确立了自己的人生理想，他更加成熟了。

五、师从大师，敬业乐群

1962 年大学本科毕业后，李冠兴怀揣求知报国的理想，留校继续攻读核材料专业研究生，师从李恒德。

李恒德是我国核材料、材料科学专家，中国核材料和金属离子束材料改性科学技术的先驱。1956 年，李恒德创建了清华大学的核材料专业，为国家核事业培养了一大批优秀人才，他们积极投身国家建设，为中国核科学技术的发展做出了重要贡献。李恒德虽然没有直接参与"两弹一星"工程，甚至 30 年来不曾发表过一篇论文，但他对中国核事业的贡献是不可估量的。能够师从这样一位科学大师，李冠兴是幸运的。

"敬业乐群"出自西汉戴圣《礼记·学记》："一年视离经辨志，三年视敬业乐群，五年视博习亲师，七年视论学取友，谓之小成。九年知类通达，强立而不反，谓之大成。"唐代大学士孔颖达对"敬业乐群"的解释是："敬业，谓艺业长者，敬而亲之；乐群，谓群居朋友善者，愿而乐之。"大意是，专心致志于学业，和朋友愉快相处并吸取教益。

李冠兴（右）与李恒德院士在一起

李冠兴（右一）与李恒德院士（左二）在一起

李恒德为人师表、学识渊博、治学严谨、谆谆不倦，他一直以来都要求学生要有"敬业乐群"的精神。他强调，人的一生虽然可以兴趣广泛，但精力有限，一辈子只能干好一两件事，不能总是这山望着那山高。现实需求往往与主观愿望有矛盾，这就要求一个人要不时地调整自己的具体工作。一个人走到哪里去，跟他所处的环境条件、机遇等有着很大关系。同样，能不能做出出色的成绩，也往往与其所在的环境条件、机遇等有关系。李恒德谈到，职业没有高低之分，贡献可能有大小，但是每一个人都应该有"敬业乐群"的精神，如果首先自己都看不起自己，其结果可想而知。

同时，李恒德还教育他的学生们，一个人的一生应当与祖国的兴盛前途同呼吸、共命运，这才是最有价值的。

清华大学的研究生名义上规定是三年学制，工程物理系却内定为四年。本科学习阶段，李冠兴在系里是学分最高的学生之一，在班上是学习成绩最好的优秀学生，各门功课全是5分。刚上大学时他年仅16岁，特别瘦，力气也不大，因为手榴弹投掷不达标，所以

1956年10月4日，李冠兴（第四排右一）
与清华大学工程物理系1962届核材料专业的老师、
同学国庆时在清华园大门前合影。第二排左六为教研室主任李恒德

体育课成绩不及格，后来是用挺举代替手榴弹项目才补考通过的。此外，留校继续读研究生，学校的要求是学生年龄要小一些，李冠兴的年纪小符合这个条件。另外也要经济条件许可，一些同学的家庭经济条件不太好，希望本科毕业后就参加工作，因为读研究生期间没有什么收入，继续读四年书经济负担太重。在那个激情燃烧的年代，求知报国的理想和为建设社会主义学好本领的一腔热血，激发李冠兴选择了继续攻读研究生。

柳百新是中国科学院院士，清华大学材料科学与工程系教授、博士研究生导师，清华大学校务委员会和校学术委员会委员。当年，柳百新与李冠兴是清华大学工程物理系的同学。

因为政治运动的影响，学校的正常教学秩序被打乱，李冠兴他们班有些基础课程未能完整地学完，其中固体物理课是他们在1960年要完成的最后一门重要课程。柳百新是1961年清华大学材料科学与工程系毕业的，教研组的领导让他临时来代替上课，当时的他还没有毕业，也刚通过自学学习了固体物理，因此他给李冠兴等同学上课属于"现买现卖"，真可以说是"临危受命"。讲台上的他温文尔雅，叙述详略得当，概念分析清晰，这位小"先生"一下子得到了班里同学的认可，大家称呼他为"柳先生"，还送他一个雅号"柳仙"。1962年大学毕业后，李冠兴留校攻读核材料专业研究生，柳百新早他一年毕业，已经留校当助教。

柳百新和李冠兴都爱好打乒乓球，又是同乡，二人不知不觉中便成为好朋友。他们常常下班后一起在工程物理系馆三层楼的一个大房间里打球，有时时间晚了，就一起到照澜院的一家小餐馆要碗馄饨和烧饼当晚餐。他们在一个教研室共事四年，直至1966年李冠兴毕业离开学校。2001年柳百新当选中国科学院院士后，将这个好消息第一个与李冠兴分享。正如《庄子·大宗师》中所述，"莫逆于心，遂相与为友"。

清华大学的研究生楼是三号楼，工程物理系在该楼一层，核材料专业的研究生都集中住在一层走廊北头的一个大房间内，这里最多住过6个人。与李冠兴同寝室的有上一届的两位研究生和留校的助教柳百新，还有同班的一位研究生以及一位1964届的研究生。寝室中间有一张大桌子，大家可以在这里下围棋、聊天等。当然大家平时都很忙，宿舍内是不允许大声吵闹的，这是不成文的规定。每个人的生活习惯不同，有的人是"百灵鸟"，有的人是"猫头鹰"。为了不相互打扰，喜欢熬夜的同学都备有一张小桌子，在上面拉一盏灯并用纸围起来，以免影响其他同学。条件虽然差了一点，但是这些不同年级的优秀学生和老师共处三年左右，这里提供的相互交流和学习的平台是令人难以忘怀的，让人终身受益。

当时教研组的老师都很年轻，研究生的课程开不起来，他们有两门专业课要学。其中一门课所用教材是当时在国内刚刚影印出版的英文原版 *Radiation Damage*（《辐照损伤》），李冠兴和同班的另一位同学急急忙忙赶到位于王府井的外文书店二楼当时不对外国人开放的内部书店各买了一本，生怕买不到误事。当时该书所用纸张很差，是土黄色的。另一门课是金属物理，学习内容是李恒德开出的一张清单，两页A4纸大小的纸上列出大约一页半的书目，都是英文版经典著作，有的是需要整本阅读的，有的是注明了需要阅

1961年9月，李冠兴（前排右一）
与清华大学实习队同学在长沙烈士公园留影

读的章节页次的。这些书目全部需要自学，有不明白的地方可以找李恒德答疑。学习时间是一年半到两年，后两年时间用于写毕业论文。什么时候学完了，就可以向李恒德提出考试的要求，准备接受考试。

另外有两门课对研究生是统一开设的。一是第二外语，当时李冠兴他们在本科阶段学的是俄语，第二外语是英语，主要考阅读，不考听力和口语。二是哲学课。第一课是蒋南翔校长亲自上的"费尔巴哈与德国古典哲学的终结"（蒋南翔是清华大学哲学系毕业的），第二课是何东昌先生讲毛泽东的《实践论》和《矛盾论》。蒋南翔校长在讲课时告诫学生，不要轻信小册子中的解说，要看经典原著。他引用了诗句"会当凌绝顶，一览众山小"，令人印象深刻。他说，要看经典著作，要独立思考。这也成为李冠兴从学生时代起就一直遵循的信条，即从不偏听盲从、人云亦云。

研究生期间，李冠兴没有改变本科时的学习态度，而且更加重视培养自己的创新能力。加上清华大学对研究生教学采取的是自学式教学方法，重视对学生动手能力的培养，这样的环境使得他的动手能力和自主思考能力大幅提升。

李冠兴读研的时候，刚成立不久的工程物理系还处于"幼年期"，科研积累几乎为零。无论学生还是老师，对核材料科研工作的方向和重点都不是很清楚，大家都是在摸索中前进。研究课题的方向是发动学生一起制定的。有一次，教研组的王一德老师在图书馆找到一本英文原版书，学生们本科学的外语是俄语，英语几乎一窍不通，于是每人分一段来边学习边翻译，翻译好了再凑到一块大家集中讨论。在讨论清华大学200号热室方案时，班上同学分成几个小组，分别提方案、画图，再把自己所提方案的优点讲给大家听，系主任何东昌教授也过来跟同学一起听。同学们提出了很多当时看来十分稀奇古怪的方案，后来才知道同时期国外也是有这些方案的。给李冠兴留下最深刻印象的是李恒德的金属物理课。金属物理学是研究金属和合金的结构与性能关系的科学，即从电子、原子和各种晶体缺陷的运动和相互作用来阐明金属及合金的各种宏观规律与转变过程。它既相当于金属学在微观领域的进一步深入，又是以金属和合金为对象的固体物理学的分支。李恒德是中国核材料和金属物理专家，按照他给同学们开出的书单，大家每天都到图书馆看英文版的经典原著，查资料，自觉主动地学习，就这样学完了金属物理这门专业基础课。通过这样的学习，大家都养成了良好的自学习惯。

六、厚学博识，成就栋梁

李冠兴本科和研究生阶段学的都是核材料。当时，研究生的课题很难选定，研究方向迟迟无法确定。由于保密等原因，20世纪六七十年代为核工业培养的学生不能进行相关科研实习，学校研究和工厂调研不能很好地结合起来。李恒德当时是中国原子能科学研究院六室的顾问，与著名科学家李四光的女儿李琳共事。李琳当时与二机部核燃料局总工程师张沛霖都是英国留学生，李琳在核材料领域名气很大。因为李恒德是六室的顾问，所以他对六室的情况比较了解。但是对研究生选什么方向、做什么课题，包括李恒德在内的教研组也拿不准。

选择课题时，一般是根据老师的意见进行文献调研，然后写报告交给李恒德。李恒德要求，提交的报告要说清楚三个问题：第一，国外研究的情况；第二，教研组具备的研究条件；第三，自己准备怎么做。写的报告最多五页纸，不能太长，写长了他不看。拿到报告后，李恒德一般不会立即回答是否可行，而是要带回去研究一段时间再答复。

20世纪50～60年代，我国核工业处于起步阶段，对于核材料的研究方向和重点，大家都不是很清楚。在清华大学读完本科又攻读硕士研究生学位的李冠兴，在读研的第二年就选定了几个选题，但都被导师李恒德否定了。他很着急地问导师："这个不行那个也不行，到底要做什么才行呢？”李恒德站起来，严厉地说：“这我不知道，别说我不知道，全国也没有几个人知道！”后来李恒德告诉他，自己的研究方向是什么，需要到图书馆去查，然后再定。那时只有外文资料，中文资料是没有的。

回到宿舍后，同宿舍的同学施金康对李冠兴说：“你这样质疑先生，也太冒失了。”后来经过查阅资料和深入调研，李冠兴基本确定了自己的研究方向，他决定选择“铀的热循环”作为研究方向。金属铀是重要的核燃料，研究并设法提高其辐射性能已成为国际上许多核材料科学家关注的重要方向。多晶金属铀在热循环过程中会发生一些重要的变化，如尺寸和形状的变化、表面起皱等，在辐照的情况下也会发生相似的变化，并且二者之间有许多共同之处。尽管无论在机理上还是在现象上都有很大的差别，但是由于二者之间的相似性，并且在某些条件下还存在一定的关系，因此可以用热循环的方法来模拟堆内辐照情况。这是大胆、开拓、富有创新性的想法，所以李冠兴选择了这一课题作为研究方向。

两个月以后，李冠兴将自己的报告交给了导师李恒德，过了一段时间后李恒德告诉他，看来他要研究的方向条件不太成熟。李冠兴又开始忙碌起来，查阅资料，修改报告，前后反复了四次。李恒德对他说，先不要着急，再考虑考虑。过了没多久，经过权衡，李冠兴还是下定决心选择“铀的热循环”这个课题。他明白因为研究资料和研究条件的缺乏，要完成所选的这个课题将会非常艰难，但他表示，如果做不出来就不毕业。

研究方向如果总是变来变去，就无法正常开展研究工作。李恒德对李冠兴说，把方案弄好以后，拿给教研组一个老师一个老师地去请教，只要真心请教，老师都会帮助他，给他指出方向的。

按照李恒德的指导，李冠兴又用了两个月的时间反复调研，他发现之前确定的研究方向确实存在很多问题，但很快他又坚定了自己的研究方向——“铀的热循环”。选择这个课题风险很大，抱着不做出来决不罢休的决心，李冠兴拿着方案向教研组里的教师一个一个地请教，虚心请大家提意见，老师们也给他提出了很多意见和建议，教研组还整体讨论过这个研究方向。根据大家的建议，李冠兴认真地进行了修改，完善了方案，在教研组答辩通过后，才正式开始他的课题研究。就这样，李冠兴交了好几份报告，又被否定了好几次，最终确定了"铀的热循环"这个课题。

当时，教研组的实验条件非常差，没有先进的仪器设备，各种设施也不齐全，实验架是李冠兴自己动手焊的，控制系统是用时钟来实现的。老师和同学都缺乏相关经验，遇到了问题不能靠别人，只能自己想办法解决。

那段时间，李冠兴还带了两个本科毕业班的十多位同学在实验室里做毕业设计。张志峰是后来核工业部核燃料局局长，当时他是李冠兴带的这个班的班长。那段时间是最累的，既做研究生又带学生，在半年多的时间里每天只能睡5～6个小时。看到学生如此辛苦，李恒德动了恻隐之心，他问李冠兴要不要学生帮忙，没有学生帮忙就做不了实验，一个人干不成。但学生参加实验以后有个问题，半年以后他们是要毕业的，必须在他们毕业前把全部实验做完。如果说这个任务不能完成，耽误学生毕业，就得不偿失了。

李冠兴那年的寒假没有时间回家，他在实验室自己动手做设备。带着1965届毕业班两个组的十多位同学，一组做钠钾提纯保护，另一组进行真空保护铀的热循环研究。春节放假前，积累了一大堆实验数据，但好似一团乱麻。同学们临近毕业，要交毕业论文，压力很大。春节假期，李冠兴一直在实验室里冥思苦想，最后终于找到了规律。后来，李恒德带着真空玻璃管封装表面出现橘皮效应的经热循环的铀样品给同行们去观看，这在国内还是头一次。

辛苦终于换来了令人满意的成绩。从这件事中，李冠兴获得了很大的启示：一件事情的成功往往在再坚持一下的努力之中。他说自己在后来的工作实践中碰到困难时常常会想起这一点：坚持就是胜利。

在做课题研究的那段时间，李冠兴晚上要看资料，每天睡得太晚，有时干脆就在实验室趴一会儿。因为课题研究刚刚起步，看的都是外文资料，看起来很费劲，第二天还得安排工作，在实验室盯着，所以那段时间李冠兴特别瘦。

得到初步研究数据后，李冠兴跟导师请假打算回趟家，李恒德也知道他特别累，但希望他等学生毕业论文答辩结束再回家，希望他能为答辩学生保驾护航。本科班学生毕业答辩，张志峰他们两个班同学们的毕业论文都取得了优异的成绩（其中一位同学周克崧于2009年当选为中国工程院院士）。答辩结束以后，李恒德才对李冠兴说可以回去了。李冠兴背着背包乘火车回到上海，母亲见到他如此瘦吓坏了，以为他得了什么大病。李冠兴认为，自己的所有付出都是值得的。

1966年，李冠兴以优异的成绩完成了研究生阶段的学习，他始终认为他们这一代研究生的培养和达到的实际水平是绝不亚于后来者的，与国外博士研究生的水平至少也是旗鼓相当的。

2006年，李冠兴（左二）参加清华大学工程物理系建系50周年纪念活动

在清华大学这种非常规范、严格的教育体系下，李冠兴的自学能力、分析问题解决问题的能力、动手能力都得到了系统性的锻炼和提升，这些都让他终身受益。

李冠兴非常喜欢宋代苏轼《晁错论》中的一句话："古之立大事者，不惟有超世之才，亦必有坚忍不拔之志。"就是说，自古以来凡是做大事业的人，不仅有出类拔萃的才能，而且一定有坚韧不拔的意志。

在清华大学打下的坚实基础与获得的学习方法让李冠兴受益终身，新中国的建设将他的命运与祖国牢牢地结合在了一起。毕业时，李冠兴被分配到了二〇二厂。二〇二厂主要承担的是核材料、核燃料元件的科研生产任务，与李冠兴的专业非常对口。当时他的想法很简单，考虑到自己在学校学了 10 年，希望到工厂去锻炼锻炼。李冠兴这一锻炼就没再"动过窝"，一干就是 40 年。

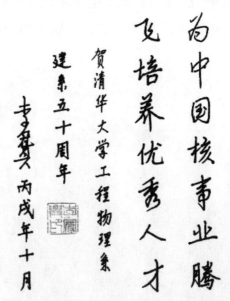

李冠兴为清华大学工程物理系建系 50 周年的题词

2011 年 4 月，李冠兴（后排左一）参加清华大学百年校庆活动

贺清华大学百年华诞

求真务实，创新图强；
厚道为人，报效祖国！

62 届毕业生
中国核学会理事长
中国工程院院士
李冠兴

2010. 1. 1 日

李冠兴为清华大学百年华诞的题词

第|二|章

扎根北疆，
一心向"核"

1967 年，李冠兴被分配到二〇二厂第二研究室工作。1968 年，李冠兴与同为上海人的张珊珠女士结婚。李冠兴因受父母牵连被隔离审查，分配到厂施工连劳动改造，当过瓦工班里的小工，当过天寒地冻站在敞篷卡车上跟车的装卸工，开过混凝土搅拌机……1970 年，李冠兴被调回二〇二厂第二研究室做科研工作，内部控制使用。他开动脑筋，打破了苏联专家的权威结论，为生产堆元件成品合格率的大幅提升和堆内事故率的降低做出了重要贡献。这项工作得到了时任二机部核燃料局总工程师张沛霖先生的高度赞赏。李冠兴说，能够得到张沛霖先生的器重，真是三生有幸。

大青山，属阴山山脉，东西长240多公里，南北宽20～60公里，内蒙古包头就坐落其中。为了发展我国的原子能事业，1958年，我国第一个核燃料元件厂——二〇二厂就在这里创建，被赋予了保障国家国防建设和核材料需求的神圣使命。二〇二厂为我国"两弹一艇"事业和核电事业做出了不可磨灭的重大贡献。

二〇二厂研制和生产了我国不同堆型的大多数种类的核燃料元件，拥有我国研究试验堆绝大多数种类核燃料元件生产技术的自主知识产权。建厂60多年来，二〇二厂已形成了化工转化、铀冶金、铀粉末冶金、压力加工、机械加工及焊接、理化分析、无损检测、辐射防护等完整配套的核燃料元件及核材料科研生产体系。

二〇二厂的历史上有过非常辉煌的时期，创造了足以载入史册的功绩。20世纪60年代初，在缺乏资料、设备和场地的艰苦条件下，二〇二厂的科技人员埋头在简陋的仓库中做试验，开展技术攻关，成功研制出特种材料部件，为1964年10月16日我国第一颗原子弹的成功爆炸做出了重要贡献；1965年9月，二〇二厂锂同位素分离生产线投料试车成功，并于1967年6月17日为我国第一颗氢弹的爆炸提供了核材料；1968年，二〇二厂零功率核燃料元件成功完成工业性试验，为1970年12月26日我国第一艘核潜艇下水奠定了坚实的基础；1964～1975年，二〇二厂积极承担并完成了国家下达的其他重要科研生产任务，研制和生产了多种研究试验堆核燃料元件和生产堆元件，取得了一大批具有自主知识产权的科技成果。这里不仅走出了像李冠兴这样杰出的科学家，还涌现出了一大批默默无闻的有突出贡献的科研骨干和高级工匠。在那段激情燃烧的岁月里，二〇二厂的创业者们用生命、汗水和忠诚，在一穷二白的基础上，打造出共和国第一个完整的核燃料元件生产科研基地，为我国国防建设和核工业发展做出了重要贡献。

冠世兴核：李冠兴 传

二○二厂建厂初期的大会战场面

一、践行理想，施展抱负

歌德说：志向和热爱是伟大行为的双翼。

研究生毕业后，在清华大学求学 10 年的李冠兴，被二○二厂创造的辉煌成就深深吸引，他的心中燃着一团火，他渴望破壳，渴望改变现状，渴望推动时代进步。他毅然决然奔赴祖国北疆，投身到我国核事业的最前沿，来到祖国北疆包头，到二○二厂第二研究室工作，希望能够在国防尖端军工企业里做出一番事业，进而实现"求真务实，创新图强，厚道为人，报效祖国"的人生信念。

清华大学 1966 届毕业的本科生和硕士研究生有 2400 多名，其中研究生有 108 名。他们带着对未来的憧憬和忐忑不安的心情，走向了工厂、农村、建设工地……他们拿到的"派遣证"的"职务"栏上，写的都是两个字"工人"。2400 多名热血沸腾的年轻人宣誓：

"我们坚决响应毛主席的伟大号召，到基层去，到农村去，到工厂去，到边疆去，到祖国最需要最艰苦的地方去，和工农结合在一起，沾一身油污，滚一身泥巴，把自己改造成为用毛泽东思想武装起来的一代新人！"这一段誓词尽管带有时代的痕迹，却处处体现着他们发自内心的真诚。

李冠兴分配到二〇二厂，是在他没毕业的时候就确定了的。当时，母亲非常希望他毕业后能回上海或者留在北京工作。他告诉母亲，他们那里的工厂有三个研究室，非常好，能发挥他的作用。当时也有关系要好的朋友建议他留在清华大学工作，不要去条件艰苦的核燃料厂。但是，这些都没有动摇他投身核事业一线的决心，他还是想到激情澎湃的第一线看看，到热火朝天的工厂里锻炼一下，他认为，一个人总待在学校里不利于个人成长。

一个国家的核工业发展水平，能集中地反映出这个国家的整体工业基础和科学技术水平。但很多核工业的相关资料及工作内容都是涉密的，这也导致核工业在人们心中始终是一个谜一样的存在。

为了保密，二〇二厂在建厂初期对周围的几个村庄进行搬迁，并对周围5公里进行重点控制，10公里进行一般控制，厂内人员不得随意与外界接触，科技人员的科研成果（如著作、论文等）也不得公开发表……这意味着李冠兴一旦投身核燃料事业，入职二〇二厂，就将与我国核事业的开拓者们一样，就此成为一个干惊天动地事、做隐姓埋名的人。但李冠兴认为："我学的就是核材料专业，所以到核材料厂是最对口的，现在这个机会很难得，要抓住机遇为国家做一些贡献。"李冠兴说："因为当时国家缺乏这方面的人才，国家需要我到这里来，我要干一番事业。"面对国家和祖国发展核事业的需要，1967年，李冠兴义无反顾地奔向了祖国的北疆。

李冠兴如此回忆自己初到二〇二厂时的感觉：

　　我一来就分到二室，张永禄是主任，杨桂增是书记。张永禄不错，大家对他评价很高，不但业务方面厉害，就是政治报告也写得非常棒。张永禄还是很有才华的，二室建设的思路主要都是他出的……

　　中国科技史专家葛能全在《原子弹与脊梁——中国科学院建院65周年的纪念与感想》中写道：1959年6月20日，中苏关系破裂，苏共中央致信中共中央，决定暂缓提供协议规定的原子弹教学模型和有关图纸资料，接着开始撤离在华的该领域专家。到1960年8月，在中国原子能系统工作的233名苏联专家全部撤离回国，并带走重要的图纸资料和数据，专项设备、特种材料的供应也随即停止，使正在建设中的中国核工业蒙受了巨大的损失。

　　为了建立和发展我国的核燃料元件制造业，1960年，根据苏联停援后的形势，二机部决定将位于北京的中国科学院近代物理研究所（四〇一所，现中国原子能科学研究院）的金属物理研究室以及研究核燃料元件工艺的张永禄等一批技术骨干并入二〇二厂，实行"厂所合一"模式，集中力量攻克核燃料元件技术关。王翰飞、刘锡霖、刘兰华、曹大义等都是随同张永禄从北京过来的主要科研骨干，其中王翰飞后来调入核工业八一二厂担任厂长。1961年3月，二〇二厂成立了第二研究室，主要任务是研究、制造、检验各种类型的核燃料元件、控制元件和靶件，并开展有关铀化工、铀冶金生产工艺等方面的研究。

　　毕业于北洋大学后又在苏联留学的四〇一所技术骨干张永禄把金属物理研究整个系统的一个室都带去了二〇二厂，组建了二〇二厂第二研究室。著名科学家钱三强特别看重他，后来把他调到了中国核动力研究设计院工作，他后来还担任过中国核材料学会副理事长、核工业西南物理研究设计院副总工程师。

当时的二〇二厂第一研究室主要从事化验分析、化学检验；第三研究室是热核材料研究室，主任是刘允斌（核化学家）。1962年1月，苏联撤走援助之后，二机部为推动中国热核材料生产线上马，自力更生攻克氘化锂-6科研生产难关，特将刘允斌从中国原子能科学研究院调入二〇二厂，任厂党委委员、第三研究室主任。刘允斌主持组建了我国第一个热核材料研究室，即核工业二〇二厂第三研究室，该室是继二〇二厂冶金研究所（时称二室）之后的第二个厂所结合型的研究室（即科研生产一体化）。刘允斌亲自制定了该室的研究方向和研究计划，直接领导了热核材料的研制及投产工作，验证了分离级联理论，进行合成工艺等方面的科研工作，为中国热核材料的生产和铀化工的发展及中国首颗氢弹爆炸成功做出了卓越贡献。

著名核化学家刘允斌

刘允斌（右一）与王淦昌（右二）等在苏联

当时，研究人员将各个研究专题分散到不同的地方进行。技术人员在简易仓库里，利用简陋的实验条件，在技术资料奇缺的情况下，试制关键部件。为了摸清一个工艺参数，为了解决一个技术问题，他们冒着辐射剂量超标的危险，废寝忘食地拼命干，弥补了仪器设备欠缺和技术力量的不足，解决了生产过程中出现的一个又一个技术难题，在较短的时间内就试制出了合格的产品，为我国第一颗原子弹爆炸成功做出了巨大贡献。当年研制核部件，像二〇二厂这样条件之差却速度之快地拿出合格产品，在世界核武器发展史上也属罕见。

时间来到 1965 年 12 月，二〇二厂石墨水冷生产堆核燃料元件生产线、四氟化铀生产线、轻材料生产线、核部件生产线四条生产线已正式按照国家下达的计划进行生产。第二研究室已攻下游泳池研究试验堆核燃料元件的技术关，并开始投入小批量生产。生产堆控制元件和改进型的重水研究试验堆核燃料元件的研究试制工作已全面展开。第一研究室和第三研究室开始正常运转，这标志着企业已全面建成，从而二〇二厂已由建设时期转向生产科研发展时期，而且已经完全走出了苏联专家撤走的阴影。

"厂所合一"的科研体制深深吸引着李冠兴，二〇二厂人的奋斗事迹深深感染着李冠兴。就这样，风华正茂的李冠兴，在走出清华大学校门后，满怀报效国家、发展核工业的理想，扎根二〇二厂，投入奋力攀登核工业科技高峰的伟大事业中。

二〇二厂建厂初期的技术攻关

二、饱经艰难，不失志向

初出茅庐的年轻人，年轻气盛，信心满满，可事情的发展往往充满曲折。李冠兴到二〇二厂报到的时候，科研生产都在进行，第二研究室有 600 多人，大家都很年轻，年轻人在一起富有朝气，每天都干劲十足。刚分配到二〇二厂的李冠兴摩拳擦掌、枕戈待旦，希望在这个人才聚集的国家核燃料元件研制的尖端企业里做出一番事业，以实现自己的理想。由于有研究生阶段的锻炼，李冠兴在工作岗位很快就进入了角色。查资料、定方案、整治设备、选材料，一个又一个的攻关课题在他这里被揭开了"面纱"。

偏光显微镜是鉴定物质细微结构光学性质的一种显微镜。凡具有双折射性的物质，在偏光显微镜下都能分辨清楚，因此，偏光显微镜被广泛应用于矿物、高分子、纤维、玻璃、半导体、化学等领域。二〇二厂第二研究室当时有一台从瑞士进口的偏光显微镜，属于比较昂贵的仪器，这台显微镜购回后已经闲置了七八年时间，李冠兴觉得不用起来可惜了，或许在以后的科研中能够派得上用场。于是，他对照说明书，自己动手将这台偏光显微镜组装了起来。在之后的科研工作中，这台显微镜确实发挥了很大作用。刚刚参加工作的李冠兴，充满激情和责任感，他说："没有这种责任感，什么事只看个人利益，今天这个合适做这个，明天那个合适做那个，很难有大出息。"

虽有激情抱负，但初到二〇二厂的那段岁月，不仅条件艰苦，而且李冠兴饱经艰难、困厄坎坷。

李冠兴当时也被隔离审查，一段时间后，1968 年 12 月被分配到厂施工连劳动改造。当时，中国人民解放军毛泽东思想宣传队（简称军宣队）一位排长找他的妻子张珊珠谈话，说李冠兴有问题，要她跟他划清界限，最好是离开他。张珊珠回答道，自己了解李冠兴，他不可能有问题！工人毛泽东思想宣传队（简称工宣队）听到这个消息之后，反而告诉张珊珠说，隔离他是运动需要，不要听他们胡说。可见李冠兴在工人们心中的人格魅力。

李冠兴与妻子张珊珠相濡以沫

在一年半的劳动改造时间里，李冠兴当过瓦工班里的小工，当过天寒地冻站在敞篷卡车上跟车的装卸工，开过混凝土搅拌机……那是一段充满艰辛磨难的岁月。但学养深厚、通达乐观的李冠兴，懂得怎样将磨难化为动力，他不仅与很多工人成为朋友，还掌握了许多劳动技能。有谁能看得出、想得到，仪表堂堂的李冠兴还会做一手很好的泥瓦工活。

李冠兴说，那时的工人很好，他与参加二〇二厂建设的基建施工单位的田志年师傅就是在那个时候认识的。李冠兴与田志年都在王四代这个组，他们组的任务是抹灰，王四代是班长。小组人员很多，王四代他们对李冠兴关切地说，要干不动就歇下来抽抽烟，读书人不能像他们这样干。他们还告诉李冠兴，挑灰浆时要把腰直起来，这样才能轻松些。

无论是在施工连还是在后来的一段时期，李冠兴烟抽得都很厉害。2001年，李冠兴查出得了肺炎，住进了北京大学人民医院。那时，他已经60多岁了，北京大学人民医院的王院长（也是位院士）来看望他，一进门就说："老李啊，你这当了院士了，应该把烟戒了，好为共产党多服务几年啊！你看你的肺感染的……"就是王院长的这一席话，李冠兴说戒烟就戒了。李冠兴大病了22天，彻底地戒了烟，自此以后，就再一口没抽过，毅力极强。李冠兴抽的是国外的烟，劲很大，当时他家里面还有一条三五牌香烟，为了下决心戒烟，他将烟送给了自己的司机朋友。后来，司机邬高岭开车带着他跑长途，李冠兴关切地说："高岭，你要是困了，就抽一口烟提提神。"邬高岭说："不行啊，我一抽就该勾起您的烟瘾了。"他说："没事，我肯定不会抽的。你抽根烟，不容易犯困……"

李冠兴最不在行的是做装卸工，跳板是两根木板，一踏上跳板，一脚高一脚低，人就在跳板上晃，站不稳。后来他还跟这些工人一起抬锅炉房用的盐包，每包有200斤重。两人抬着放到扛包人的背上，工人们告诉他放盐包时不能有加速度，不要往下砸，要轻轻地往人家身上放，要等这个人的腰直起来以后再松手。如果用力放，加上加速度，下面人的腰也被砸坏了。他们还告诉李冠兴装卸盐包的时候一定要注意往什么地方退，否则盐包没有放稳滚下来就跑不掉了，不要把自己砸在里面，他们告诉李冠兴要注意怎样选站位置。工人们很实在，所以李冠兴在那个时期结交了很多工人朋友，也学了很多劳动技能。李冠兴后来开搅拌机，也是工友们照顾他让他开的，这活要比其他体力活轻快些。

田志年师傅的右胳膊比左胳膊粗一圈，因为他总是用右臂压灰，后来李冠兴才知道，灰抹得好不好，窍门在于把沙子压下去，让水泥返上来，最后多压一道水泥就耐抹得多。硬的时候就要往下压，尽量把沙子往下压，让水泥返上来，这个压的动作特别费劲，年纪大了想干也干不成，没这把子劲儿就干不了。当年施工连的很多建筑工人李冠兴都认识，他说，他们是很有技术的。李冠兴记得很清楚，他们说："我们把这些灰可以一点不剩全部抹完，而且一点也不会掉。"后来的年轻工人在技术上都比不上田志年他们，这些人当年都很能吃苦，吃苦才能干得了这个活。

比如砌五角星这个工作，当时工人文化水平普遍不高，画五角星时有口诀，几个角怎么取点有讲究。当然如果是搞数学的人画五角星会很简单，但一般的工人如果师傅不教，是很难学的。再比如砌舞台，舞台上面有个圆弧，这个圆弧也是不好画的，圆弧怎么画，怎么把它砌起来有讲究。怎么画这个圆，当然数学上有办法，可以作图去给它弄出来，但工人师傅他们也有口诀。田志年师傅穿一身黑衣裤就去干活，抹完灰衣裤上一点白灰都没有沾上，厉害得很。

在施工连劳动的时候，有一次领导让李冠兴去运一车大圆木。他刚把一车大圆木运到指定地点，车上的圆木就开始向下滚落。那时的他虽然年轻，但体质很虚弱，哪能扛得住那么多大圆木的撞击啊！就在这千钧一发之际，工人师傅们挺身而出，挡住了滚落下来的大圆木，一些工人还被砸伤了，李冠兴却没有受到任何伤害。为此，他一直心怀感激。当了领导后，他对工人师傅们都非常好，爱护工人、关心工人，培养提携工人骨干，工人们都非常感恩他、爱戴他。当了厂长以后，针对当时技术、技能人员短缺的情况，为了事业发展的需要，他高薪返聘了一些老工人、技术骨干继续工作。这些老工人都心怀感恩之情，工作得非常出色，为厂里的发展做出了重要贡献。

在施工连劳动改造期间，工人们不但不批斗李冠兴，还都很尊重他，教他怎么保护自己。与李冠兴一起在施工连劳动的人中有位老干部开导他说："现在让你劳动改造是一时的，长不了，要有信心。"

施工连中还有一批大学生在这里参加劳动锻炼，李冠兴到施工连后，与这些大学生相处得十分融洽。他告诉他们闲时不要沉迷于打牌，减少一点玩的时间，早晨拿本书看看，晚上再打牌娱乐一下。他人缘很好，还真是有号召力，这些来施工连劳动锻炼的大学生真的每天早晨都看书学习，只有晚上才偶尔打牌、下围棋。

当时，李冠兴身体不是太好，患有肾炎、肝大等慢性病，在施工连劳动了一年多以后，隔离审查没有什么结果，厂里考虑到李冠兴的清华大学研究生身份，1970年6月才重新让他回到研究室从事科研工作，实行内部控制。回到第二研究室的时候，该室专门开了一个会，第二研究室有三个分室，他在二分室。因为是内部控制使用，不能随心所欲，在二分室的会上，李冠兴表态，"我将在客观条件许可的舞台上尽力而为"。他说："当年我们还很年轻，工作劲头非常足，虽然不断有研究课题交到手上，但每一次都能出色完成。"

他回到研究室后做的第一项工作就是从事中间层的研究。当时，受条件限制，所有的事情都需要自己做，查资料、定方案、整治设备、选材料等，工作量非常大。但这一切对李冠兴来说并不困难，与他读研究生时所做的工作很相似。工作很快便有了结果，需要到八一二厂进行调研，室里确定让李冠兴去主谈，因为他是负责这项研究的技术员。但是临到出发时，情况发生了变化，他的政审没有通过，因为他属于被内部控制使用的人，不能去了。

1969年，李冠兴（前排左二）与冶金研究所部分同志合影

中间层研究工作开始都是李冠兴做的，但后来正式开始做课题的时候就不让他去做了，因为李冠兴是被内部控制使用的人。当时，去核工业的四○四厂、八一二厂出差都不让他去，自己厂里也有些

地方不能去。这让李冠兴心里感到很别扭，他向组织提出，"控制使用就放我走，你控制我，我在这儿没法干了，还是让我干点别的什么工作"。李冠兴承受了很大的心理压力，但这些情况他从未在妻子面前提起过，妻子也因此无法为他分担。

在被内部控制使用的那些年里，李冠兴清楚地知道，不能因为外界的一些阻碍而让自己失去信心，以平常心去对待这样那样的不公，微笑地面对这样的不公平，生活的烦恼才会远离。尽管历经艰辛苦难，但李冠兴没有颓然没有退缩，依然在工作中不断努力与前行。

三、心无旁骛，潜心科研

扎根一线、献身事业，这绝不是一句口号，而是一种做事、做人的态度。言行一致，表里如一，修好德行。我们不缺突发奇想、热情冲动，而缺乏知行合一、贴地而行、表里如一、一以贯之的长期行为积淀。李冠兴以他的忠诚担当、坚韧不拔，践行着"我愿一生从事核材料工作"的诺言。

1969年，李冠兴（前排右四）与冶金研究所部分同志合影

1970年6月，李冠兴被调回第二研究室做科研工作，内部控制

使用，1980年，李冠兴解除内部控制使用。后来，他和妻子谈起，心里一直觉得非常难受，这种难受不是因为个人的得失，而是因为浪费了他10年的科研和工作时间。他没有忘记自己对组织的表态，"我将在客观条件许可的舞台上尽力而为"。他的确尽了自己最大的努力投身工作，也最终实现了自己的诺言。因为是内部控制使用，中间层产品他干不了了，被安排去解决产品的"白圈"问题。

二〇二厂当时的主要任务之一就是为生产堆提供核燃料元件，元件经过堆内辐照后送去做后处理供进一步使用。20世纪70年代初，在二〇二厂元件成品包装车间，包装生产中出现了一个令人头疼的问题——"白圈"（或称"白点"）。这个问题主要出现在旋压工序上，压力小，达不到需要形成的冶金扩散熔合状态；压力大，产生较大面积的冶金扩散，以致出现残留的熔合痕迹，俗称"白圈"或"白点"。在旋压过程中，如果偏松容易出现裂纹，偏紧则易出"白圈"，成品合格率低。苏联提供的技术文件规定，元件经阳极氧化后，如果旋压端面出现裂纹和"白圈"（"白圈"为统称，可以呈现不同颜色、不同深浅和不同大小的圆圈状）都应作为废品判定。

"白圈"当时在包装车间就是一个"拦路虎"，用力旋压，容易有"白圈"，劲不够，产品容易有星形裂纹，产品既没有"白圈"也没有星形裂纹，才算是合格的。当时的元件成品合格率是60%～70%，废品特别多。工人们开玩笑地称旋压工艺犹如走钢丝，松不得又紧不得，成品合格率很低。更要命的是元件在反应堆内破损率高，特别是在开堆和停堆阶段。工厂曾经请专家用电子显微镜（简称电镜）等做过分析研究，结论和苏联专家得出的一致，旋压端出现"白圈"的元件应该判废。

当时，这个问题对工厂影响特别大，是工厂很头疼的一个问题。为了解决这个问题，时任二机部核燃料局总工程师的张沛霖几乎每个星期都要来二〇二厂，组织大家研究解决这个问题。

张沛霖是著名物理冶金学家，1963年初，张沛霖担任二机部冶金方面的总工程师、二机部核燃料局总工程师兼金属研究所副所长。他是我国核燃料事业的主要奠基者之一，中国核学会第一、第二届常务理事，中国核材料学会第一至第三届理事长，中国核工业集团有限公司科学技术委员会高级顾问。他多年从事核燃料冶金、核材料方面的研究与技术工作，领导解决了一系列关键性重大技术问题，推动了我国原子弹、氢弹研制和核电事业的核材料研究，在各种类型核反应堆的燃料元件，以及铀的冶金和加工方面，对我国核科学技术事业和国防事业的发展做出了杰出贡献。

当时，张沛霖组织大家研究两个问题：一是如何把握旋压力；二是为什么会产生"白圈"，"白圈"到底是什么。因为标准都是从苏联拿来的，产生"白圈"的产品是不是合格品，有的在苏联实习的同志笔记本上写的是不允许，所以不敢作为合格品。在这样的情况下，大家说，咱们得自个儿从头研究。

张沛霖对"白圈"问题特别关心，他对车间主任王翰飞、副主任王滨昌说，研究解决"白圈"问题，仅靠他们成品包装车间的人不行，要从金相理论来分析"白圈"到底是什么，要有搞研究的人参加。他建议请第二研究室的同志参与研究。

当时，第二研究室的人员也不是很多，还有其他元件的生产任务，人手比较紧张，一时半会儿很难抽出人来。李冠兴就在第二研究室工作，但被内部控制使用。李冠兴毛遂自荐地对张沛霖说，他愿意去参加那个实验组。张沛霖跟他谈话以后，认为这个小伙子不错，就对车间主任说，"让李冠兴到包装车间来，跟你们一块儿攻关吧……"但两位车间主任觉得李冠兴出身不好，刚毕业没几年，还在被内部控制使用，不能加入实验组。于是，张沛霖对他们说："科研工作要讲实事求是，李冠兴那么年轻，他能有什么政治问题？就让他实事求是地去做研究吧！"当时，张沛霖在中国核材料界是绝对的权威，所以厂里十分尊重他的推荐。就这样，李冠兴参加了实验组。

实验组组长是车间主任，副组长是质量处处长，直接由总工程师领导。李冠兴去实验组时，实验工作已开展了一段时间。在介绍情况时，技术员画了一张大图，列出了 40 多个影响因素。大家对解决这个难题没有信心，压力很大。李冠兴虽然依旧背着"政治包袱"，知道即使做好了，也不会改变什么，但他的内心深处不愿意砸了清华大学研究生毕业的牌子，他希望能够解决这个难题。

在实验组讨论时，李冠兴讲了两点：一是能够提出 40 多个影响因素，说明我们对问题已经有了相当认识，工作还是很有成效的，能够提出问题，就是解决问题的前提；二是建议学习毛主席的《实践论》和《矛盾论》，要努力开动脑筋，抓住主要矛盾。同时，他请求允许自己和另一位同来第二研究室的技术员去旋压工段跟班劳动一段时间，再做具体实施方案。就这样，李冠兴他们用辩证的方法巧妙地否定了原来的实施方案，掌握了研究的主导权。

李冠兴做事极其认真，在张沛霖的力荐下，他把任务领回了第二研究室。为解决产品"白圈"问题，李冠兴做了大量研究工作，研究过程中第一个听他汇报的人就是张沛霖。刚开始汇报这项工作时，汇报人中并没有李冠兴，因为他被内部控制使用。但是，张沛霖在听汇报时觉得这件事情汇报的人都说不清楚，他就问这事儿是谁做的，大家说是第二研究室的李冠兴做的，张沛霖就说："那就请他来讲一下，你们不行就请他来讲嘛！"就这样，李冠兴被请到了汇报现场。张沛霖当时腿摔伤了，拄着拐杖，李冠兴刚说了一半，他就高兴地说："李冠兴你慢点说。"李冠兴当时的研究报告还没有成稿，只是制了个大表，他是按照平常本子上写的要点来介绍的。张沛霖说："你把要说的话都写在黑板上，让大家看仔细些。"讲完以后，张沛霖拄着拐杖站了起来，连连夸赞。他对大家说，李冠兴的这个报告"讲得很清楚，很好！"这样，大家从道理上都接受了。汇报完毕以后，张沛霖就问他是哪儿毕业的，从什么地方来的。当得知李冠兴是清华大学李恒德先生的研究生时，张沛霖立刻称赞他工作很科班。

后来，李冠兴每次做大报告，张沛霖都会来听。

在一次采访中，李冠兴这样说：

> 当时，先进的知识基本上没有，要到北京去查文献，但我们没有在困难面前退缩，只考虑中央交给我们的任务一定要完成，想尽办法去完成。

李冠兴就"白圈"的内在组织形成机理做金相的检验与剖析，经过大量观察、取样分析和不断地推演思考，分析了"白圈"产生的机理，并研究推论了在堆内运行是否会产生影响的问题。通过大量的实验工作，金相的观察结果证明，形成所谓旋压端面的"白圈"现象，实质就是铝材旋压过程中形成的熔珠（熔化的铝）冷却下来的痕迹，"白圈"组织中没有特殊的物相，只出现少量的氧化物。它不仅起到了更好的密封作用，而且更趋于完善，是密封质量最好的区域。李冠兴由此得出结论，旋压端面出现"白圈"的元件不应判废，而应该视为合格的成品。

1976年，李冠兴完成了元件旋压端出现"白圈"的研究，探明了"白圈"产生的机理和物理性质，攻克了核材料元件生产中存在已久的技术难题。这个难题其他人花了很长时间都想不出好的解决办法，李冠兴通过大量的实验数据验证了当初的想法，攻克了"白圈"难题。他确认，元件密封包装后在一部分元件的旋压端近中心处形成的环状白色组织，是一种类似焊接组织，其质量一般优于没有"白圈"的元件。造成"白圈"的主要原因是偏紧旋压。他根据以往的经验，建立了一套新的理论，用自己的推理正确解释了生产实际中的现象，从而解决了问题，为大幅度提高元件包装成品合格率和降低反应堆内事故率做出了重要贡献。这次任务的完成，产生了很大影响，得到了业内人士的高度赞誉，也得到了张沛霖的赞赏。

在这个推断的指引下，经过半年时间大量的实验取样，这个结论得以证实，李冠兴在召开的核工业专题会议上做了报告。李冠兴的这个结论及其实验验证，使元件成品合格率大幅提高，堆内事故率大幅下降，打破了苏联专家的权威，为元件成品合格率的大幅提升和堆内事故率的降低做出了重要贡献。

因为用脑过度，李冠兴得了神经症，有一天晚上，他叫醒妻子，说觉得自己手特别大，很害怕。吃饭的时候，也是经常突然就想别的问题了。妻子张珊珠是厂医院的医生，根据病情表现，给他开了谷维素等药物服用后，李冠兴的病情才慢慢缓解。

由于当时的政治背景和各方面的复杂状况，研究成果没有报奖，李冠兴的工作状况也没有得到改善，依然是被内部控制使用。但是这项工作得到了当时二机部核燃料局总工程师张沛霖的高度赞赏。完成这个重要的研究成果，第一次做项目报告，李冠兴就遇到了核材料界的老前辈张沛霖，张沛霖第一次面见李冠兴就记住了这位清华大学毕业的小伙子，评价他的工作"很好，很科班"。就这样，张沛霖对李冠兴的认识更进了一步，更加欣赏李冠兴。李冠兴说，能够得到张沛霖的器重，真是三生有幸。

之后，不断有攻关课题交到李冠兴手上，每次他都能出色地完成任务。张沛霖来厂的时候每次都要把李冠兴叫来，甚至与他没有关系的工作也都要叫上他。有一次，张沛霖来厂主持一个技术协调会，张沛霖把他叫过去（其实会议内容与李冠兴并没有多大关系）。于是，李冠兴选择坐在会议室的后排。会议在一些问题的认定上意见不一致，反应堆方面的人说元件制造厂的元件有问题，工艺方面的人说工艺没问题……争执不下，最后，张沛霖问李冠兴："你怎么看？"

李冠兴说："我不了解具体情况，但是，只要是元件就有结构，有结构误差就是加工工艺造成的，这是基本道理，就是工艺上有问题，没啥好争的，一定是工艺有问题。"李冠兴觉得，作为一名技术人员，不能和稀泥，不能纠缠没道理的事情。李冠兴讲完以后，张沛霖没有表态。

这时，朱桂生站起来说，李冠兴讲的是对的。朱桂生是留苏的技术人员，当时她已经调科技处工作了。她说："你们现在这个元件根本没按照原来的工艺做。"朱桂生也是权威，二〇二厂在国内生产这个元件，开始时都是根据朱桂生在苏联留学时的报告和她的笔记制定的工艺，现在没有按原来的工艺做，当然就会有问题。她发言后别人就没法说了，张沛霖说李冠兴讲的是基本道理。

张沛霖非常看重李冠兴，做别的元件的时候也叫上他，总问李冠兴在不在，把他叫来一起参与。在那段日子里，张沛霖在二〇二厂待了大半年时间，真正技术上需要决定的事情他都亲自到现场确定，所有的重大决策都由他做出，厂里只需执行就行。张沛霖不仅认识李冠兴，冶金研究所的技术员们他都认识，都能叫得出他们的名字，甚至连许多工人的名字他也都能叫出来。

后来，第二研究室又做了很多小型反应堆的核燃料元件，像"492元件""101元件"等，都是由李冠兴参与完成的。特别是"493元件"，工艺上特别难做，这时的李冠兴，已经从工作组组长升为室主任，他和团队硬是把"493元件"成品合格率较低的难题攻克了。现在，"493元件"在世界上依然是先进水平。

1981年，中国核材料学会（当年为独立学会）在湖南衡阳二七二厂召开学术会，会后讨论学会理事改选事宜，二〇二厂理事是即将退休的老厂长，代表二〇二厂出任理事的田振业提议："二〇二厂理事换个年轻的，我认为李冠兴比较合适。"田振业说完后，满屋子的人都哈哈大笑，把他都弄蒙了，环顾四周，除他之外，全部都是老科学家，当年学会的七名正副理事长，其中五位是中国科学院学部委员（后改称院士），另一位也是中华人民共和国成立初留学回国的老教授，只有他最年轻（也已41岁），话一出口，很是尴尬。张沛霖理事长却很高兴地说："我认为小田的提议很好，二〇二厂理事就选李冠兴吧！"他又补充道："我知道他，做铀合金研究很有成绩，工作细致深入，取得不少富有创造性的科技成果，今后学会就是需要一批这样的新生力量……"

李冠兴访学回国后，被任命为二○二厂第二研究室副主任，主管科研工作。当时由于各方面的原因，上报的研究员级高级工程师审批名单中一直没有李冠兴的名字。核工业部核燃料局的领导，特别是张沛霖感到十分纳闷，甚为不平，最后局里决定"戴帽"下达一个指标给李冠兴。当时，李冠兴正在南京出差，得到核燃料局人事处的通知后立即赶回北京，回厂已经来不及了，就在部招待所连夜赶写了一篇论文上交。当时，评研究员级高级工程师需要两位现任研究员级高级工程师的推荐，在部招待所碰到八一二厂的总工程师王翰飞算是落实了一位，另一位却一时无法落实。无奈之下，李冠兴硬着头皮给张沛霖家里打了一个电话，张沛霖说他后天就要出发去德国考察访问，正好明天上午有空。一些同事和朋友知道后说，张沛霖能够亲自给写推荐函，可谓空前绝后。

1989年，李冠兴（左）与张沛霖（右）在北戴河会议上交流

人才是德才兼备的人，是有特长的人。人才首先是要有德，德是第一位的。1989年，在北戴河召开的有关核燃料技术的会议上，

大会报告、小会报告都是由李冠兴一个人来讲的，对此张沛霖印象深刻。曾有人向张沛霖询问：谁够资格评选院士？凭着对李冠兴多年的了解，张沛霖毫不犹豫地说："我觉得李冠兴够格。"张沛霖看中李冠兴的不仅是他的专业水平、科研能力，更看中的是他的德行。

四、相濡以沫，扎根北疆

每个孩子都是妈妈心中的太阳，是妈妈毕生的希望。为了孩子的美好未来，母亲倾注了全部心血，奉献了无私的爱，用青春年华铸造了孩子美好的前程。李冠兴的母亲就是这样的母亲，她非常喜欢这个儿子，心疼他，希望他研究生毕业后回上海工作。为了儿子能够改变主意回上海，家里开始张罗给他介绍女朋友，希望他能在上海成家。可让母亲没有想到的是，他来信说自己在厂里已经有女朋友了，还在信里夹了三张女朋友的照片，这个女朋友就是张珊珠。

1968 年，李冠兴与同为上海人的厂职工医院医生（后担任医院副院长）张珊珠女士结婚。李冠兴被隔离审查时，造反派找张珊珠谈话说，"李冠兴是有问题的，你要跟他划清界限，你们结婚时间不长，又没有小孩，你要自己考虑好自己以后的道路，最好是离开他……"张珊珠当时是这样表态的："我相信党、相信国家、相信政府。李冠兴一天到晚都在念书，他好像没有这个机会吧？他16岁就离开上海在清华大学读书。16岁，按咱们现在来说，就是少年班了，少年大学生了，所以，

年轻漂亮、知性高雅的张珊珠

我总觉得他不可能。如果他真的是有什么问题的话，你们可以拿出来证据，让我见了听了，我心服口服了，我会听党的话，我会选好我自己的道路。"张珊珠对他一直不离不弃，李冠兴得以在一个 12 平方米的斗室，如他所说那样，在劳动改造之余，"躲进小楼成一统，管他冬夏与春秋"，熬过这场劫难。

张珊珠 1964 年毕业于上海中医学院（现上海中医药大学），人聪明、漂亮、性格活泼、开朗，是学校的成绩优异者，经常给同学辅导功课，考试从来不用复习，课堂上认真听一遍就能记得住，门门功课成绩都名列前茅。因为普通话比较标准，她还是上海大学生话剧团的演员、学生会工作的积极分子，所以老师都认识她。毕业时，校方原本是要将她留校工作的，档案都已单独拿出来了。那时，在国家利益面前是没有什么条件可讲的，毕业要服从国家分配。二〇二厂组织部门为了帮助在厂工作的年轻科技人员解决婚姻问题，需要在有关省市招录一批适龄女大学生去厂里工作，恰巧招录人员看见了放在桌上的张珊珠的档案，当下拍板，要了！

就这样，张珊珠与来自全国不同地方的一批年轻女大学生一起，来到了二〇二厂这个核燃料元件研制基地，投入我国的核工业建设事业中。张珊珠比李冠兴早几年到二〇二厂，她是 1964 年毕业分配来的。她漂亮的外表、活泼的性格和聪慧的谈吐，又在厂职工医院这个窗口单位工作，很快便引起了人们的关注。她的身边不乏热烈的追求者，包括许多留苏回来的优秀青年技术人员，但她一直没有遇到合适的人。

清新俊逸、温文尔雅、风仪秀整的李冠兴的到来，让张珊珠眼前一亮。李冠兴他们经常在宿舍门口打羽毛球，看见精干儒雅、身材匀称的李冠兴在球场潇洒地挥拍击球，灵活地闪转腾挪，看了几次后，张珊珠觉得这个人似曾相识，她一下子就被吸引了。经过交谈得知，他们还都是来自上海卢湾区的同乡，他们之间的距离更加拉近了。于是，她找到沈阳药学院毕业的医院药剂科的一位同事，

1968年，李冠兴与张珊珠喜结连理

这位同事的爱人是第二研究室分室的党支部书记，请她的爱人帮助了解一下李冠兴有没有对象。她觉得自己与李冠兴很有眼缘，她要主动出击。

反馈回来的信息让张珊珠喜出望外，经好友介绍，他们总算正式相识了。经过一番交谈，彼此之间都非常满意，于是，他们把照片发给各自的家里征求意见。李冠兴的母亲回复说，千里姻缘一线牵，没想到竟然在包头找到了对象。张珊珠的妈妈看了李冠兴的照片以后回信说："这个人好严肃啊！"因为李冠兴照相从来不笑，"这个人很严肃，会不会欺负你啊？"母亲十分不放心。但是作为母亲，她相信自己女儿的眼光，尊重她的决定。就这样，他们很快就修成了正果，决定了自己的终身大事，1968年5月，两人回上海办理了结婚登记手续，从此一生相爱。刚开始母亲还担心李冠兴会欺负她，结果结婚的时候，她对女婿的印象特别好，母亲嘱咐张珊珠要好好相处，夫妻恩爱。

二〇二厂医院住院部旁废弃的一间传染病病房，经过简单收拾，成为他们的新房，房子的后面就是太平间。在那个年代，厂里没有房子，能有个房子让两个人住在一块儿，那是很不容易的。房子很小，不能开火做饭，所以他们都是在单位食堂吃饭。

一对来自上海的年轻人，从此在这里扎下了根，成为包头人，成为永远的二〇二厂人。张珊珠谈起自己的丈夫时是这样说的："他眼里只有工作，完全不会照顾自己，但也正是他的敬业精神深深打动了我。"

后来，夫妻二人搬到一个与邻居共用厨房和厕所的只有 12.3 平方米的房子里，这叫"团结户"，直到 1983 年才搬到楼房内一间 60 平方米的屋子。尽管李冠兴离开厂长岗位之后又在北京工作了很多年，尽管他有院士的身份，但他们的家一直在二〇二厂，在北京只是临时租住在普通的民房里。

人们都说上海男人是出了名的好脾气，是体贴人的典范，表里如一，让整个大家庭充满和和美美的气氛；品位是上海男人永恒的追求，无时无刻不让自己看起来有范儿、精致；上海男人性格细腻，比较容易注意小的细节。这些说法放在李冠兴身上一点也不夸张。李冠兴反而觉得幸运的是自己，因为他找到了体贴入微、患难与共的妻子张珊珠。

对此，李冠兴的妻子张珊珠最有体会。日常生活中除了一贯的好脾气，从未对妻子高声大气说过话外，李冠兴还非常关注妻子的点点滴滴。即便自己已经病情非常严重了，躺在病床上还要表扬张珊珠好年轻。有一次妻子咳嗽，躲起来怕他听见，他还和别人说："阿姨（张珊珠）咳嗽很厉害，我很心疼。"

20 世纪 80 年代之前，国家经济不发达，人们穿的衣服大都是自己做的。六七十年代，李冠兴还亲自裁剪、缝制，为妻子做衣服，不仅有衬衣，还有连衣裙。张珊珠穿到医院去，同事们觉得这些衣服特别亮丽，让人羡慕不已。

有一段时间，张珊珠头皮屑很严重，李冠兴利用到北京出差的机会，四处打听哪里可以买到去头皮屑的洗发水，并带回包头给妻子使用。

李冠兴每次出国考察或在国内出差，工作之余，总会给妻子挑些时尚的服装、鞋帽、手包等带回家，服装的尺寸大小都非常合适，鞋帽、手包与服装的颜色都非常搭配。张珊珠每次将新衣、新鞋穿到医院去，总会引来一片赞叹之声。

张珊珠说，李冠兴会陪她逛街选衣服，婚后她几乎没有自己买过服装鞋帽。张珊珠喜欢拍照，李冠兴每隔一段时间就会抽空为她拍上一批，挑选满意的精心制作出"美女照"，他们家里摆满了不同时期的"帅哥靓女"的美照，非常温馨。

李冠兴作为一位科学家、一位企业管理者，学术上、工作上的事情很多，也很忙，但家里的事情，他总是抢着去做。买了家用电器，总是他先调试好了，再教给妻子如何使用。有一次张珊珠洗碗时不小心将一只碗摔碎了，李冠兴闻声赶去厨房，一把拉过妻子的手，非常仔细地查看是否受伤，然后不住地自责，说错误在他。张珊珠说："李冠兴，你阿Q，明明是我摔的，你为什么自责？"他说："因为你干活多，我不干活，你把我的错误承担了。"他经常借用莎士比亚的话，"错误不在别处，就在我们自身。因为我不干活，所以，你的错误都是我做得不对"。

以前燃气未普及，生火做饭要去车间买木材，然后劈柴生火，李冠兴很愿意做这些事，但是他只做过一次，张珊珠就不愿意让他做了。因为两个小时可以弄完的柴火，他要四个小时才能弄完，他把木材弄得大小粗细一样，而且码得整整齐齐，特别细心、严谨、认真，就像他要把每件产品都做成精品，做精品就要做成艺术品一样。后来张珊珠就不让他做了，觉得太耽误他的时间了。

生孩子时，张珊珠曾遭遇过两次险情。第一次是因为异位妊娠导致宫外孕，宫外孕是一件非常危险的事情，对身体伤害非常大。李冠兴得知情况后，心里非常着急，手术的时候，在门外他缠着医生，让医生告诉他，是什么原因导致的宫外孕，为什么会发生宫外孕。医生告诉他，是因为营养不足导致的。李冠兴的母亲也发生过类似的情况，上海当时由日本人统治，大家吃苞米面，导致营养不良，孩子就在输卵管里长大。除了向医生咨询宫外孕发生的原因外，李冠兴还买来医学方面的图书研究，直到把来龙去脉全部弄清楚。

当时手术主刀医生是医院妇产科主任，剖腹时发现张珊珠的输卵管发育畸形，比正常输卵管长两倍多。了解情况后，担心之后再发生这种情况，为了不让张珊珠吃两次苦，李冠兴恳请医生把张珊珠另一侧的输卵管也结扎掉。但这样做，张珊珠以后就再也不会受孕了。医生考虑了半天，劝他说，考虑到他们还没有孩子，以后总是要个孩子的，最后还是决定只结扎了一侧的输卵管。事后，同事们都说："张珊珠，我们都很羡慕你，你找了一个好老公。你知道吗？你手术的时候李冠兴一直在外面等着，一定要问清楚是什么原因，为什么你会发生宫外孕。"

科学家有科学家的性格，那就是对事物本源的探究，对现象原因的追寻。在李冠兴生命的最后阶段，亦是如此。李冠兴生病就医期间，曾请到一位德国的医生，主治医生与德国医生交流治疗情况时，李冠兴也参与其中积极学习相关的医学知识。后来，与德国医生的交流包括对医学诊治方面的交流，李冠兴已经可以和德国医生顺畅进行了。从中，人们看到了李冠兴的学习能力。

1968年8月，李冠兴的妈妈出事了，那时候，张珊珠还在手术台上，李冠兴的妹妹给他发了三封电报让他回上海，这让他十分为难。因为放心不下张珊珠，在妻子的反复劝说下，接到第三封电报后他才匆匆赶回上海处理母亲的后事。

在经历了第一次险情后，经过调理，张珊珠的身体逐渐恢复。一段时间后张珊珠再次怀孕，怀孕之后反应特别大，只能吃水煮圆白菜。那段时间，李冠兴白天去上班，晚上回来以后到医院图书馆查阅资料，查了以后就去请教各位主任，所有的老主任他都请教过了：妊娠反应究竟是什么原因导致的？在那个时候，因为李冠兴还在被内部控制使用，心情并不好。张珊珠说："当时，我又没有给他增加点好的喜事，却给他增加那么多负担，我觉得很对不起他，我们真的是患难夫妻。"

生产时因为宫缩无力，张珊珠只能手术侧切，总算勉强把孩子生下来了。可是，生产结束时间不长，到了晚上张珊珠肚子开始难受，护士给她揉肚子，按压持续三次，掉出三块血饼，一块血饼约500毫升鲜血量，她出现了失血性休克，突然昏厥了过去。因紧急抢救，值夜班护士没有交代挤压过程，所以一度怀疑张珊珠患上白血病。为此李冠兴坚持查资料，请教各科主任。儿科主任有多年的诊疗经验，他说，大量失血后才会出现这种情况，可以通过输血解决。张珊珠被确诊为失血性休克，当时厂里许多职工听到这个消息后，纷纷来到医院自愿要求输血。厂足球队的队员们也来了，表示他们身体素质好，不能输工人的血，让护士抽他们的血。最后还是从包钢血站取了血，经过抢救，张珊珠总算转危为安。

那几日，李冠兴精心陪护，白天工作，夜间就在病床边看书查资料，人也消瘦憔悴了许多。经过这次险情，李冠兴与妻子商量，再也不要孩子了，他不愿意让妻子再去冒风险。

李冠兴就是这样一个体贴妻子的男人。那时候，他们的生活环境很差，生活条件非常艰苦，工作压力很大，但是这对相爱的患难夫妻却乐在其中，享受着爱情的甜蜜，并且延续了一生。婚前，张珊珠的母亲曾对女儿的婚姻颇不放心，担心千里之外、远离父母又不会做家务的女儿会受欺负。婚后，李冠兴以细腻入微的体贴与无微不至的关爱，让张珊珠的家人彻底放了心。一次，他们回上海探亲，张珊珠故意在李冠兴的外婆面前撒娇说"冠兴欺负我了"，外婆拍着外孙媳妇的手，笑而不语，她对自己外孙的人品、性格太了解了，对他的为人有足够的自信。

李冠兴是位科学家，他进行学术研究、课题攻关都需要时间，参加工作后，就连他喜爱的乒乓球运动都取消了。下班回到家里，李冠兴就坐在书房里看书、看资料，从不外出，平时不运动，连散步也取消了，更没有什么娱乐爱好，有时吃饭时也会陷入沉思。说到丈夫的工作，妻子张姗珠曾说：

冠兴眼里只有工作，是个不会照顾自己的人，他的心思都在工作上。他的工作带有不少的保密性，对他的工作我也从不多问，只知道他很忙。他一年中有大半年不在家，好不容易回家吃顿饭，吃着吃着就不吃了，叫他也不答应，手在他眼前晃都没反应。过一阵子，他才恍然大悟般地问："嗯？你在跟我说话？"他每次吃饭就一碗，给他盛一口也是这碗饭，盛一碗也能吃进去，他的心思根本没在吃饭上！他就是这样一个人，他要是想到一个问题不解决的话，就总在想这个问题，直到把它搞明白为止……

张珊珠说：

> 冠兴是没有节假日和休息日的，他脑子里没有休息这个概念，他也没有时间概念。他的脑子总是在想问题。我恨自己不能钻进他的脑子里，看看他究竟是在想什么，他总有事干。有时候我跟他开玩笑地说："李冠兴，你怎么总是有这么多事干啊？事情是干不完的啊！"他总是回答我说："你不懂，你不懂……"他总是说我不懂！他坐在电脑前工作，可以坐一天两天，他睡觉都很少。他书房里的窗帘经常是拉着的，就是为了使室内光线更暗一点，以更清楚地看电脑屏幕。节假日他都是在他的书房里看书、工作、学习。他的书房里堆的全都是书，书架和桌子上都放不下了，就都堆在了地上，他的书房里除了桌子上的一台电脑外，其他的空间全部堆满了他的书。

张珊珠深知丈夫工作的重要性，理解丈夫对事业的痴迷，这个从不做家务的上海姑娘，成家后便主动地去学习做家务，学习做饭，孩子出生后更是承担起了全部家务。李冠兴不吃牛羊肉馅的饺子，所以逢年过节，张珊珠都会给他包韭菜、虾米、猪肉、鸡蛋馅的饺子。她要让丈夫去奔事业，去出成果，去带领二〇二厂再续辉煌。李冠兴体质比较弱，张珊珠大学学的是中医学，平日里李冠兴身体的调养也靠这位"家庭医生"操持。生活中张珊珠依赖李冠兴，李冠兴也离不开张珊珠。

李冠兴的儿子叫李昊明，十来岁的时候去上海，小昊明总是爱学样板戏里演员演戏的样子，很受人喜爱。后来，李冠兴当了厂长，昊明再去上海时，家里人就问他："你爸爸是厂长，下班回家了，一定有很多拍马屁的人去找你爸爸吧？"没想到昊明回答说："我爸爸一回家就扎在书房里了。我看到来家里找他的人，手里都拿着一卷图纸，没有拿着礼物来我们家的人……我是他的警卫员。我帮他们开门。他们就一卷一卷地看图纸……"儿子昊明非常懂事，爸爸吃不惯粗粮、面食，包头的细粮就是白面，他就将大米饭留给爸爸；爸爸的牙不好，咀嚼困难，吃菜时他就有意将菜心和烂糊的菜留给爸爸。

1974年，李冠兴与儿子李昊明的合影

李冠兴给儿子李昊明的感觉就是，他几乎全身心地扑在自己热爱的核事业上。在对昊明成长的关怀和期盼中，处处渗透着父爱。

李昊明学习下象棋、下围棋都是父亲教他入门的。入门后，父亲就告诉他，要想下得好、下得精，就需要自己去看书、去琢磨，这叫"师父领进门，修行在个人"。李冠兴注重言传身教，他告诉儿子，做事情的时候，要做到一定程度，要有担当，要敢干事、干成事。一次，李冠兴需要用电脑写一份材料，从早上8点工作到晚上8点，他跟儿子说："我都反胃了。"儿子说他："你从早上8点看到晚上 8 点，除了吃饭，其他时间都不离开电脑。别说你，我都不行。"

李冠兴是上海人，讲话有浓重的上海口音。他用电脑打字很慢，因为用拼音输入法容易出错而改用语音识别输入法，他的南方口音重，拼的字音容易出错，电脑又不认。为了提高效率，他买了个汉王手写板，这样写比他打字要快。有了手写板，他打字难的问题就解决了。李冠兴刚当厂领导时，需要经常讲话，他担心自己的口音问题导致听众听不懂，所以每次开会之前，他都会在家里把讲话稿正儿八经地读上好几遍，让儿子给他正音，直到讲话时的上海口音少了，才算结束。

李冠兴不排斥新事物，相反，他对新鲜的事物，比如手机、电脑、音响、电视，都喜欢琢磨，而且买了新的东西马上就使用。有段时间他喜欢相机，无论是单反相机还是数码相机，他都爱琢磨。弟弟李冠雄是搞无线电的，小时候李冠兴教他组装晶体管半导体收音机，拆了之后再装回去，反复琢磨，一辈子干的都是无线电专业方向的工作。李冠雄讲了一个令他终生难忘的故事：

1984 年，李冠兴一家三口在家中合影

1964 年夏天，哥哥放暑假回家，我真是高兴极了，我把自己要装半导体收音机的线路图给哥哥看。哥哥说："你可先设计一块电路板，然后按线路图把各个零部件焊在电路板上就可以了。焊接时，你就相当于是战地参谋指挥作战一样，零部件可以随时调换。"那个年代物资匮乏，装半导体的零部件很难买到，我好不容易把手里有的零部件焊装好后，半导体没有声音，我一下子就泄气了，不想再装了。哥哥马上说："不要着急，阿弟，一定要找到问题的症结，哥哥跟你一起研究，咱们拆掉重新装……"

为了给我买到全部的装半导体的零部件，哥哥就骑着自行车顶着夏天火辣辣的太阳，从上海鲁班路骑到北站虬江路去买零部件，这一路跑了 30 多公里，去了几十家卖电子器件的商店。由于我不会骑自行车，哥哥就一个人去了。当时，哥哥把在学校读书时省下来的零花钱，拿来给我买半导体零部件。为了省钱，一路上，哥哥舍不得花钱买点冷饮吃，回到家里，哥哥满头大汗，全身衣服都湿透了。但哥哥还是很开心地对我说："阿弟，快来看，零部件全买到啦！"后来，我才知道，那天哥哥本已约好隔壁堂哥准备去电影院看电影的，为了给我买半导体零部件而放弃了看电影。我亲眼看到哥哥为了鼓励我、帮助我学习无线电技术，一个人顶着炎热的酷暑骑车跑那么远的路，用自己的零花钱为我买齐了所有的半导体零部件，又在哥哥的帮助下，我终于把半导体收音机焊装成功了！看到我成功后的喜悦之情，哥哥说："怎么样，阿弟，碰到困难就泄气，能成功吗？"后来，我从学习装三极管半导体到六极管半导体，哥哥都全程指导我、帮助我、鼓励我，我从失败中找原因，终于取得了成功！

在哥哥的榜样作用下，李冠雄也成为一个非常优秀的人。在几十年的职业生涯中，李冠雄被聘为多家企业的厂长、经理；多次被上海市工业局、上海市闵行区工业局等评为先进生产（工作）者；鉴于为企业培养技术工人做出了突出贡献，他获得了多家企业为他特别颁发的荣誉证书。他还担任了上海市闵行区第一届政协委员……

李冠雄获得的各种奖励证书

因为忙于工作，所以李昊明的学习还是妈妈管得多一些。昊明小时候，父亲没有很多时间陪他玩和学习。初中是比较重要的学习阶段，但李冠兴当时在国外做访问学者。孩子最叛逆的时候，他也不在儿子身边。但是，父亲辛勤工作的身影、执着的奋斗精神，却对昊明影响深远，昊明很多的良好习惯，都是在父亲潜移默化的影响下形成的。对于儿子在学习方面的教育，李冠兴的观点永远是：成绩不是最重要的，方法不对，学习再好也不行。对于父亲的这句话，李昊明上学的时候是不理解的，等他上班之后才理解：这是人一辈子的事，学会了方法，就什么都好办了。

后来，李昊明的儿子李胤嵚以优异成绩赴新西兰留学攻读计算机专业。李胤嵚一直说，将来也要当科学家，要像爷爷一样，当一名对国家有用的科学家。孙子和爷爷两人属相一样，都属兔，两人整整相差60岁，所以，小时候跟爷爷一起玩儿，李胤嵚喊李冠兴"兔爷"。李胤嵚17岁那年，只身一人赴新西兰读预科，一年后，以优异的成绩考上了大学。

李昊明回忆说：那是2017年的时候，儿子李胤嵚一个人扛着手风琴，背着包，一手拉着一个大行李箱自己就走了。他从包头到北京，又从北京到广州，从广州到新西兰首都惠灵顿，又从惠灵顿到

幸福的家庭

他留学的城市奥克兰。与他的爷爷一样，李冠兴 16 岁只身一人从上海到北京去上清华大学，后又只身一人来到北疆，扎根包头。

李冠兴刚刚成家的时候，曾有上海的朋友到包头，看到他们的生活状况，不少人都掉了眼泪。后来的几年中，上海有关单位几次来"挖"李冠兴，想让他回上海工作，并许诺解决户口、高薪、配备保姆等，但他为了核事业还是留在了二〇二厂。"因为到了上海就等于脱离了专业。"李冠兴给出了他这一生最执着的答案，"我愿一生从事核材料工作"。

二〇二厂原副总经理兼总工程师任永岗 1982 年毕业于北京科技大学金属材料系，那时候二〇二厂很困难，科研生产任务都不多。1993 年，任永岗有位同学来包头，提出让他一起去北京开公司，给的薪水也很高，但任永岗最后婉拒了这位同学的好意，留在了二〇二厂。任永岗回忆道：

> 是先生的远见卓识和对事业的热爱，感动了我，彻底打消了我离开的念头。还有很多同志在先生的人格魅力感召下，以先生为表率留了下来，这批人为二〇二厂的生存、发展和二次

创业做出了重要贡献……

五、追求不渝，向"核"而生

"我愿一生从事核材料工作"的信念，始终支撑着李冠兴在追求理想的道路上不断前进。李冠兴认识到，坚持自己的理想追求，需要自觉做中国社会主义建设事业的坚定信仰者与忠实实践者。因为这种政治定力，体现在对理想的不懈追求上，对党的无限忠诚上，对事业的高度负责上；体现在工作中冲锋在前、退却在后，吃苦在前、享受在后的实际行动中。1985年1月13日，李冠兴向党组织郑重地提交了入党申请书。他在申请书中写道：

> 我是一个受党和国家多年培养的中年知识分子。14岁加入共青团。1956年考入清华大学工程物理系学习，曾在班上担任班干部和团干部。1962年毕业时，获得优秀毕业生奖状。在留校当研究生期间，曾向教研组党支部提出过入党申请，受到教研组党支部的重视和培养。

> 1967年分配到我厂二室工作。我自己于1968年12月被"隔离审查"后，强迫去"施工连"劳动，于1970年6月返回二室工作，直至1979年1月，我母亲平反昭雪大会召开以前，我一直背着政治包袱。凭着一个知识分子的"良心"，兢兢业业地在客观历史条件许可的情况下，尽我所能做好一切可以允许我做的技术工作。不求有功，但求无过，聊以报答党和国家的培养，暂时忘却我内心深处之悲愤，闭门谢客，"躲进小楼成一统，管他冬夏与春秋"。现在回想这十多年之久的情况，依然历历在目，真可谓"人生坎坷"！

> 自1979年以后，我的处境开始改善。1982年9月，又一次受党和国家的信任和培养，肩负"振兴中华"之重托，到美国进修。在美国这个超级大国的两年期间，见到了资本主义社

会的形形色色。我这个几经挫折的一介书生，却强烈地感受到自己内心深处强烈的民族自尊心的冲击，这种感情之强烈，使我自己都感到震惊。不管其他人如何看，我自己知道，我还是两年前的"我"。我是新中国培养出来的一代大学生，是社会主义社会培养出来的一代知识分子。出国两年，的确做了一些具体的科研工作，学习了一些新的东西和开阔了眼界。但是，正如我的思想早已基本定型，我的业务素质亦早已基本定型。两年进修，我在业务上是有进步和发展的，但绝没有，亦不可能有"质变"。这大约是访问学者和出国研究生的不同之处。出国两年期间，我的成绩平平，不值一提。但扪心可以自慰的是，我亦并没有落败于那些外国名教授之手，没有给我们这一代知识分子丢脸。那些能够在国外攻读博士研究生的年轻同志，当然不错，他们学成回国，大部分将成为我国新一代的中坚分子。但是，我亦并不羡慕他们，我以我是我们国家自己培养出来的知识分子而自豪。出国两年，我深深感到，我们这一代知识分子，在当今的大好政治形势下，只要发奋图强，艰苦学习，努力奋斗，还是有希望、有力量在一个问题、一个局部乃至一个领域里，赶上和超过国外的先进水平的。这大约是我出国两年的最大收获。当然，个人的力量是有限的，要依靠集体，要依靠一支有雄心壮志的科技队伍。归根到底，是要依靠党的组织，依靠党中央的正确的路线和方针。不打倒"四人帮"，不彻底否定"文化大革命"，没有党的十一届三中全会以来的一系列的英明决策，就什么也谈不上。我个人在政治上也得不到解放，也没有可能出国进修，也不可能向党提出这份入党申请书。

我在清华大学当学生，特别是研究生期间，就相信唯物辩证法。对老一辈无产阶级革命家的英勇和光辉业绩怀着由衷的崇敬心情。"文化大革命"期间，我处境艰难，但亦正值我精力旺盛时期（或许也是我这一生中精力最旺盛的时期）。我花了很大的精力研究唯物辩证法，特别是自然辩证法。因为只有这种研究，在当时我感到大约是"无罪"和没有"政治危险"的。而且，我也一直对方法论感兴趣。我甚至拜读了马克思《资本论》的第一章和黑格尔的《逻辑学》一书。现在回想起来，我在这上面花的精力超过了任何一个我做过的科研题目，没有什么成绩可言，可能是纯粹的"发疯"。但我亦至今不悔。或许在我将来退休后，我还会继续这个研究。在国外做科研工作和学习时，我亦曾在思维方法上掂量过外国教授的斤两，我相信共产党人的辩证法是高出他们一头的。也正是由于这一点，我才敢说，在一个个的具体技术业务问题上，鹿死谁手却未必一定，虽然无疑这些外国教授目前在他们的各自领域掌握着比我们多的知识和信息。

我在清华大学 10 年，在本厂二室已 17 年。一个人的历史是自己写的，我的为人和优缺点是有目共睹的，党组织和领导也是一清二楚的，无须多说。我知道我自己距离一个真正的共产党员标准还相去甚远，但我愿意在党组织的帮助、教育和培养下，严格按照党章的要求去要求自己，使自己早日成为一名中国共产党党员，为实现四个现代化，把我国建设成为高度文明、高度民主的社会主义国家奋斗终生！请党组织审查和考验。

1986 年 4 月，李冠兴被党组织接纳，成为一名光荣的中国共产党党员。

"老当益壮，宁移白首之心？穷且益坚，不坠青云之志。"从求学清华到扎根工厂，从出国访学到当选为院士，李冠兴用执着与坚守成就了最美芳华，以忠诚诠释信念，用奉献践行担当，让砥砺推动奋进。梦想融入热血，就有了花开的绽放；情怀倾注战斗，就有了必胜的担当；奉献植根奋斗，就有了澎湃的力量。选择大我，坚守大道，就选择了无坚不摧；选择大业，担当大任，就选择了无往不胜；选择大爱，赤诚报国，就选择了无所不至。

李冠兴将自立自强认得很准，将自主创新看得很重，将国之重任爱得极深，以许党报国的名义去守护，用最好的青春年华去传承，在永无止境的奋斗中去开创。择一事，忠一生；守一域，专一业；壮心不老，奋斗不变。这是本色的担当，也达成了他的愿望："我愿一生从事核材料工作。"

冠世兴核：李冠兴

传

第|三|章

行业翘楚，
德艺双馨

1982 年，李冠兴被公派赴美国俄亥俄州立大学冶金工程系做访问学者。回国前鲍威尔（G. W. Powell）教授在给张沛霖的信中对李冠兴倍加赞赏，认为"他是一位非常有才干和勤奋工作的年轻人。他向我显示了他具有分析处理范围广泛的各类不同问题的能力"。

　　1999 年，李冠兴以渊博深厚的学识和开创性的业绩当选为中国工程院院士，那年他 59 岁。

　　彼时，大城市、大企业和国外的高薪聘请函如雪片一般纷沓而至，但李冠兴丝毫不为所动，他胸怀家国，心有大爱，在阴山脚下的黄土地上勤奋耕耘。

李冠兴几十年如一日扎根在他热爱的核事业领域,为我国的核科技和核工业发展做出了巨大贡献。他经常告诉身边的人,科研工作是一项崇高的事业,值得一辈子去追求和奋斗。我们国家正处于最好的发展时期,我们所有科技工作者都要自觉地为科技自立自强做贡献。对于科研人员来说,一辈子有机会做几个大课题是不容易的,要把眼光放远一点,今天的中国知识分子,首先应具备的特质是对民族和国家的责任感,他说"有些东西不是金钱能买到的,人总要有点精神的"。

自清华大学毕业后进入二〇二厂,李冠兴在这里完成了多个科研项目,即使是别人眼里的"老大难"问题,他也可以看似轻松地解决,并能根据以往的经验,创建一套新的理论,用自己的理论正确解释生产实际中的现象,从而解决问题。他是公认的学识渊博的行业翘楚、德艺双馨的科学大师。

一、出国访学,彰显才华

1980 年,上海市卢湾区教育局召开追悼大会,为李冠兴的母亲平反,李冠兴也被解除了"内部控制使用"的身份。

经导师李恒德推荐,1981 年,经过考试,李冠兴获得了一个出国做访问学者的机会。1982 年 9 月至 1984 年 9 月,李冠兴赴美国俄亥俄州立大学冶金工程系做访问学者,进修专业(研究方向)为反应堆材料物理冶金,着重于核燃料元件工艺,包壳、芯体的相互作用和铀钛合金的研究。

李冠兴当年出国访学的主要想法是想去见识一下国外学者是如何做科研工作的,也想衡量一下自己的水平。他十分珍惜这次机会,他知道自己的使命,清楚祖国对自己的期待,他要对祖国负责。出国前,他与张珊珠约定,学成之后一定按时回国。两年后,他的确一天不差地回到了国内,但人变得既黑又瘦。

李恒德推荐李冠兴赴美做访
问学者的信，该推荐信被视
为范本，在当年的出国访问
学者中广为流传

李冠兴在美国俄亥俄州立大学留学期间留影

1999年，李冠兴（左）和导师李恒德在包头市赛汗塔拉公园

李冠兴（后排左五）与其他学者合影

　　俄亥俄州立大学创建于 1870 年，坐落于美国俄亥俄州首府哥伦布市。俄亥俄州立大学是世界著名研究型大学，开设的专业几乎涵盖所有学术领域，是北美学术联盟美国大学协会（AAU）最早加入（1916 年）的成员之一及十大联盟成员，是美国最顶尖的公立大学之一，被誉为公立常春藤。哥伦布市有许多年度庆祝活动，每年吸引大量游客前来旅游。然而，这一切对李冠兴来说并没有太大的吸引力，因为他十分清楚自己来这里的使命。

　　到了俄亥俄州立大学，李冠兴很快就适应了这里的研究工作。他非常清楚自己缺什么，应该学什么，他也深知这个机会来之不易，所以格外珍惜每一分每一秒的时间来汲取新知识，了解国外的研究情况。为了学习语言，也为了节省开支，他同一个美国人合租了一套房。做研究需要长时间用电脑和电镜之类的设备，但实验室每天只给每个人一个小时的上机时间，为了多争取一些上机时间，他与管理实验室的老师商量，晚上将实验室的钥匙给他，这样他就可以利用晚上的时间上机做研究了。

1983 年，李冠兴（右一）与其他学者在美国俄亥俄州立大学
Mars G. Fontana 实验室前留影

李冠兴是带着清华大学的优良学风出去的，图书馆是李冠兴最常去的地方，他徜徉在知识的海洋里，如饥似渴地汲取着核材料专业最新科技成果的养分。在进修的两年里，他日夜泡在图书馆、实验室里，忘记了休息日，更无暇领略异国风情，甚至连写家信也顾不上。

在俄亥俄州立大学做访问学者的那段时间，李冠兴手里握着三把别人没有的钥匙：一把是扫描电镜实验室的钥匙；一把是计算机室的钥匙；还有一把是能打开所有实验室门的标有 M（Master）的钥匙。这三把钥匙为李冠兴的科研之路打开了一扇崭新的大门。当时国内的技术水平还比较落后，很多现代化的仪器他都不会用，他就利用休息时间到实验室翻阅大量说明书和参考书，不断试验探索，逐一掌握了使用方法，为之后的研究奠定了基础。

李冠兴出国时带了他在清华大学学习时学过的课程表和成绩单，这些在美国是承认的。导师鲍威尔教授对他十分友善，给他安排了单独的办公室。他的 ID 卡上写的不是 visiting scholar（访问学者），而是 visiting fellow（客座教授），不过是不拿工资的教授。当时美国税务局还找他交税，结果发现他是个没有薪水的教授。

在进修的两年时间里，凭着专业自信，李冠兴经常与导师讨论一些学术问题。当时，他对导师的一些学术观点提出了异议，还到图书馆找来许多材料证明导师的一些观点是有问题的。他这样敢于质疑的作风，反而获得了导师的认可和赞赏。回国前，鲍威尔教授在给中国材料界老前辈张沛霖院士的信中对李冠兴倍加赞赏，认为"他是一位非常有才干和勤奋工作的年轻人。他向我显示了他具有分析处理范围广泛的各类不同问题的能力"。

有一位同时在这里做访问学者的教授，其课题研究总也拿不出结果，导师对他的意见很大。李冠兴知道后便主动去帮助他，帮他想办法，肯定了他的研究内容，给他的研究方向提出建议，结果，这位教授的研究成果很快就发表了。导师认为，这个研究成果有李冠兴的贡献，论文发表时应该给李冠兴署名。但李冠兴回答道："我只是去帮助了他一下，不应该斤斤计较……"

"古之立大事者，不惟有超世之才，亦必有坚忍不拔之志。"在美国进修的两年时间里，李冠兴听了六门研究生课程，包括断裂力学和失效分析、粉末冶金、计算机概论、基本数据计算方法、金属物理和高等物理冶金。他从事和完成了两项研究课题：一是完成了"二元系统中的反应扩散理论"的研究，1984 年 2 月，在加利福尼亚州洛杉矶召开的第 113 次冶金学年会上宣讲了该项课题的研究报告，相关文章发表于 1985 年的冶金杂志（*Acta Metallurgica*）上；二是于 1984 年 4 月完成了"快速凝固三元铁–铝–硅粉末混合压实体的扩散均匀化"的研究工作。1984 年，他当选为美国采矿、冶金和石油工程师协会（American Institute of Mining, Metallurgical and Petroleum Engineers，AIME）会员。

凭借出色的能力和独有的自信，李冠兴赢得了导师鲍威尔的认可和高度评价。

李冠兴在美国俄亥俄州立大学时的一些留影

1984年，李冠兴在美国俄亥俄州立大学冶金工程系实验室一角

1984年8月17日，李冠兴的导师鲍威尔给张沛霖院士的信的中文大意是：

　　我今函告您关于李先生过去两年在冶金工程系的活动和成就。

　　李先生和我已合写了一篇题目为《反应扩散理论》的文章，将在冶金杂志（*Acta Metallurgica*）上发表。现在我们正在对第二篇文章进行加工处理，该文章涉及混合的粉末冶金合金的均匀化。李先生已经成为一个内行的扫描电子显微镜工作者。他在计算机的使用和应用方面获得了相当可观的知识。此外，他听了六门我们研究生的课程。在最后的六个月内，李先生花费了相当多的时间致力于断裂力学和失效（故障）分析的研究。

　　我非常尊重李先生，因为他是一位非常有才干和勤奋工作的年轻人。他向我显示了他具有分析处理范围广泛的各类不同问题的能力。我希望李先生回国后能得到一个向他挑战的职位，使他有机会研究一个宽广领域里的各种不同的问题。

李冠兴回国前，导师鲍威尔写给张沛霖的信（翻译后手写版）

学习结束后，不少外国专家邀请李冠兴继续留在美国，但他按期返回了国内，回到了二〇二厂。他说，自己吃的是中国人民的，穿的是中国人民的，应该给自己的国家、给二〇二厂做些事情。

从国外访学归来后，李冠兴受委派又参加了一系列国际学术交流、访问考察和商务谈判活动。1986 年 9 月，李冠兴作为中国三人代表团的成员之一，出席了在瑞典斯德哥尔摩举行的国际原子能机构国际研讨会，发表了《水堆燃料技术和利用改进》的研究报告。1988 年底，李冠兴又赴美国，访问了美国阿贡国家实验室、核子金属公司，参观了核燃料公司和燃烧工程公司。1990 年 6 月，应国际原子能机构邀请，作为中国专家，李冠兴出席了在奥地利维也纳召开的铀和混合核燃料制造厂运行辐射安全顾问组会议。李冠兴的学术造诣获得业界的高度赞誉。

1988 年 1 月，李冠兴（右一）访问伊朗德黑兰

1988 年 12 月，李冠兴（左一）访问美国阿贡国家实验室

二、出类拔萃，当选院士

1967 年，李冠兴作为清华大学研究生被分配到二〇二厂工作，一待就是 40 年，先后担任过专题组组长、组长、分室主任、室副主任（副所长）、厂副总工程师、厂总工程师和厂长等职务，是在核工业基层科研生产一线成长起来的技术人员，长期在核材料和核燃料领域深耕不辍，孜孜以求，成长为我国核材料与核燃料科学家，谱写了科学家与管理者的"双料"传奇。

李冠兴的成长之路并不是一帆风顺的。到厂里第二年，因为"文化大革命"，李冠兴被下放到厂施工连劳动改造，一年半以后，李冠兴虽然重新回到了厂第二研究室二分室从事科研工作，但在长达 10 多年时间里被内部控制使用。这段时期，李冠兴经历了母亲含冤离世和不能正常参加科研工作等坎坷遭遇，面对人生的磨难和困苦，他没有消沉，而是选择了奋勇向前，对人生、工作更加坚毅和执着。他很崇拜林则徐，特别喜欢林则徐的几句话"海纳百川，有容乃大；壁立千仞，无欲则刚""苟利国家生死以，岂因祸福避趋之"。经历过逆境和坎坷的淬炼往往是人生的一大财富，宝剑锋自磨砺出，李冠兴能够在科研上取得一系列成绩，成长为我国新型特种材料研发及应用的奠基人，是他不畏艰难、顽强拼搏、锐意创新的结果。

20 世纪 70 年代初，李冠兴在被内部控制使用期间，有机会参加了生产堆核燃料元件生产过程中的"白圈"问题的研究，这是刚出校门不久的李冠兴利用所学专业知识和技能，通过科学研究解决的第一项重要的生产问题。核燃料元件经氧化后旋压端面出现的"白圈"，按照苏联提供的技术文件，判为不合格，当时成品合格率是 60%～70%，李冠兴承接课题后，开动脑筋，抓主要矛盾，通过大量样品对"白圈"形成机理进行了金相检验与剖析，并就堆内运行是否会产生影响进行了推理论证。1976 年，李冠兴完成了课题研究，证明了"白圈"的形成机理和物理特性，得出"白圈"是一种类似焊接组织，不仅对产品密封质量没有不良影响，相反其质量优于没有"白圈"的元件的结论，使元件成品合格率大幅提升到97%。李冠兴的研究成果，打破了苏联专家的权威结论，为生产堆燃料元件成品合格率的提升做出了重大贡献，展现了李冠兴突出的科研才能，得到了当时二机部核燃料局总工程师张沛霖的青睐。之后，不断有攻关课题交到李冠兴手上，每次他都出色地完成了任务。

　　李冠兴把自己的成长与二〇二厂的发展紧紧绑在一起，扎根北疆，不离不弃。1981年3月，二〇二厂进入艰难的转型时期，多条生产线限产、停产或转产，但幸运的是特种材料、研究试验堆元件的研究和生产一直未曾中断，在此期间，李冠兴担任课题组组长。1982~1984年，李冠兴作为公派访问学者到美国俄亥俄州立大学学习，攻读反应堆材料物理冶金专业，其间完成6门研究生课程的学习，从事和完成了两项研究课题并发表了论文，显示了他具有分析处理各类不同问题的能力，为后续的科研工作奠定了重要的基础。

　　1990年12月，李冠兴被任命为二〇二厂总工程师兼生产副厂长（两年后不再兼任生产副厂长）。他站在国家战略的高度奔走呼号，他经常和干部职工讲：核材料与核燃料的科研和生产是二〇二厂的立厂之本，要自强不息，要发展、壮大这些主业。1992年8月，李冠兴牵头开始筹建核工业特种材料应用开发研究重点实验室，1993年得到核工业总公司批准。核工业特种材料应用开发研究重点实验室作为核工业科技创新体系的重要组成部分，是当时核工业系统11个重点实验室之一，也是唯一一家在工厂里建立起来的重点实验室。重点实验室从1994年开始运行，为了重点实验室得以更好地建设，李冠兴倾注了大量心血，他利用多年积累的实验室工作经验和对国内外特种材料发展的前瞻性认识，确定了以特种材料的工艺研究和机理研究为专业方向，以设施先进、功能齐全、配套完整为建设目标，在充分利用二〇二厂原有科研设施的基础上，通过有机整合和补充完善，最终添置了21台（套）先进的科研仪器设备，极大地提升了特种材料研制、物理性能检测和组织结构分析等研究能力，得到了专家们很高的评价。李冠兴用实际行动践行了钱三强等科学家提出的"厂所合一"是一条出成果、出人才、出成品的多快好省的好路子的战略构想。重点实验室于1997年通过正式验收，李冠兴任重点实验室第一届实验室主任和第二、第三届重点实验室学术委员会主任。

重点实验室建成后，李冠兴组织筹划科研项目，组建科研团队，通过向国家有关部委申请立项以及与国内科研院所横向合作等多种渠道，争取到多项新型特种材料研究课题，真正做到了"有项目、有团队、有合作、有课题"，为工厂出成果、出经验、出示范提供了强力保障。同时，通过聘请国内核行业专家学者成立实验室学术委员会，对实验室科研工作进行专业性指导，为实验室的创新发展提供了"源头活水"。在李冠兴的带领下，科研团队经过刻苦攻关，取得了多项研究成果，在科技成果转化方面，实现了相关材料在特种装备系统中的应用，为国防科技工业增添了新的力量。二〇二厂依托重点实验室，扩大了专业领域的影响，为后续拓展到先进核电燃料元件制造行业培养了一大批优秀人才，为二〇二厂的可持续发展奠定了重要基础，让"厂所合一"的金字招牌更加熠熠生辉，这是李冠兴对我国核材料事业发展做出的最有战略意义的贡献之一。

1987年，二〇二厂在特种材料研制生产的基础上，开始了新型特种材料的研制。李冠兴主持开展了甲2号特种合金的研制工作，提出了合金研制总体方案，设计了研制技术路线，开展了合金不同热处理状态下微观组织结构的演变规律研究，揭示了合金的强韧化机理，指导完成了合金的成分优化，完成了新型合金的研制定型，全面提升了材料性能，为新型产品的研制和技术指标的实现提供了材料基础。1998年，李冠兴主持完成的"甲2号合金的研制"项目获得核工业部科技进步奖一等奖。在产品研制方面，李冠兴带领团队依据新材料的特点和作用机理，制定了产品制备工艺路线，攻克了熔炼工艺、合金成分均匀化、合金压力加工、热处理、表面镀层和表面钝化处理等关键技术。2001 年完成新产品定型，并投入批量生产。2002～2004 年，李冠兴组织完成了特种材料生产线改造，建成了一条国内先进的包括合金熔炼、机械加工、热处理和表面处理的特种材料生产线，为新产品稳定化生产提供了保障。

李冠兴（左三）与冶金研究所重点实验室第一届学术委员会委员参观实验室

镌刻在二〇二厂冶金研究所重点实验室大厅的《攻关》诗

李冠兴（右三）在生产现场

20世纪80年代，为防止核扩散，国际上提出降低研究试验堆核燃料富集度（RERTR）计划。1993年，二〇二厂开始了研究试验堆核燃料元件低浓化改造工作，李冠兴担任该研制项目组组长，这是一项富有挑战性和开创性的工作。低浓核燃料元件由内外包壳和芯体经挤压一体成型完成，除燃料相由铀铝金属改为铀硅铝弥散体外，元件芯体的厚度、均匀段长度、铀面密度及均匀性、包壳厚度及其与芯体的贴紧度等技术指标要求更为严格，特别是芯体铀面密度达到原来的5倍，芯体材料的改变使其与包壳材料物理性能相差较大，加大了挤压成型难度。项目组在李冠兴的带领下，从仅有的一些调研资料着手，开始了关键工艺攻关，研究内容包括化工转化、核燃料相制备、核燃料元件加工和相关检测等近百道工艺，先后攻克了原料化工制备、芯体混料均匀性控制、复合坯端部补偿曲线设计和挤压成型等30多项关键技术。在研制过程中，李冠兴精心组织工艺试验，研究制订试验方案，总结分析试验报告，整个研制过程中有大量的评审、鉴定、汇报工作，李冠兴都要掌握第一手资料，并给出指导意见。项目组经过近8年的艰苦努力，克服一个又一个困难，最后实现了研究目标，到2001年底完成科研任务，并交付了堆内辐照考验燃料组件产品，2004年正式生产产品。2004～2006年，在李冠兴的主持下，争取到国家和集团公司的支持，完成了研究试验堆元件生产线和相关组件生产线的改造工作，建成了一条国内先进的研究试验堆元件生产线，为我国最大的研究试验堆长期、稳定、高质量运行提供了燃料保障。

多年来，李冠兴主持和具体组织了多种类型核燃料元件的研制工作，成功研制出低浓化研究试验堆核燃料元件和两种先进的研究堆板型燃料元件；主持研究开发了一系列特种材料，并将其拓展应用于航天等多个行业领域。在此期间，李冠兴获得部级科技进步奖一等奖2项，二等奖3项，三等奖5项。1992年享受国务院政府特殊津贴。几十年如一日，李冠兴勤恳耕耘在热爱的核事业领域，以渊博深厚的专业水平和开创性的业绩，为我国核科学事业的发展做出了创造性贡献，获得了业内专家学者的高度赞誉。1999年，59岁的李冠兴首次申报并顺利当选了中国工程院院士，这是中国核工业系统第一位在企业里成长起来的院士，是从内蒙古包头市走出来的第一位院士。

李冠兴（右）在生产现场

彼时，大城市、大企业和国外的高薪聘请函如雪片一般纷沓而至，但李冠兴丝毫不为所动，依然胸怀家国，心有大爱，在阴山脚下的黄土地上勤奋耕耘。李冠兴喜欢工厂，因为他觉得在工厂可以接触更多工程。他说："院士不是一个人，院士是一个团队。我评上院士，是因为我代表了大家，我只是有了这个机会，我还是我……"

在核工业领域，李冠兴是我国著名的核材料与核燃料科学家、工艺技术专家、新型特种材料研究及应用的奠基人、试验堆核燃料元件研究制造的开拓者。2015 年，经过层层严格筛选和投票，李冠兴作为传主，光荣入选由我国科学界泰斗钱伟长担任总主编的《20世纪中国知名科学家学术成就概览》材料科学与工程分册。

三、高标建线，昂首核电

我国核燃料元件产业的发展是改革开放、融入世界的一个缩影。1991 年，中国引进了法国 AFA2G 核燃料元件制造技术；1998年引进了法国 AFA3G 核燃料元件制造技术和加拿大 CANDU6 核燃料元件制造技术；2003 年引进了全 M5AFA3G 核燃料元件制造技术；2007 年引进了俄罗斯水－水高能反应堆（water-water energetic reactor，WWER 或 VVER）核燃料元件制造技术和美国西屋电气公司 AP1000 核燃料元件制造技术。通过引进、消化、吸收，我国核燃料元件制造技术已达到国际先进水平，产能进入世界第一方阵。但一个不容忽视的事实是，国内在运的核电机组中，除秦山一期核电站之外，其余核电机组所使用的核燃料组件技术，均是从核电技术出口国引进的。李冠兴一直呼吁并亲自践行实现中国核燃料元件从外国品牌本地化生产向国产品牌自主化生产转变，以及加强核燃料元件制造关键装备的研发问题。

有专家指出，如同火电厂发电需要使用煤炭一样，核电站发电使用的是核燃料，不过核燃料的生产要比煤炭复杂得多。整个核燃料循环体系分为前端和后端，前端包含了天然铀的开采、铀的纯化转化、铀浓缩、核燃料元件制造等环节；后端主要涉及燃料的储存和处理等。一个百万千瓦级的核电机组，新投产时首炉核燃料价格超过 1 亿美元，投产之后平均每年的核燃料成本将达到约 3000 万美元。

李冠兴（中）在生产现场指导工作

在进行引进重水堆核电站燃料元件谈判时，谈判的主导是李冠兴，他工作了两周时间，白天谈判，晚上整理资料，今天谈了什么，明天要谈什么，他以饱满的热情全身心投入进去。人们都说，李冠兴想把一件事做成的时候往往会达到忘我的状态，这是做成一件事的核心。他认为，做成一件事，没有一种精神，没有忘我的工作状态，根本不可能成功。

李冠兴被任命为二〇二厂厂长兼总工程师时的主要任务之一，就是要保证中国第一条重水堆核电站用燃料棒束生产线的顺利建成投产。秦山三期核电站由两个功率为 70 万千瓦的加拿大 CANDU6 型重水堆核电机组组成，采用 CANDU6 型核燃料棒束，首炉装料的棒束由加方提供。

李冠兴（站立者）向专家介绍二〇二厂情况

　　重水堆核电站是我国发展较早的核电站，是以重水作为慢化剂的反应堆，可以直接利用天然铀作为核燃料，有各种类别的反应堆，但已实现工业规模推广的只有加拿大发展起来的CANDU压力管式重水堆核电站。重水堆的核燃料是天然的二氧化铀压制、烧结而成的圆柱形芯块。若干个芯块装入一根锆合金包壳管内，两端密封形成一根核燃料棒。再将若干根核燃料棒焊到两个端部支撑板上，形成柱形核燃料棒束，核燃料棒间用定位隔块将其隔开。重水堆元件对化工方面的要求很高，特别是对密度和纯度的要求很高。这个问题不解决，原料出不来就没法生产。为了解决这个问题，李冠兴躬身班组，调查研究，帮助化工车间分析问题产生的原因。他亲自指导工艺设计、工艺改进，经过两个月的攻关，使问题得到了解决。

　　为实现后续换料的国产化，二〇二厂引进了加拿大ZPI公司CANDU6型核燃料棒束制造技术。建设重水堆核电燃料元件生产线意义重大，生产线的规模为200吨铀／年的重水堆核电站核燃料棒束，整个生产包括三个部分：八氧化三铀经化工纯化与转化生产二氧化铀粉末，二氧化铀陶瓷芯块制备生产，核燃料棒、组件制造及零部件加工生产。在李冠兴的主持下，第一部分化工转换和第二部分陶瓷芯块制备，通过科研攻关自主完成；第三部分棒束制造，通过引进、消化、吸收国外技术创新性自主建设。李冠兴作为项目总负责人，负责项目的实施方案编制，技术路线确定，科研项目安排，技术引进、消化、吸收，设备研制和采购，土建和安装，进度和经费控制，质量保证和合格性鉴定等。他凭着长期在基层从事科研、生产和建设的经验及丰富的技术积累，进行了合理安排和正确的技术决策。

重水堆核电燃料元件对二氧化铀芯块中杂质元素含量的要求特别严格，同时对芯块密度的要求也非常高，这就增加了化工生产工艺的难度。在铀萃取设备方面，国外较多地采用混合澄清槽和脉冲筛板塔的方式，但转盘塔具有较强的处理能力，分离效果好、结构简单、操作稳定、物料滞留较少，在相同生产能力的情况下，它的物料滞留量约为混合澄清槽的1/3。它的另一优点是对料液的要求不高，即使料液含有少量的固体物也可进行萃取，而脉冲筛板塔是难以做到的，这可减少溶解液的严格过滤过程，最重要的是二○二厂有长期使用转盘塔的经验。萃取纯化有多种方案，设计院和工厂技术人员也有不同的意见，李冠兴经过科学论证，力排众议，采用了得到化工一线工人支持的转盘塔工艺，通过科研攻关、设备改进，一次投产成功。这是一个充分体现他从实际出发、重视实践经验的典型例子。

根据过去兄弟厂的经验，连续沉淀不易控制，得到的二氧化铀粉末性能一致性差，影响后面粉末冶金工序的产能。李冠兴果断决策改用批次沉淀，接受技术人员的建议，去除了长期采用的体积庞大的造粒装置，采用了应用于其他工业部门的从德国进口的小型制粒机，效果良好，得到推广。

虽然当时工厂经济十分困难，但是李冠兴要求建设过程要始终坚持高标准、严要求，对保证产品质量的重大设备一定不能马虎，要尽量和加方元件厂一致，排除行政干扰，严格按加方的质量保证体系一丝不苟地执行，精细地做好每一项工作，使全线的风险归零，以确保产品顺利通过合格性鉴定，保证按时入堆。陶瓷二氧化铀芯块高温烧结炉有多种品牌和型号，李冠兴坚持采用和加方同样品牌的炉子；组件制造工序原则上全部引进加方设备，只是为了节省资金降低了自动化程度，而增加了手工操作。李冠兴认为一些设备虽然看似简单，但是有不少诀窍在里头，必须重视。

李冠兴总给人一种非常自信的感觉，这种自信源自他内心的充实。无论成功还是失败，他都给人一种希望。他的这种自信就来自他的智慧、学识和胆识，他的自信不是盲目自信，是自己对团队的信任，是自己的学识、胆识。

李冠兴以敏锐的直觉和坚韧不拔的毅力，带领团队领导组织了我国第一条重水堆核电燃料元件生产线工艺技术攻关工作，为生产出第一组合格的重水堆核电燃料棒束，为秦山三期核电站燃料元件国产化奠定了坚实的基础，使该生产线的工艺装备技术水平和管理水平达到国际水平。

李冠兴在我国首条重水堆核电燃料元件生产线竣工验收大会上做总结发言

二〇二厂重水堆核电燃料元件生产线建成于第十个五年规划期间，是我国第一条也是目前唯一的重水堆核电燃料元件生产线。生产线于 2000 年 4 月 1 日正式破土动工，2002 年底重水堆元件厂进入正式生产阶段，2003 年 3 月开始向秦山三期两座重水反应堆提供换料元件，创造了历史上元件厂建设速度最快的纪录，实现了重水堆核电燃料元件制造的国产化。燃料堆内运行平稳，质量达到国际先进水平。凭借重水堆核电燃料元件生产线，二〇二厂昂首迈入了核电领域，开启了企业发展的新纪元。

2002 年，国内第一条也是目前唯一的重水堆核电燃料
元件生产线在二〇二厂建成投产

2012 年，举行重水堆核电燃料元件生产线
运行 10 周年暨第 10 万个棒束下线庆祝仪式

重水堆核电燃料元件

四、前瞻谋篇，战略布局

战略科学家是具有深厚科学素养，长期奋战在科研第一线，视野开阔，前瞻性判断力、跨学科理解能力、大兵团作战组织领导能力强的科学家。他们是科技人才中的"帅才"，在跨学科研究、大兵团作战组织等方面发挥着重要作用，是担纲"国之重器"、突破"卡脖子"技术难题的领军人物。战略科学家应具有科学素养、战略眼光、领导才能、家国情怀。李冠兴就是这样的战略科学家，无论是科研布局还是治厂谋划，任何时候他都不忘国之大者，不忘国之要事，永远充满自信。他胸怀大我，将自己融入祖国改革发展的伟大事业之中，融入人民创造历史的伟大奋斗之中。

对产业发展进行前瞻性谋划布局，是衡量科技创新和综合实力的重要标志，也是李冠兴面向未来的重大战略考量，加强前瞻性思考、全局性谋划、战略性布局，对我国建立现代化核燃料元件产业体系和构建企业新发展格局具有重要意义。战略眼光往往源自长期积累和深入思考，做好任何一项事业，都要心无旁骛、专心致志，很多灵感恰恰来自长期坚持。着眼发展未来产业，他致力于打通科技成果产业化的关键链条，以实现未来产业核心技术的快速突破，以技术创新引领产业发展，以创新驱动构建产业发展和经济发展的新动能，抢占发展制高点。

李冠兴说，核燃料元件研发周期长，资金投入大，应加强统筹，减少不必要的重复投入，以加快推进速度，争取在国际上取得更多的话语权。二〇二厂不仅拥有重水堆，还拥有 AFA3G、AP1000、高温气冷堆等多条核电燃料元件生产线，为秦山二期、方家山核电站等多个核电机组供应着安全可靠的核燃料元件。这些生产线的技术引进和工程建设也都凝聚着李冠兴的智慧与心血。

压水堆全称"加压水慢化冷却反应堆"，是以加压的、未发生沸腾的轻水（即普通水）作为慢化剂和冷却剂的反应堆，堆芯由燃料组件、慢化剂（兼作冷却剂）、控制棒组件、可燃毒物组件、中子源组件、堆芯吊篮和压力壳等组成，属于核电站中应用数量较多、容量较大的堆型。压水堆是世界上在运行的核电站中采用的主要堆型，秦山核电站就采用了国外现行压水堆核电站较成熟的技术，并开展了相当规模的科研和试验工作。燃料组件是反应堆活性区的核心部件，提供全寿期足够的核裂变反应材料，由燃料芯块、燃料包壳（锆合金）、结构件等组成。通常使用二氧化铀作燃料，裂变中子经水慢化后成为热中子，裂变反应所释放的热量则由冷却水导出堆芯。

2008 年，中核集团为适应国家核电中长期发展规划的需要，实现核燃料生产南北建线的战略布局，在中核北方核燃料元件有限公司建设 AFA3G 核燃料元件生产线，2010 年正式建成投产。至此，中核北方核燃料元件有限公司形成了以 AFA3G 为主导产品的 200 吨铀 / 年的压水堆核电燃料元件生产能力。

"三代压水堆核燃料组件管座精密铸造工程化关键技术研究"是在李冠兴的关注和指导下开展的工程化技术重大课题，是中核北方核燃料元件有限公司在 AP1000 核燃料组件及新型自主化核燃料组件管座的设计、市场需求、技术发展方向的基础上，策划开展的工程化、产业化研究课题。三代压水堆核燃料组件管座精密铸造工程化关键技术的掌握和精密铸造线的建设，解决了 AP1000 核燃料组件管座精密铸造技术自主化的技术问题，以及我国 CAP1400 自主化核燃料组件管座的供应问题。建立的自动化、智能化模壳制造线、真空浇铸线、管座精密铸造、铸件加工和检测等关键技术，为我国新型核燃料组件管座的设计、制造提供了一条新的技术途径。

美国西屋电气公司是全球压水反应堆核电技术的龙头企业，早在 1957 年就开发出了全球首个压水反应堆。美国西屋电气公司在已开发的非能动先进压水堆 AP600 的基础上开发了 AP1000。AP1000 是一种先进的非能动型压水堆核电技术，1000 为其功率水平（百万千瓦级），该堆型为美国西屋电气公司设计的三代核电堆型。

2004 年 9 月，中国第三代核电技术依托项目招标开始，美国的 AP1000、法国的 EPR 和俄罗斯的 VVER1200 核电技术参与竞标。俄罗斯首先因为技术原因出局，具体的引进谈判在法国阿海珐集团和美国西屋电气公司之间进行。经过两年漫长的招标，美国西屋电气公司的 AP1000 最终中标。中标之后是中方与美国西屋电气公司漫长而又艰辛的商务谈判。李冠兴担任中方核燃料组组长。

2007 年，李冠兴（前排左三）作为核燃料组组长参观美国西屋电气公司哥伦比亚工厂

2007 年，李冠兴（前排左三）和核燃料组成员参观美国西屋电气公司特种金属工厂

2009 年 3 月 31 日，全球首台 AP1000 核电机组——三门核电站 1 号机组核岛第一罐混凝土浇注顺利完成，4 月 20 日混凝土养护取得成功。

中核北方核燃料元件有限公司中核包头核燃料元件股份有限公司 AP1000 燃料元件生产线于 2012 年 3 月 28 日开始建设，历经两年时间完成了生产线基础建设，历经半年时间完成设备的安装、调试及单体试车。2013年11月，生产线开始设备合格性鉴定及工艺开发工作，到首个AP1000模拟组件制造完成，历时9个月。2014年9月13日，首个国产AP1000模拟组件在中核包头核燃料元件股份有限公司制造完成。

在李冠兴的直接指导下，实现了AP1000核电站核燃料组件芯块涂覆、格架激光焊、骨架胀接机、骨架检测系统等四台关键工艺设备的国产化，突破了国外的技术壁垒，掌握了骨架胀接机、涂覆芯块干燥炉等关键工艺设备的制造技术，掌握了管座加工工艺，研制出了管座样件。这些成果除应用于AP1000核燃料元件制造外，还可以直接应用或转化应用于国内自主化核燃料元件制造，对我国自主化核电技术发展具有重要的意义。

当长达4.7米、散发着银灰色光泽的国内首个AP1000核燃料组件骨架被平放至检测台的一刻，中核包头核燃料元件股份有限公司组装车间的大厅里瞬间掌声雷动，经久不息，在场见证这特殊一刻的员工难抑心中的激动之情，眼中饱含着泪水，美国西屋电气公司的技术专家竖起大拇指连声说着"Good! Very good!"该骨架的制作完成，标志着中核包头核燃料元件股份有限公司在引进、消化、吸收美国西屋电气公司转让技术的征途上又迈出了坚实的一步。

2018年4月25日，全球首台AP1000核电机组——三门核电1号机组获得中国国家核安全局颁发的首次装料批准书，并于当晚启动第一组核燃料组件装载操作。

20世纪70年代，清华大学通过实施国家高技术研究发展计划（863计划），设计建造了10兆瓦实验堆，这是世界上第一座球床-模块式高温气冷堆。作为世界上第四代核电堆型技术，高温气冷堆具有安全性好、效率高、经济性好和用途广泛等优势，能够代替传统化石能源，实现经济和生态环境的协调发展。高温气冷堆具有固有安全、模块化设计与建造和多用途等特性，被认为是最有前途的第四代反应堆堆型。球床堆采用球形燃料元件，利用球在反应堆堆芯中的缓慢移动实现不停堆连续换料。优点是能提高反应堆的可利用率，实现比较均匀的功率分布和燃料的燃耗深度，以及没有大的后备反应性，有利于反应堆的控制。高温气冷堆是目前世界上最安全的核反应堆堆型之一，为了达到高质量的产品要求，这些直径仅60毫米的核燃料球，都经历了涅槃般的生产过程，为高温气冷堆的安全运行提供了保障。

2014 年，国内首条 AP1000 核电燃料组件
生产线在中核北方核燃料元件有限公司建成投产

AP1000 核电燃料组件生产现场

AP1000 核电燃料组件

国际上把高温气冷堆列为符合第四代先进核能系统技术要求的堆型之一。2020 年 11 月 3 日，国家科技重大专项——全球首座高

温气冷堆核电示范工程建设功能试验顺利完成，这一工程是我国拥有自主知识产权的第一座高温气冷堆示范电站，兼具科研性、工程性和商业化应用三重特征。

在李冠兴的积极推动下，国家科技重大专项支持了高温气冷堆核燃料元件生产线项目。中核北方核燃料元件有限公司高温气冷堆燃料元件生产线是高温气冷堆示范核电站的配套工程，年产能力为30万个球形核燃料元件。生产线以清华大学球形核燃料元件制造技术为依托，是我国完全拥有自主知识产权、全球第一条具有第四代核技术特征的工业化规模核燃料元件生产线。

该生产线于2013年3月在中核北方核燃料元件有限公司开工建设；2014年12月完成了设备安装及单体调试工作；2015年4月取得国家环境保护部华北核与辐射安全监督站投（贫）料许可，进入投料试生产阶段，并相继完成了设备及工艺合格性鉴定和评定工作，实现了全线贯通，产出了合格的球形模拟核燃料元件；2016年3月，生产线投料批准书获得国家核安全局批复。

2016年3月27日，随着第一罐八氧化三铀粉末被徐徐投入溶解槽，中核北方核燃料元件有限公司历时三年建设的高温气冷堆核电站示范工程核燃料元件生产线完成了所有建设任务，进入正式生产阶段。这标志着我国在第四代核电技术的研发和应用上已走在世界前列，对保障示范电站首炉及后续换料、推进高温气冷堆核电技术尽快实现商业化迈出了关键一步，同时加快了我国核电"走出去"的步伐。

一般来说，从实验线转化成规模化生产，需要经历中试阶段，而这条生产线直接依托清华大学实验线就进入工业化生产阶段。建设、调试、生产……无成熟可借鉴的经验，人员也没有相关的生产经验，设备的可靠性还有待验证。尽管是"摸着石头过河"，但通过中核北方核燃料元件有限公司和清华大学的校企合作，双方攻克了一个又一个难关，最终用产品质量和生产能力说话，实现了全球首条生产线的跳跃式发展，我国高温气冷堆核燃料元件制造水平由此跻身世界前列。

中核北方核燃料元件有限公司高温气冷堆元件厂外景

高温气冷堆核电燃料元件生产线

2021年8月21日，国家科技重大专项——全球首座球床模块式高温气冷堆核电示范工程首堆正式开始装料。这是高温气冷堆核电示范工程建设的重要里程碑，也是中核集团立足"三新一高"发展要求，瞄准国家科技创新重大战略需求，推动中国核工业高质量发展的重要成果，既为后续调试工作奠定了基础，也为加快高温气冷堆产业化推广、实现全球第四代核电技术引领迈出了关键一步。高温气冷堆采用球形核燃料元件，球形核燃料元件是高温气冷堆固有安全性的最重要基础，是"买不来、要不来、讨不来"的关键核心技术，表明我国已具备了可持续向电站提供高质量高温气冷堆球形核燃料元件的能力。依托于此，中核北方核燃料元件有限公司构建了我国当前核电燃料元件产品多元化、产能规模化、技术最全、规模最大的核电燃料元件制造产业新格局，为我国掌握先进的核燃料元件制造技术、核电燃料元件制造技术的自主化做好了技术储备。

按照李冠兴的前瞻性谋划和战略性布局，中核北方核燃料元件有限公司从引进二代、三代核电燃料元件制造技术到建成世界首条工业化规模的高温气冷堆核燃料元件生产线，掌握了具有四代特征自主化的核电燃料元件制造前沿技术，描绘出了我国核燃料元件制造不断创新发展的浓缩版路线图。

五、"三立"传世，德艺双馨

《左传·襄公·襄公二十四年》中写道："太上有立德，其次有立功，其次有立言，虽久不废，此之谓不朽。"李冠兴的一生堪称立德、立功、立言的楷模，不愧为功昭德重的一代大师。

何谓立德？即在以德为先、为统帅、为灵魂的前提下，通透德的内涵与本质，以德的品格和能量塑造德才兼备的人才。做事不做人永远做不成事，做人不立德永远做不成人。做任何事情，都是从做人开始的。古往今来，对人的要求，无不以做人为本。

21世纪初，中国计划引进俄罗斯VVER核燃料元件制造技术，这对处于极度困难中的二〇二厂走出困境无疑具有重大意义。2000年以前，二〇二厂的几大民品都不成气候，是二〇二厂最困难的时候。李冠兴非常渴望能够拿下该项目，将VVER核燃料元件生产线建在二〇二厂。于是，他集中了厂里的精兵强将，驻扎北京，亲自起草文件、报告、方案，内蒙古自治区政府也派人协助他们争取该项目。他鼓励大家要有"黄沙百战穿金甲，不破楼兰终不还"的意志，一定要拿下这个项目！李冠兴是讲科学的，也是讲公理的。每争取一个新项目，他都是非常认真的，他不是为了个人的利益，而是希望在自己的任期内能把企业基础打好。

当中核集团决定将 VVER 核燃料元件生产线项目定点在四川宜宾中核建中核燃料元件厂，并将项目建议书上报国防科工委后，时任国防科工委核燃料处处长的林森从核燃料产业现状和发展全局考虑，认为定点在二〇二厂更为合理，并为此专门到二〇二厂调研，与李冠兴交换意见。李冠兴说："如果 VVER 核燃料元件生产线放在二〇二厂，我们一定能生产，而且我们也希望放在二〇二厂。但是如果上级定了放在别处，我们服从！"经综合考虑我国核燃料产业的长远发展，国防科工委认为，将 VVER 核燃料元件生产线定点在二〇二厂更为合理，并建议中核集团予以积极考虑，但并未得到中核集团的积极回应。

此后，时任中核集团主要领导为了表明集团公司的意思，还在北京专门请二〇二厂项目团队李冠兴一行吃热干面，并告诉李冠兴："你们不要再跑了，集团公司党组已经定了。"第二天，又在钓鱼台国宾馆宴请内蒙古自治区政府副主席一行及李冠兴项目团队等人，感谢内蒙古自治区政府对二〇二厂的关心和支持，希望理解中核集团对核燃料产业布局的考虑。李冠兴再次表示，服从集团公司党组决定。内蒙古自治区政府也表示，希望中核集团接下来的项目能够放在二〇二厂。中核集团的领导当即表态："这个事情我敢表态，下一步如果再有项目，一定放在二〇二厂！"李冠兴和他的项目团队最终还是没能拿下 VVER 核燃料元件生产线项目，二〇二厂失去了一次脱离困境的极佳机遇。

这件事情让林森感慨颇深，他说，通过这件事情可以看出李冠兴的大局观，他明事理讲规矩，也懂得守纪律。李冠兴善于从战略角度看问题，他没有气馁，依旧认真工作，继续搞新元件的研发，继续向国防科工委争取新的项目，利用已有资源和技术力量开发新的产品，帮助企业打好发展的基础。正因为如此，后来 AFA3G 和 AP1000 的引进，生产线都放在了二〇二厂。现在的二〇二厂经过发展，已成为我国当前技术路线、产品种类、核燃料元件生产线种类最多与最全的企业。

李冠兴善于思考，他在想一个问题的时候，可以做到全神贯注。他常说，没有胸有成竹，就不可能出口成章。李冠兴还特别善于学习，包括专业领域之外的知识，这种学习习惯伴随了他一生。

李冠兴早年在冶金研究所工作时是倒班制，每天下午才上班。他每天早晨起床后，第一件事情就是听英语。当时没有录音机，放的都是唱片，那时候家里除了一个小柜子外，也没有其他家具，唱片机就放在小柜子上。唱片机是从上海带过来的老唱片机，听的英语教学唱片叫《灵格风英语教程》(*Linguaphone English Course*)。从早晨起来一直听到中午吃完饭去上班，他每天都在听，长年累月，从来没有间断过。学俄语的李冠兴，英语就是这么学出来的：长年累月、日积月累地听和说，环境有了，感觉也就有了。到了 20世纪 80 年代，李冠兴买了一台录音机，可以听磁带了，他可能是二〇二厂第一个买录音机的人。有了录音机，李冠兴学习英语就更加方便了。后来，电视播放了一个英语教学节目，叫作《走遍美国》(*Family Album U. S. A.*)，为此，他买了一台 14 寸的黑白电视机方便收看英语教学节目。虽然有了电视机，可上班的时间与《走遍美国》的播放时间有冲突，于是他又买了一台卡带式录像机，定时录电视播放的《走遍美国》。这样，他上班时，录像机负责录节目，回家后他就可以看了。

为筹建重点实验室，1995 年 3 月，李冠兴去俄罗斯考察，了解俄罗斯在冶金方面特别是铀的合金方面的发展情况。在考察中，李冠兴看到了我国与俄罗斯存在的差距，特别是基础研究方面的差距。我们的基础研究是想用什么搞什么，人家是想用什么，随时拿出来，基本上没有必要从头去找。我们基本上是要搞这个项目，再立项做试验，人家是把有各种元素的合金基础工作已经做了，要用的话，把这个合金拿出来，需要什么再给些补充。俄罗斯同行介绍说，铀的合金他们几乎是把元素周期表中的所有元素都跟它配合做了，要哪一个他就拿哪一个。当时李冠兴就跟随行的二〇二厂原副总工程师杨永华说："人家说把元素周期表里的元素几乎都做了，我们可没有啊，这就是我们与人家差距大的原因啊！"

一次，李冠兴去罗马尼亚考察，罗马尼亚的铀矿都在地下，对方征求李冠兴的意见，询问他是否要参观铀矿的开采。因为参观需要坐矿车，穿防水衣服，矿井光线很暗，条件非常差，比采煤的条件还艰苦。参观铀矿本来和考察项目关系不大，但为了了解核工业从采矿到生产的全过程，李冠兴还是答应去看。他说，去看看才能全面地了解。就这样，他背上背着一个电池，戴着一盏矿灯，穿了一套防水衣服，跟着罗马尼亚的工作人员就下矿井了，在矿井下待了两三个小时。在参观过程中，李冠兴非常细致地询问现场的工人如何判断哪里有铀矿。从采矿到矿物粉碎、铀的浸出，到浓缩、粉末制造、元件生产，再到罗马尼亚的重水堆发电厂，整个过程李冠兴全都参观了，而且看得都非常仔细。涂铍车间非常特殊，四面都用玻璃围住了，出于安全方面的考虑，一般不允许外人进入。李冠兴对这个车间看得也很仔细，他还提出想进去看看的请求。罗马尼亚方面表示："我们对您是不保密的，但是考虑您的安全还是不建议您进去。"李冠兴最后还是坚持进入参观，因为他的求知欲望非常强烈。

李冠兴特别能理解人，平等对待他人，替他人考虑。重水堆谈判的时候，有一天谈得很僵，李冠兴对随行人员说："不管他们怎么样，晚上咱们还是要去酒店看望他们。"于是，晚上他买了水果等，到酒店与对方谈判代表喝咖啡聊天，完了再喝点啤酒。他们不聊工作，只谈加拿大，谈文化，谈历史，双方聊得十分融洽，缓和了气氛。李冠兴认为，谈判双方维护自身利益天经地义，谈判就是要解决分歧。我们的目标一致，我们不是竞争对手，而是合作伙伴，通过合作，双方受益双赢。他多次谈到，在某些方面我们要承认技不如人，欧美国家核电发展就是比我们好，我们要承认这个事实，但是怎么做好技术引进，怎么才能够做到引进、消化、吸收，提高国产化水平，这个时候就需要把所谓的竞争对手变成合作的伙伴，将对手变成朋友。大家都说李冠兴非常绅士，他虽然表面很平静，但内心一直在运筹帷幄，他的头脑中，始终在考虑着很多事情，他以自己的高尚人格和聪明睿智，赢得了他人的尊重和爱戴。

"李院士为人非常谦和低调，无论在什么场合，都让我们感到接触李院士是一件非常轻松的事儿，没有任何压力……"中广核研究院有限公司原副总工程师周跃民回忆道，"无论是在机关部门还是在生产现场，每当遇到职工，李冠兴院士永远都是驻足亲切交谈。"时至今日，二〇二厂的许多人回忆起李冠兴温和儒雅的音容笑貌仍历历在目。"工作上勤学慎思、专业审慎，尽显业界大家风范；生活中温文尔雅、平易近人，令人如沐春风。"上海核工程研究设计院核燃料材料研究所所长朱丽兵至今依然记得与李冠兴初次相处时的感受。

有一次，包头的一家保险公司听说二〇二厂的厂长是位院士，非常好奇，要来拜访。二〇二厂因企业性质限制，一般不参保，二〇二厂关键性的设备（如化工设备、大的压力容器），上保险的很少，但是保险公司过来宣传，李冠兴还是在会议过程中抽空出来接见。李冠兴在这方面有他自己的想法，他说："保险公司我们必须要接待好，因为他们是为我们服务的，是为我们提供保障的。"

在多年的科研生涯里，李冠兴结交了许多良师益友，他的德行给人以深刻的印象，熟悉的人都说他是大家心目中的英才。

许多同行都说，在中国，提起核燃料与核材料，大家第一个想到的一定是李冠兴院士：金丝边的眼镜、总是梳理得整齐的头发、整齐无痕的外套或衬衫，无声地显现出老派上海人的儒雅、睿智、脱俗。无论是艰难的技术决策还是严格的专业评审，李冠兴总是用略带上海口音的普通话，说出一位智者的观点，让听者如沐春风，又心悦诚服，留下深刻印象。

"李冠兴院士在核燃料领域属泰斗级人物，大名如雷贯耳，令我等晚辈仰慕不已，李院士的思想对我们影响特别大……"核燃料及材料国家重点实验室原主任王晓敏对李冠兴在核领域的成就与造诣十分敬佩。

中国核学会原秘书长于鉴夫说：

> 李冠兴院士不单纯是一位科学家，他的特点是抓大事，每过一段时间我们都会跟他汇报工作，请他给指导一下。所以，李院士给我的印象就是为人坦诚，特别讲究让人接受，同时既让人接受又不失意见地全部表达，是让人感到亦师亦友的一种人。他是很完美的人。你跟他接触，他让你觉得和蔼可亲，非常容易沟通。这样，我们跟他在一起工作，没有障碍，不会产生更多的误解，会让自己的工作更有效率。这是李冠兴院士给我最深刻的印象……

中国核动力研究设计院 N36 锆合金项目研发团队副总工程师肖忠说：

> 李冠兴院士在工作和生活中没有任何架子，平时见人总是笑眯眯的，给人一种长者的亲切感。即使在评审会议上，有不同意见也不会严厉批评别人，只是轻言细语地给出建议，跟他开了几次会议之后，我们都觉得他有大师的学术水平，但没有盛气凌人的架子，很容易让人亲近……

一次，在北京召开的核燃料发展规划讨论会会议后，李冠兴要回家，肖忠送他到月坛南街的公交车站，对他说："给您叫辆出租车吧！"他说："不用，坐几站公交车就到了。"在凛冽的寒风中，一位年近八旬的院士，还坐公交车回家，按照国家规定，他是随时可以要专车的，但他不给组织添麻烦，这让肖忠感动不已。

中广核研究院有限公司原副总工程师周跃民回忆说：

李冠兴院士，在我们面前，是一个睿智渊博的学者，是一个谦逊儒雅的长辈。李院士生前曾多次莅临中国广核集团有限公司（简称中广核），作为主任委员，主持国家能源先进燃料元件研发中心学术委员会及国家能源重大技术专项学术委员会，出席迈向卓越性能（stride toward excellent performance，STEP）燃料组件及中国自主知识产权锆合金材料研发及事故容错燃料（accident tolerant fuel，ATF）组件关键技术攻关等技术交流与咨询会。能够亲耳聆听李院士的指导与教诲，是我辈的幸事。

李院士对年轻的研发团队寄予厚望，希望我国的自主化核燃料及核材料早出成果。他多次强调：我们国家的核电燃料设计与制造技术，前期经过多轮技术转让，再不能依赖国外公司，再也不能做技术引进了。他认为，由于核燃料元件是核电的第一道安全屏障，涉及的专业多，技术难度大，所以，国内核燃料研发团队现在有中广核加盟，多一条技术路线，多一套材料选择方案，使我们的自主化核燃料研发之路有一个"备胎"，多一份保险，利大于弊。李院士对中广核核燃料研发的具体指导，还体现在对研发设施建设的布局、研发团队的能力短板培养，以及核燃料研发的中长期规划等，中广核核燃料研发的每一步进展和每一个成果，都有着李院士的付出。

李院士对国内适时开展ATF研发给予特别关注和高度肯定。他高屋建瓴地指出，我们以前与核电发达国家之间的技术差距太大，不得已实施多次技术引进。此时，全球均在同步开展ATF的研发，我国又是核电最活跃的市场，对先进核燃料的应用需求最为强烈。只要国内核燃料产业通力合作，一定有望跃居世界核燃料供应商之巅。

李院士为人非常谦和低调。每次来深圳前，都专门打电话叮嘱我们，不要刻意派专人到机场接，有司机举牌就行，而且从来不在意我们接送站的车型。有一次，由于航班晚点，我们都担心李院士一路颠簸，身体受不了，本想问候几句，不承想，李院士反而率先向接站的同事表示抱歉。接待德高望重的李院士，是一件非常轻松自然的事儿，没有任何压力。

李冠兴院士德艺双馨，值得我们永远缅怀！

蒙大桥院士是中国工程物理研究院（简称中物院）核材料与工艺专家。当年，李冠兴带着马文军、王翰骏、王玉岭到中物院走访，中物院与他们对接的就是蒙大桥院士。蒙大桥院士在一篇题为"静水流深 学高为范"的悼文中写道：

初识李冠兴院士是在2000年前后，那一年，我作为所里的党委书记、副所长，与吴东周总工程师一起到二〇二厂去订货。原以为接待我们的会是厂里的其他行政领导，没想到李冠兴院士亲自陪同我们参观了厂里的研究室、生产线，详细介绍厂里的技术及生产能力。我记得他戴着一副金丝眼镜，身材比较瘦削，面容清癯，有一种说不出的儒雅风度，让人不由得生出亲近之感。他说话不紧不慢、谦和有礼，同去的吴总和我，都在这个行业工作多年，他仿佛能很容易就知道我们的兴趣点，介绍起来深入浅出，还不时地与我和吴总讨论一些具体问题。我记得他用极其简练的语言解释了特种材料研究领域的核心问题，特别是对于某特种材料的制备工艺问题认识非常深刻，对于工艺过程中遇到的问题、产生的机理及解决方案如数家珍。后来我又去过二〇二厂很多次，这一次的印象让我终生难忘。作为特种材料研究领域的后学晚辈，李院士对于核材料领域的深厚学养和深沉热爱深深地影响了我。不是长期浸润在科研一线从事基础研究的人不可能有那么深刻的认识，不是对事业发自内心地热爱的人不可能克服那漫长的孤寂，西北的风沙一吹就是几十年，李院士不辞劳苦地奋斗在科研一线，也因此成为我国核材料研究方面的泰斗级科学家。他曾长期担任中国核学会理事长、中国核能行业协会副理事长，他在特种材料领域的探索与研究以及对事业发展的远见卓识为我们这个大学科、小专业奠定了坚实的基础。

1999年，李冠兴院士（左二）带队赴中物院开展合作

那次成功的订货之后，蒙大桥院士和吴东周总工程师回到了所里。没过多久，蒙大桥再次接到了李冠兴的电话，他在电话中说："快过年了，厂里目前的资金有些紧张，能不能提前支付一部分货款？"紧接着他又说："快过春节了，厂里想给职工发放取暖补助等福利费用，也想发点奖金让职工安心过年。"李冠兴的话语很朴实，但蒙大桥从中感受到了一位谆谆长者对企业的热爱和对职工生活的关心。后来他们经过讨论，决定比合同约定的时间提前支付大部分货款给二〇二厂，这既是基于对兄弟单位长久合作的信任，更是基于对李冠兴这样的老科学家的敬仰。务实、亲和、责任感和关注民

生正是科学家的人格魅力之所在。

为了我国的特种材料研究能够有更加长远的规划和发展，经国家批准，2004年，以中物院为依托单位，表面物理与化学重点实验室成立。实验室成立之初百业待兴，成立学术委员会是开展后续研究工作的基础。确定学术委员会主任的人选迫在眉睫，这个人选必须具有深厚的科学素养，在材料学研究领域有高深的学术造诣，对特种材料研究有前瞻性的视野。于是，蒙大桥想到了李冠兴，想请他担任重点实验室学术委员会的主任。但他知道，李冠兴年事已高，于是，蒙大桥怀着忐忑的心情拨通了李冠兴的电话，没想到他听明白事情原委后就一口答应了。从此以后，重点实验室历次学术委员会会议，李冠兴从未缺席。直到他准备卸任的时候与蒙大桥进行了一次深入的交谈，蒙大桥才知道他当初为什么会毫不犹豫地答应了自己的邀约。李冠兴说：

> 表面物理与化学重点实验室作为特种材料研究方面的实验室，是国内第一家。我们这个学科领域，说起来圈子很大，人很多，但真正在细分领域从事金属核材料研究的人就很少了，实验室的建立是国家的需要，也是事业发展的需要，是要解决大问题的，这不是个人的事，是国家的事，所以我义不容辞。

表面物理与化学重点实验室建立以后，在相关领域开展了很多研究工作，作为重点实验室主任和学术委员会主任，蒙大桥和李冠兴有了更多的交流机会。在2007年的学术报告会上，蒙大桥作为重点实验室主任，对每项汇报课题都进行了点评，点评是基于蒙大桥过去多年从事相关学术研究和实践经验的积累，也是出于对年轻研究人员的指点和鼓励之心。会后，李冠兴将蒙大桥叫到一边，慎重地对他说，他的点评中肯，很到位，又问他过去都获得过哪些奖项。在得知蒙大桥和他的研究团队过去获得过多项国家级及部队的奖项后，李冠兴说："大桥，你可以去申报院士。"这是蒙大桥第一次听到这样的肯定和建议，过去他从来没把自己和院士联系起来，自觉作为一名普通的科研工作者，与李冠兴这样的科学家还有很大差距，但是李冠兴的一番话让蒙大桥明白，核材料领域的研究需要不断深入，这个事业需要有人来继承并发展，参评院士在扩大事业影响力方面有着不可或缺的重要意义，这不仅仅是个人的事情。2019年，蒙大桥当选为中国科学院院士，得知这一消息，他第一时间向李冠兴报告，电话的那头，李冠兴用深沉的语调对蒙大桥说："大桥，你实至名归。"他相信李冠兴还有许多嘱托在不言中，也希望自己能继续以李冠兴等老科学家为榜样，把对国家和事业的热爱融入工作中，做好奠基立业的事，做好长久发展的事。

核材料行业使用特种材料多年，却由于种种原因，从未对某特种材料的整个制备工艺进行全过程的系统性分析，材料的品质有时会不受控，怎样才能得到纯度更高、状态更稳定的特种材料？当时蒙大桥带领研究团队申报了一个重大科研项目，从多个角度做过研究和实验，但一直没有抓住要害。2012年，在珠海召开的课题进展汇报会上，蒙大桥报告了该项目的研究进展，李冠兴和李依依两位院士是专家组的组长与副组长，他们对课题给予了高度关注，对课题的关键技术问题进行了严格把关。点评时，两位院士根据自己多年科研工作积累的经验指出了方向，建议从杂质元素中去寻找影响材料品质的原因，特别指出氧、碳这两种元素应该重点关注。他们的点拨让蒙大桥茅塞顿开，一下子就缩小了影响材料品质的因素的范围。回到单位后，课题组立刻开展了排除相关因素的实验，很快研究取得了重大进展，从而找到了影响材料的关键问题，圆满完成了重大专项任务。

蒙大桥院士说：

> 李冠兴院士与我亦师亦友，追忆与他相处的点滴，我折服于他作为学界前辈的大家风范和对事业的忠诚奉献精神，仰慕

于他令人如沐春风般的人格魅力和儒雅风度，感佩于他在学术上的虚怀若谷与远见卓识。静水流深、学高为范，既是他人品高贵、儒雅可亲的真实体现，也是他家国情怀惜才育才的生动写照。

《非国语下·董安于》中说："受赏者耻，则立功者怠。"功从字面上是成绩、成就、功德之义。立功就是为国家、为民族建功劳、做贡献，就是为信仰去坚守。李冠兴在核燃料科研和产业发展方面功勋卓著，得到业界普遍赞誉和景仰。

李冠兴的事业心，体现在他能站在国家层面去思考问题，善于攻坚克难。李冠兴对二〇二厂的热爱、对核事业的热爱，深入骨髓，他把自己的一切都献给了热爱的核事业。

20世纪80年代中期，李冠兴四处奔走，争取多方支持，筹建了核工业唯一建在工厂里的特种材料应用开发研究重点实验室，建设了研发基地，争取到了一批重大科研项目，培养了一支科研团队，这个团队在元件研究和材料研究领域做出了重要贡献。他说："我们组建重点实验室，不单单是核材料研究，它虽然叫核材料重点实验室，但也要做新型核燃料研究，这就是一个科研创新的平台，是材料应用领域成果转化、人才培养的平台，还是一个对外交流合作的多功能平台。"他聘请了很多院士来做实验室的学术委员，他来当主任，冶金研究所的所长是副主任，与科学大家交流多了，信息也就多了，技术水平也可以得到提高，大家合作，重点实验室的这种作用非常大。

有了这个平台，就可以承担科研项目，进而就可以开拓核材料和核燃料新的应用领域，也可以进行成果转化。国家研究实验堆近几年应用的核燃料全部都是从这里研发出来的，包括航天器返回舱落地测高的屏蔽装置，对二〇二厂研制成功的核材料、特种材料和新型核燃料组件，重点实验室起到了至关重要的作用。同时，对培养人才，提升技术能力、生产能力发挥了巨大的作用。重水堆的科研也是在冶金研究所做的，不是说引进了国外的技术就没有科研，技术引进、消化、吸收、再创新的过程实际上也是科研的过程。

现在，核工业特种材料重点实验室已经形成了体系化的核燃料系列，不论是研究试验堆还是动力堆、AFA3G、AP1000、VVER、高温气冷堆。重点实验室的组建，为二○二厂在后来国家发展核电的时候抢占了先机，李冠兴领导组织建成了我国第一条重水堆核电燃料元件生产线，拿出了我国第一组合格的重水堆核电燃料元件，为秦山三期核电燃料元件国产化奠定了坚实基础。

粉末冶金科技带头人、二○二厂科协粉末冶金分协会主席刘文涛回忆说：

> 李院士在科研上不断地给我们指导，我参加过多次评审会，与李院士见得比较多，也接触得比较多，各个项目的评审，院士的点评，方向的把控，每次不只局限于项目本身。

比如刘文涛申请的二氧化铀芯块项目，李冠兴不是从二氧化铀芯块本身来评论，而是从对二氧化铀芯块的发展阐述开始，国外是怎么做的，从大的方向来阐述，宏观面非常清晰。对于应用的方向在哪儿，以后的方向在哪儿，说得很清晰，而且不是长篇大论，只是告诉他们应该怎样做。通过这个项目，再引申到其他项目上，就知道其他项目方向在哪儿了，可以举一反三，刘文涛团队的许多项目都是衍生出来的。他们说："仅靠我们自己在工厂里面去做，有的方向我们也真的不知道，接触不到，有些是开创性的，填补空白性质的，根本查不到，而李院士对这些把握得非常清晰。他让我们知道自己工作的意义、工作的方向，知道很多是要填补空白的，很多是要冲世界一流的。李院士的指导，能让我们听到很多以前没接触过的东西，一下子思路就打开了。李冠兴院士给我们指方向，拓宽我们的思路，让我们去举一反三。"可以说，这种指导对二○二厂的科研发展起到至关重要的作用。

锆合金是核燃料组件的重要结构材料和包壳材料，对于核电站燃料组件的安全稳定运行起着至关重要的作用，是评价燃料组件研发水平的重要指标之一。2011 年，中国核动力研究设计院 N36 锆合金项目研发团队在研制过程中遇到了一些困难，评审会上，大家都在努力寻找原因，情绪普遍不高。李冠兴发现大家情绪不对，就安慰大家说："我国是核电大国，一定要搞出自主品牌的核燃料组件和包壳材料，在研制过程中，出现点问题是正常现象，只要我们的技术路线正确，方向是对的，有什么问题都要坚定信心，克服困难，努力找到原因，发现问题，对症下药，我们一定能够研制出自己的东西来……"他的一席话，提振了大家解决问题的信心。后来，经过努力，这个问题也顺利得到解决。

2013 年 8 月，当 N36 锆合金特征化组件在秦山核电堆内考验第一次池边检查结果出来后，由于缺乏历史数据和经验认识上的积累，针对后续继续考验可能出现的风险和应对策略，中核集团在北京组织了专题技术讨论会。会上，出现了各种困惑、疑虑、怀疑乃至动摇的观点，李冠兴肯定了一线技术人员开展的分析论证和主要应对措施，有力地推进了中国自主品牌 CF 系列核燃料组件和 N36 锆合金的研发进程与成功应用。

作为一位为核燃料与核材料奉献一生的院士，李冠兴最大的心愿就是造出中国人自己的核电燃料，步入世界先进行列。2013 年，国家能源局组织召开中国首届 ATF 研讨会，李冠兴不辞辛劳地主持会议，推动组建中国 ATF 研发联盟。ATF 国家重大专项成功立项后，他不顾年事已高，于 2015～2019 年频频往返于包头、北京、深圳，主持学术年会、方案评审等会议，帮助 ATF 开好头、起好步。李冠兴曾说，ATF 是中国核燃料赶超世界的一次重大机遇，他虽已是古稀之年，但依然奔走在我国核材料及核燃料的研究与应用道路上。

千淘万漉只为真。李冠兴对待学术的严谨态度，令人深深折服。中国科学院金属研究所研究员刘奎回忆起与李冠兴相识时的场景仍历历在目：

> 与李冠兴院士相识始于 2010 年，几家联合的特种金属提纯重大基础研究项目，先生作为我们项目的专家组组长，每个年度召开项目交流会，他都不辞辛苦，百忙之中抽出时间亲自到场主持会议，对项目的研究进展提出非常中肯的建设性意见。先生儒雅的学术风范、严谨的治学理念，一直珍藏在我的记忆中。
>
> 给我印象最深的是 2019 年 3 月，金属研究所李依依院士率队来中核集团交流核燃料和核燃料包壳方面的工作，当时先生身体有些欠佳，但他一直坚持参加完一上午的汇报交流。会后我送先生，他紧紧抓住我的手说，国家在核材料和核燃料研发方面会有长期投入，希望金属研究所与二〇二厂抓住机遇，开展深入的务实合作，不辱使命。先生的嘱托，至今言犹在耳。

李冠兴曾说：

> 中国自主品牌的先进核燃料元件，很大程度上是以核材料的研发成功为标志的。因此，倘若无法突破核材料国产化的瓶颈，元件研发、项目建设等后续环节都要受到限制，在核电"走出去"战略实施的过程中更是处处为人所掣肘。

李冠兴做什么事情，都以大局为重，站在国家的高度去考虑问题。ATF 新型核燃料技术旨在优化传统的核燃料体系，进一步提高核燃料在正常工况下的经济性以及在严重事故工况下的安全性，是核能发展 60 年以来的重大变革，堪称目前国际核燃料技术研发的风向标。在中广核搞 ATF 新型核燃料技术研发计划的过程中，作为项目首席专家，李冠兴认为所做的这些事情是国家的大事。

立言是立德立功的延续。李冠兴是睿智的，他的言语富有哲理、内涵深刻，至今还为人们所津津乐道。

张勇是北京科技大学新金属材料国家重点实验室教授，博士研究生导师。在李冠兴的指导下，1994 年，他成为北京科技大学和二〇二厂联合培养的博士研究生。张勇回忆起自己接受李冠兴的指导和帮助的点滴，感慨良多。他在《与时俱进的学者，高瞻远瞩的大师：追念导师李冠兴院士》一文中写道：

> 那时候，博士研究生相对较少，我是厂里唯一的一位搞特种材料的博士研究生。李院士是厂里的总工程师，刚从美国俄亥俄州立大学深造回来，在特种材料方面指导我工作。李院士虽然是厂领导，但是非常的平易近人，对于学术的要求非常地严谨，有时候实验结果和预想有出入，他总是讲科学的研究都是螺旋式上升的，鼓励我不要气馁。为了研究特种复合材料，李院士在厂里开设了粉末冶金科研小组，研制了热等静压设备、真空高压浸渍复合设备、碳管烧结炉、钨丝发热体烧结炉，发明了热碳还原制备碳化铀的方法等。在李院士指导下，我研究了各种发泡和造孔的技术，制备了各种孔隙率的泡沫特种材料，那时候已经把多种碳化物如碳化铀、碳化钛、碳化钨、碳化硅和氮化硅等混合在一起，相当于现在的高熵陶瓷。我的实践经验明显比单独在大学或者研究所里做科研的研究生要丰富。

2004 年，张勇从新加坡－麻省理工学院联盟（Singapore-MIT Alliance，SMA）回到北京科技大学新金属材料国家重点实验室做教授，李冠兴看到他在非晶合金领域已经具备了相当的研究基础，支持他开展铀非晶合金的研制，最终发现铀非晶合金和其他的非晶合金完全不同。中国材料研究学会在厦门举办了新材料高层论坛，张勇代表金属间化合物与非晶合金分会参加了会议，在此期间和李冠兴又深入地探讨了铀非晶的学术问题。铀非晶一直是非晶合金领域面临的一个挑战，其他合金形成非晶的判据均不合适，只有用电负性差的参量，结合高熵的概念，贫铀合金脱碳纯净化，才可以有很好的表征，并合成大体积样品。李冠兴提出的贫铀块体非晶的概念是最新和最早的，也是最前沿的。

最近几年，高熵合金在国际上是研究前沿，李冠兴对张勇在高熵合金方面的科研十分重视，每当他在科研上有所突破和进展时，都不失时机地给予支持。2007年，张勇研制出了超高强度的体心立方高熵合金，2014年发表了100页的高熵合金综述，李冠兴请他参加了在宁波召开的核材料大会并做了邀请报告，汇报了高熵合金的研究进展。张勇写了一本专著《先进高熵合金技术》，请李冠兴写了序。李冠兴认为高熵合金可以开发出特殊用途的材料，特别对核能材料有利，后来又支持张勇开展了贫铀高熵合金的研究。当年李冠兴提出的一些思路，给他确定的高熵材料研究方向到现在都不落后，这些年，张勇一直朝着高熵材料的方向努力，成为国际著名的教授。

材料基因、高通量技术、大数据等是目前的热点，李冠兴认为，特种材料和核燃料材料的研发在现有的基础上，也应该采用材料基因、高通量技术和大数据等前沿技术，加速新型核燃料的研发速度，提高研发效率。在李冠兴的指导下，二〇二厂针对薄膜制备，研发了高通量磁控溅射设备，针对特种材料研发，开展了3D打印技术和机器学习、人工智能等大数据技术研究，并成功实现了3D打印特种材料。由此可见，李冠兴具有前瞻性视野。

李冠兴长期担任中国核学会理事长、核材料分会理事长等职务，致力于指导核科学和技术的前沿研究。他是一位把握学术科研前沿、高瞻远瞩又与时俱进的学者，在他的指导下，科研做得具有前瞻性，方向更加确定，而且可以始终保持先进性，二〇二厂很早就具备了增材制造特种合金的装备。人们感慨，李冠兴的离世，使我们失去了一盏核科学与核材料的指路明灯和一位专业导师，国家失去了一位核事业的功臣和栋梁。

二○二厂原副总工程师王世波说：

> 有一次在西安开会，晚上与李冠兴院士一块儿吃饭，在饭桌上，他跟大家说，他这个院士实际上是一个团队，我也是这个团队的主要成员之一。所以说，我非常幸运做他的学生。现在回想起来，他当年跟我说过的话、对我提出的要求，在我这一生无论是工作、学习还是生活各个方面都对我帮助很大，他确实是先生，是真正的先生！李院士的爱国情怀、强烈的事业心、那种忘我的工作热情和工作精神，令我终生难忘！

每每回忆起恩师李冠兴给予自己的鼓励和帮助，说到动情处，王世波总是禁不住热泪奔流。

李冠兴的最大爱好就是看书、看电脑查阅资料，与他人聊天几乎都是工作上、技术上或者新产品方面的话题，或者是围绕企业怎么发展的一些话题。让妻子张珊珠生气的是，他特别不重视自己的身体，即使在医院住院的时候，也还是想着工作上的事情。他总是对妻子说："生逢其时，重任在肩！我们要努力工作啊！"

李冠兴（左）和学生王世波出差途中留影

"文化大革命"期间，李冠兴被内部控制使用，科研做不了，于是就买了许多哲学书籍，张珊珠曾问他是否准备转行，他说："你不懂，我这是给自己充电。"他曾阅读过恩格斯的《自然辩证法》、列宁的《哲学笔记》等哲学专著，还读过黑格尔、费尔巴哈等的哲学著作，专心研究过唯物辩证法和自然辩证法，并且与韦庆丰、顾贤俊合写了研究自然辩证法的文章《试论金属的结构层次》，发表于 1976 年的《物理》（双月刊）第 5 卷第 2 期。辩证法也成为他从事科研及管理工作的基本思维方法。他非常欣赏恩格斯说过的一句话："不管自然科学家采取什么样的态度，他们还得受哲学的支配。"

李冠兴是一位科学家，是一位企业家，也是一位科技事业的领导者，但他更像一位哲学家。他擅于用辩证的思维分析问题、攻坚克难，以哲学家的睿智处理问题、化解矛盾。他说，指导战争的人不能超越客观条件许可的限制祈求战争的胜利，必须在客观条件许可的限度之内，能动地争取战争的胜利，战争指挥员活动的舞台，必须建筑在客观条件许可的条件之上，然而凭借这个舞台，可以导演出许多有声有色、威武雄壮的戏剧来。我们不但要有压倒敌人的勇气，而且要有驾驭整个战争变化发展形势的能力。指挥员在战争的大海中游泳，他们要使自己不沉没，使自己坚定地、有步骤地到达彼岸。作为战争指导规律的战略战术，就是在战争大海中的游泳术。他用这样的话鼓励同事们去克服困难，用毛主席的哲学思想鞭策同事们战胜困难。

李冠兴常引用爱因斯坦的话勉励年轻人："想象力要比知识更重要，因为知识是有限的，而想象力概括着世界上的一切，推动着进步，并且是知识进化的源泉。"他认为，只学知识不行，还要有丰富的想象力，技术革新，就是要有探索精神。他强调："不能总是用别人的昨天来装扮自己的明天，不能总是指望依赖他人的科技成果来提高自己的科技水平，更不能做其他国家的技术附庸，永远跟在别人的后面。我们没有别的选择，非走自主自立的创新道路不可，未来总是属于年轻人的，拥有一大批创新型青年人才，是国家创新活力之所在，也是科技发展之所在。"

二〇二厂教育培训中心副主任郑绪华清楚地记得 1997 年她大学毕业刚进厂时李冠兴给他们讲的那一课。她说：

那一课让我们激情澎湃，入脑入心，终生难忘。当听完李院士给我们讲课以后，感觉就很不一样！李院士的讲课总是要讲到他自己的人生经历，讲他从清华大学念了 10 年的书，来到包头二〇二厂，讲他从大上海来到内蒙古……总有感同身受的东西讲给我们听。他说话的那种感觉特别能打动人，让我们感觉这个人好有魅力，特别鼓舞人心。听他讲课之前，本来心情挺不愉快，觉得厂里工资低，效益不好，看不到希望。但是，听他讲完以后，好像立马就来了一股做事的激情和热情，感觉看到了曙光和希望，因为他说到了我们的心坎里。

李冠兴的言语对家人的影响同样非常大。李冠兴的儿子李昊明深感父亲的执着精神，在耳濡目染中，他懂得了做事要"想得周到、做得明白，要想人前显贵，就得背后受罪"的道理。

他说：

> 我在兵器集团北奔重型汽车集团有限公司（北奔公司）工作，近年，我一直做阅兵项目，我们是兵器集团唯一的一家做轮式底盘的企业。北奔汽车装备参加大阅兵的时候，我总是半夜不睡觉写材料、做 PPT，因为第二天要进现场，下午要开会，我必须先要把材料写明白，PPT 做好了，下午开会讲话才能讲得好。所以，同事们都说我这个习惯真好。我说，这就是父亲的言传身教使我养成的习惯。一件事要干就干明白。这件事不一定能干到最好，但是只要干，我肯定要把事情有板有眼地干清楚、干明白……这一点，我受父亲的影响很深。父亲经常说："你要干事你就要干清楚、干明白。如果你总是跟领导说，试一试，那领导对你就没什么想法和兴趣了。"所以，这点我记住了：要干事，就要把事情干好、干清楚，否则就别干！
> 20 多年过去了，我一直就是这么干的。2015 年，我获得了全国"五一劳动奖章"，2015 年、2017 年、2019 年，我都荣获

了兵器工业的个人一等功！

张燕是李冠兴夫人张珊珠大姐的女儿，她说：

> 我和三姨夫（李冠兴）见面不多，但是有两次谈话，我记忆深刻，三姨夫的提醒，让我在后来的工作中受益良多。

一次是张燕刚工作不久，她在大学学的是高分子化学专业，毕业后在企业的技术科工作，整天面对的是机械图纸，觉得十分枯燥，不喜欢自己的工作，见到李冠兴后就告诉了他自己的想法。李冠兴说：大学只是学一些基础知识，掌握学习的方法，工作就是不断地学习，一边学一边干，工作是不会完全与专业对口的。李冠兴的话给她打了底，后来张燕不做技术工作了，而是转行去服务行业做了一名经理，工作性质完全与大学学的专业不一样，李冠兴的话给了她工作的底气，真的是边学边干。

还有一次是张燕工作的外资公司和业主签合同时，强调必须用自己公司的合同，在他们的合同文本基础上谈，而且合同条款十分苛刻。当时外资企业少，业主看了合同内容觉得很生气。她把这件事告诉了李冠兴，李冠兴说："平衡就是双方都不太满意，如果一方很满意，那么是没法达成共识签协议的，你的工作就是协调好双方意见。"李冠兴的话，在她后来成为中层干部后，对协调各部门和员工之间的纷争很有实际指导作用。

张燕还记得一件事，她说：

> 姨夫来上海我们家，中午吃饭时间快到了，可是我之前从来没有做过饭，家里大人也从来没有教过。我姨夫就笑嘻嘻地说，做饭就是物理反应和化学反应，不要怕，你会的。然后自己拿一本书，一边和我搭话，一边看书，陪着我完成了人生中第一次做饭。姨夫是很会教导培训年轻人的……

李冠兴的思维总是那么超前，李冠兴的眼光总是那么前瞻，李冠兴的言语总是那么深刻。

六、殚精竭虑，为"核"一生

为了中国的核燃料和核材料事业，李冠兴殚精竭虑，为"核"一生，书写了坚守初心和使命的壮丽篇章。

在中国核电事业发展方面，李冠兴认为，核电发展规模的设定，一方面要满足国家电力供给、节能减排和能源结构调整的总目标，另一方面要与能力和资源开发利用的增长速度相匹配，积极规划落实我国核电基地建设，以核电批量建设有效牵引核电装备、科研、核燃料、人才队伍等产业能力的稳定成长，优化调整产业结构，提升我国产业的国际竞争力，加快我国由核电大国向核电强国迈进。美国、法国、韩国等国家的核电发展历史证明，核电技术水平的进步、核电产业的发展、核电人才的培养储备等都需要以核电项目为依托，维持一定的发展规模是安全高效发展核电不可或缺的牵引因素。目前，我国电力结构中核电仅占 4.94%，美国约占 20%，法国占 74%，俄罗斯占 17%，英国占 18%，韩国占 32%，印度占 3%，中国核电发展远低于国际平均水平，但也说明发展潜力很大。

李冠兴认为，我国核电用锆合金材料产业发展缓慢的原因不是产学研结合不够紧密或是体制机制障碍，根本原因还是过去我国核电站太少，核燃料的需求不旺盛。2014 年李冠兴在接受《中国核工业》记者专访时说：

> "适度发展核电"方针指导了我国核电头 20 年的发展，给核电的发展带来了很大的不确定性。在核电发展方针不确定的情况下，作为供给核燃料组件包壳管和其他结构材料的锆产业的发展自然更无从谈起。从 2003 年开始，我国"适度发展核电"方针逐步向"积极发展核电"方针转变，为锆产业的发展

提供了明确的利好信号和难得的机遇。由此，锆产业才可能走上快速发展之路。其实从国家政策层面，我觉得领导层对锆产业的决策响应很快，很有远见。比如，原来在引进三代核电技术的招标书上，并没有引进锆生产技术的内容，这一条是后来补上的。2004 年，根据美国和法国两家的响应情况和各种条件，我国最终决定引进西屋的锆生产技术。

当前，我国锆产业发展的瓶颈主要体现在两个方面：一是锆材的生产，特别是锆合金包壳管的生产，至今还没有实现本地化，全部依赖进口；二是我国至今还没有一个锆合金的自主品牌在核燃料组件的生产中得到应用。虽然不同国家有各自的科研和生产特色，但核级锆材生产工艺和装备，在世界各国都是大体雷同的。因此，从国家层面看，由于我国的国核宝钛锆业股份公司（简称国核锆业）建成了包括核级海绵锆在内的完整的核级锆材产业体系，美国、法国等国际核能巨头在锆合金生产和供应方面的独特优势已经基本丧失。随着时间的推移和生产经验的积累，上述两大瓶颈必将得到突破。

目前我国的核级锆材的研发与生产还有两个弱项：一是若干核级锆材生产的关键设备还不能自己制造，要依赖进口；二是锆合金的研发和创新能力与国外相比仍有相当大的差距。特别是核级锆合金的辐照试验远远落后于国外，这一"软肋"会导致我国锆合金的研发事倍功半。创新是一种文化。我国的创新文化底蕴不深。

目前我国锆产业发展态势总体是令人欣慰的，瓶颈的突破也是指日可待、前景看好。从三家在此产业的各自突破，可以看到我国锆产业的发展和自主品牌锆合金的研发正处于核工业历史上最好的发展机遇期。对于三家的产业格局，我个人认为，从国家层面要提倡、促进和营造国内相关企业适度竞争、合作共赢和一致对外的氛围，为争取早日进入世界领先水平而努力。

发生在日本福岛第一核电站的 7 级核事故，是继美国三英里岛核事故、苏联切尔诺贝利核事故之后，历史上人类利用核能产生的最严重的核事故之一，再次引发了世界范围内对核安全问题的疑虑和思考。福岛核事故之后，研发具有一定程度包容事故能力的包壳材料成为国际上核燃料领域发展的新方向，如对 SiC 包壳等应予以特别的关注。民用锆产业的发展是一种企业行为，企业是主体。随着经济体制改革的不断深化，对这类产业的国家资本投入会逐渐淡化。总体上说，国家对产业研发和创新的支持有可能通过各种渠道得到加强。锆合金的研发周期长、投资金额大、风险高，研究机构一定要做好顶层设计，聚焦工程目标，要做到"应用一代，开发一代，预研一代"。要加强锆合金的辐照试验研究和产学研结合，努力培养年轻的科技人才，为中华民族争气！

作为业界的精英，李冠兴始终用自己的坚定、坚持、坚守，在困境中持续推动先进燃料研究。2011 年，日本福岛核泄漏事故发生，核电发展遇冷。当时上海核工程研究设计院拟开展高热导芯块的预研工作，部分专家基于业界发展前景的悲观预期，对研究投入持保守审视态度。李冠兴充分认识到这种先进材料在后续核电安全性、经济性提升中的重要意义，大力推动该研究内容在 CAP1400 关键设计技术研究重大专项中的立项。后来 ATF 成为国际热点，高热导芯块成为各国重要的研究方向，李冠兴的真知远见为我国核燃料在该领域的发展抢占了先机。

李冠兴比中核集团八一二厂原厂长陈宝山大一岁，是高陈宝山五级的学长。陈宝山自清华大学毕业后，分配到"大三线"新建的八一二厂，分别在两家核燃料厂工作一生。20 世纪 70 年代中期，八一二厂生产堆元件线全线投产，为国家急需，日夜奋战，后来元件质量出现波动，全分厂实施质量攻关。陈宝山从铀化工车间刚提为分厂生产副厂长，对铀冶金和元件密封包装还在学习中，元件在堆中破损主要呈现端面中心针孔式泄漏，密封包装后的元件，端面出现"白圈"，这种元件质量到底如何，牵动着大家的心。有同志建议请二〇二厂第二研究室帮助。1970年，陈宝山曾在二〇二厂第三研究室做过一年的流态化氢氟化实验，深知二〇二厂的能力。很快，第二研究室给出的结论是"白圈元件是密封良好的元件"。有了科学的依据，"白圈"元件被放行了。陈宝山事后得知这是李冠兴等人精心解剖研究的结论，后来得知李冠兴是清华大学工程物理系的研究生，他从心里佩服李冠兴，李冠兴成了他心中尊敬的学长。

在企业二次创业最艰难的时候，李冠兴被任命为二〇二厂总工程师兼副厂长。此时，国家决定引进重水堆核电站，并在二〇二厂建设重水堆元件生产线，李冠兴全力以赴，积极准备，带队到八一二厂详细考察压水堆核电燃料元件生产线，认真询问细节，了解外方谈判过程，与陈宝山彻夜长谈，两人由此结下了深厚的友谊。

2007年11月，国家核电技术公司党组决定陈宝山任新成立的国核锆业董事长，负责组建公司，接受美国西屋电气公司转让技术建设核级锆产业体系。他告诉李冠兴，要实施核级锆技术落地工作了，李冠兴说："好啊！宝山，你来干正合适，我支持你，一定要从海绵锆起把核级锆项目建起来，实现国产化和自主化！"

李冠兴十分关心锆项目的落地，在去美国考察之后就考虑推动项目实施，带队去陕西宝鸡宝钛集团考察。之前，他还带陈宝山一起向当时中核集团的总经理汇报如何将锆技术落地，建设中国自己完整的核级锆产业。李冠兴的观点是核燃料体系里要有核级锆制造。李冠兴的鼓励增强了陈宝山的信心，后来，他推荐李冠兴担任锆业公司的独立董事，李冠兴欣然接受。在国核锆业成立专家委员会时，又聘任李冠兴院士和周邦新院士为委员。李冠兴不辞辛苦为公司献计献策，对中国核级锆的建设发展给予了全力支持。

利用接受技术转让的机会建立起中国自己完整的核级锆产业体

系是业界人的迫切愿望，在各方支持下，国核锆业用不到四年时间就建成了包括核级海绵锆在内的从原料到锆合金各种成品的完整生产线，以及国家能源核级锆材研发中心，并相继通过鉴定，投入运行。在建设生产线、消化吸收引进技术中，李冠兴一直关注工程进展，宣传工程的意义，每次董事会都发表中肯意见。在项目建成验收、重大专项"AP1000 核级锆材制造技术"等评审会上，他对取得的成就、大家的努力给予高度的赞扬和热情鼓励。

日本福岛核泄漏事故后的当年 11 月，李冠兴率团参加两岸核能学术交流研讨会，致力推动两岸核能合作，李冠兴安排陈宝山作为燃料元件和锆业的代表，做专题报告《国核宝钛锆业股份公司锆材业务概况》。

李冠兴大力推动中国自主知识产权新锆合金研发，认为这十分必要和迫切。作为独立董事的他，在建成的锆业研发中心平台上发挥了重要作用。围绕华龙一号、国和一号自主知识产权 CF、SAF、STEP 三种自主化核燃料需求，李冠兴为推动 N36、SZA、CZ 三种锆合金材料的总体研发路线设计倾注了毕生心血，为材料研发工作的顺利进行指明了正确的方向和目标；在材料的堆外、堆内考验过程中，他指导开展了材料的综合性能评价，确保了新锆合金首次入堆考验的安全性，为后续顺利实现商业化应用奠定了坚实的基础。事实证明，新合金的研制取得了丰硕成果，为自主化核燃料元件提供了有力支撑。

2020 年 10 月，中国核学会核材料分会 2020 年学术年会暨中国核学会核材料分会成立 40 周年纪念大会在沈阳召开，会议由李冠兴院士、韩恩厚研究员担任主席，但李冠兴却未能到会。之前的 8 月中旬，国核锆业专家委员会计划编撰一本专家论文集，陈宝山给李冠兴打电话，征询他的意见，问他可否提交一篇文章。李冠兴声音低沉地告诉陈宝山："宝山，我现在医院里，我给你不久前的一篇研究报告可以吗？"陈宝山连说"好！好！"并安慰他安心治疗，祝愿他早日康复。李冠兴第二天就发来一篇《中国新一代核能核燃料总体发展战略研究》，该文章被作为首篇论文收在专家论文集中。陈宝山过后觉得真不该打扰先生，他知道，两年前有一次在北京见到李冠兴时，他面容消瘦，他告诉陈宝山，做了检查，已经按医生意见在治疗，陈宝山劝他一定多休息……

西安稀有金属材料研究院有限公司的田振业与李冠兴同是清华大学的研究生，他说：

> 冠兴虽然一生都在核系统工作，但对相关的锆产业特别关心，记得 1994 年，我国从加拿大引进了 CANDU6 重水堆核电站，冠兴带领团队同步引进了相应的 CANDU6 核燃料元件生产技术，并在二〇二厂建设了重水堆元件厂。当年夏天我去二〇二厂进行学术交流，冠兴对我说："我们虽然引进了核燃料元件生产线技术，但锆材是核心材料，我建议你去加拿大 ZPI 把相应的锆材生产技术引进过来。"他还详细给我介绍了锆材技术引进的途径及相关工作人员。根据他的建议，西北锆管公司与中国原子能公司一起到加拿大进行了技术引进谈判，顺利签订了相关锆材技术引进合同，并最终拿到了加拿大重水堆用锆材生产合格证。在 2004 年中国引进美国 AP1000 核电技术的谈判中，冠兴任中方燃料组组长，他力主将核级锆材技术转让包括在合同之内，为此，还把我拉进了谈判组，在北京与美国西屋电气公司进行了艰苦的技术谈判，最终达成从海绵锆原料到第三代 ZirLo（一类广泛用于核反应堆的难熔金属材料，是美国西屋电气公司研究的用于高燃耗的先进锆合金）锆合金生产的完整产业链技术引进协议，并于 2007 年一起去美国西屋电气公司总部、匹兹堡锆管厂、盐湖城海绵锆及锆合金坯料厂、哥伦比亚核燃料元件厂进行了现场考察，使我国顺利地拿到了从海绵锆原料生产到第三代 ZirLo 锆合金产品完整的核用锆材生

产技术，使我国最终彻底实现了 AP1000 用核级锆材的国产化，解决了核电锆材"卡脖子"问题，也为国内锆材产业的技术进步培养了人才。

中国从 1991 年开始研究锆材问题，2010 年聚焦 N36 锆合金材料研发，但由于材料选择、随堆考验等条件一直无法实现，之前都只实现了锆材生产的本地化，而知识产权还是其他国家的。我国建了许多核反应堆，都只是生产本地化，并不是技术自主化。

田振业说：

> 冠兴跟我见面最常问的话题就是何时能实现我国核用锆材的自主化。经过 30 年的努力，2018 年 11 月 24 日，首批中国自主品牌 CF3 核燃料组件 N36 锆合金管棒材在西部新锆公司顺利交付，冠兴院士异常兴奋地参加了首批产品交付仪式。从此彻底解决了我国核电"走出去"后核燃料组件的自主化问题。由于 N36 锆合金的关键是辐照考验及入电站验证，这不但要花大钱，还存在一定风险，中核集团曾多次讨论这个问题。在中核集团关于 N36 锆合金的讨论中，李冠兴的意见发挥了"定海神针"的作用，推进了中国自主品牌 CF 系列核燃料组件和 N36 锆合金的研发应用。

田振业还介绍：

> 李冠兴对人才培养也十分重视，他经常对我说，我们该培养下一代了。有一次，我俩在北京出差，他就拉我一起去清华大学材料学院洽谈联合培养研究生的计划，清华大学领导非常支持，由于清华大学白新德教授的积极筹措，二〇二厂、八一二厂及西北新锆的一批科技人员顺利进入清华大学深造，成为既有深厚的理论功底又有丰富现场工作经验的科技人员，他们中的很多人现在都走上了领导岗位，成为该领域的科技领

军人物。当我在西安筹备建设稀有金属材料研究院时，李冠兴立即建了院士工作站，并准备给大批进院的博士生讲课，终因奔波一生，积劳成疾，最终夙愿未能实现。

2010 年前后，核医学科的医用回旋加速器还未完成调试使用，能用的正电子放射性药物仅有氟-18 脱氧葡萄糖一种。近几年，中国工程院组织开展"核科学技术发展战略研究"重大咨询项目，核医学被认为是未来核技术应用发展的重要战略方向，放射性药物作为核医学的灵魂，为核医学疾病诊断提供了多样性选择。但长期以来，我国放射性药物的研发和转化水平远远落后于欧美发达国家。放射性药物提供的多样性，客观上需要一个全国性的组织协调行业发展。2017 年 6 月，北京大学肿瘤医院核医学科主任杨志，接受著名放射性药物专家、美国宾夕法尼亚大学孔繁渊（Hank F. Kung）教授的建议，拟在中国筹建放射性药物分会。

2018 年初，2011 年博士毕业后加入北京大学肿瘤医院核医学科的朱华，随同杨志主任拜见了李冠兴院士，并听取了他对设立中国核学会放射性药物分会的建议。朱华说："在接待李冠兴院士的过程中，能够感受到他尽管已是资深院士，却依然非常谦和友善，没有任何架子，给人的感觉就如同一块温润的美玉，美好而不张扬，深深地令人钦佩和景仰。"

2018 年 9 月中旬，中国核学会放射性药物分会成立大会在西安举行，时任中国核学会名誉理事长、中国核学会监事长的李冠兴做了发言，他说："分子影像在疾病的精准诊疗过程中发挥了重要作用，核医学恰是分子影像的重要组成部分，在疾病的发生发展及生物特征可视化方面展示出其独特魅力，放射性药物是核医学的源泉和重要支撑，为医学的发展提供了强有力的保障。"而后，李冠兴为放射性药物分会授牌，中国核学会第 27 个成员单位——放射性药物分会，正式加入中国核学会大家庭。

加入中国核学会大家庭后，朱华作为放射性药物分会秘书长，有更多机会参与了中国核学会的活动。2018 年 11 月初，由中国核学会主办、江苏省核学会承办的第十三届中国核学会核科技、核应用、核经济（"三核"）论坛于南京召开。论坛主题为"大力发展核技术，让核科技造福人类"，来自全国核电、辐射技术应用、核医学、省级核学会及相关企业的 200 余位代表参会。时任中国核学会理事长李冠兴在大会开幕式的发言中强调："在党和国家的关怀下，经过核工业人多年攻关，我国已跻身世界核电发展第一方阵，三代核电技术正在推动中国核电向更安全、更稳妥、更有序的方向发展，为打造世界核电发展产业中心努力。"听了李冠兴的发言，一种不由自主的时代紧迫感和奋斗精神油然而生，朱华期待能够通过放射性药物分会和自己的努力，推动放射性药物领域的发展和中国核电一样，并使其走向世界最高水平的第一方阵，也做了有关下一代正电子发射计算机断层成像（positron emission computerized tomography，PECT）核素的生产、质控、临床转化的学术分会报告，获得与会专家的赞同，并获得优秀学术报告一等奖。

在放射性药物发展过程中，放射性药物分会多次请教李冠兴对行业发展的意见，李冠兴积极回应并给行业发展带来指示。他在百忙之中给该分会回复："放射性药物发展实质上要扣住标准，说明三个问题：一是放射性药物标准国际发展现状，二是放射性药物标准国内发展现状，三是针对国内外标准发展的差距向国家提出建议与改进措施。"2021 年 6 月，《医用同位素中长期发展规划（2021—2035 年）》正式发布，对医用同位素及放射性药物的研发给予强有力的支持，指明了医用同位素及放射性药物产业发展的关键路径。

为推动核材料科学发展，2000 年，在中国材料研究学会名誉理事长、清华大学教授李恒德院士和李冠兴院士等主持下，编著了一套 500 多万字的丛书——"核材料科学与工程"。全书包括核材料导论、核材料物理基础、核燃料、核结构材料、轻水堆燃料元件、重水堆燃料元件等共 12 分册，参编单位包括中国原子能科学研究院、中物院、清华大学、核工业二〇二厂和八一二厂两家核燃料元件厂等 10 个单位。李冠兴和清华大学白新德教授负责，从丛书大纲的多次深入讨论、落实到全部出版，花了大量精力，经过 7 年努力完成了这一巨作。李冠兴院士和中物院武胜院士亲自主编丛书的关键分册——《核燃料》，该分册有 64.6 万字。李冠兴特别重视和强调为适应核能发展，要把核燃料元件写好。他率先垂范，亲自主编了《重水堆燃料元件》《研究试验堆燃料元件制造技术》《核燃料》，既包含了核材料相关基础理论，又反映出在多种堆型中核材料及元件的制造、加工、生产中的关键技术问题与经验，是当时国内较系统、完整的核材料科学与工程制造丛书，对核材料相关专业本科生、研究生的学习和科研发挥了重要作用。这套丛书荣获了国家图书奖，李冠兴的付出，促进了业界人才的成长。

为宣传核工业，推动中国核事业的发展，李冠兴一直重视、支持中国核学会的工作。从 2008 年起，李冠兴连任中国核学会第七、第八届理事会理事长，在此期间，在学术引领、产业发展、国际交流、科普宣传、人才成长等方面做出了突出贡献。他瞄准国际核燃

李冠兴参与主编的"核材料科学与工程"丛书部分分册

料技术发展前沿，大力推动中国自主化先进燃料组件研发，亲自任国家能源先进核燃料元件研发（实验）中心学术委员会主任，他特别强调要"抓住机遇，协同创新，把中国自主品牌先进燃料组件搞上去"。在主持我国 ATF 技术发展过程中，他认为这是"中国核燃料赶超世界的一次重大机遇"。他特别指出芯块和包壳是重点，多次强调要联合研究，并呼吁加强我国辐照考验和热室检查能力建设。可以说，李冠兴为我国核燃料与核材料的发展殚精竭虑，奋斗一生。

2017 年底，中核集团党组决定将旗下的中国原子能工业公司和中国核燃料有限公司合并，组建新的中国原子能工业有限公司。合并以后，中国原子能工业有限公司就不是老的贸易公司，或者外贸窗口，或者进口公司这么一个角色了，而是产业链齐全、体量也大了很多的产供销服务一体化的专业化公司。中核集团党组决定将两家公司合并后，原来的中国核燃料有限公司的一些人有不同想法，他们说，这相当于是蛇吞象，是小鱼吃大鱼。2018 年新组建的中国原子能工业有限公司开年会的时候，李冠兴在发言中说："首先，集团公司党组决策是有深层思考的，并不是一个草率的决定。"因为当时两家公司有着一些业务之争，中国核燃料有限公司是制作核燃料的，中国原子能工业公司是销售核燃料的，这样，中国核燃料有限公司就认为自己的东西自己不能卖了，而必须通过中国原子能工业有限公司去卖。中国原子能工业公司经营多年，在国际上已经形成品牌，而中国核燃料有限公司成立时间不长，它一成立，就想把贸易这块拿走，两家的矛盾就凸显出来了。早先的中国核燃料有限公司、核燃料事业部或者核燃料局，就没这个问题。核燃料局是集团总部的一个部门，是行政管理部门，而原来的中国原子能工业公司是下属公司。当核燃料部变成了中国核燃料有限公司，也是实体了，这个矛盾就突出了。

所以，在新组建的中国原子能工业有限公司 2018 年年会上，李冠兴说，合并是集团党组的决定，它是有深刻背景的，要发挥两家各自的优势，形成"1+1>2"的效应。大家要把思想统一到集团公司党组的决策上来。

李冠兴参加了新组建的中国原子能工业有限公司的 2019 年年会，他在发言中说："你们看看，通过 2019 年这一年的运营，两家公司重组后的效益马上显现出来了。"在这次年会上，很多老同志包括原来的中国核燃料有限公司的老同志们都说，看来集团公司党组的决策还是英明的，专业化公司利益最大化、中核集团的利益最大化马上体现出来了。

李冠兴连续三年都参加了新组建的中国原子能工业有限公司的年会，2018 年、2019 年，包括 2020 年初他都来了。没想到，2020 年底他就走了，永远地离开了他热爱一生的事业。"如果身体允许的话，你们原子能公司的年会我每年都来……"李冠兴在新组建的中国原子能工业有限公司年会上的讲话，久久地回荡在人们的耳畔。

2020 年 1 月 18 日，李冠兴（右四）
抱病坚持参加了中国原子能工业有限公司 2020 年度工作会议

李冠兴的夫人张珊珠说：

我现在最大的对不起，就是觉得他在走的时候，最后一次的时候，他非要让我扶着他去开会，他说他要去开会，他脑子里还有事，他好像还有好多事想跟大家说。所以，我觉得，我特别对不起他，他找错了人，他不该找我，他应该找一个跟他同样专业的，可以把他未竟的事业帮他完成。可是，我什么都不懂，他的专业我一点都不懂，我是很对不起他的，他有好多事我不能帮他完成，他的事业只能停住了……

李冠兴 1979 年 3 月被任命为金相热处理工程师，1981 年 10 月被聘为反应堆材料工程师，1988 年 5 月被聘为材料科学与工程专业高级工程师，1990 年 4 月获材料科学与工程专业研究员级高级工程师专业职务资格，直至 1999 年当选中国工程院院士。在几十载的科研工作中，李冠兴以随缘素位的心态，敬业务实，以自身的人格魅力影响和带动身边的科研工作者实现一次次的探索与超越，在核事业发展的史册上留下了浓墨重彩的一笔。李冠兴以其人格力量，留下了为后人所仰慕的内涵丰富的"冠兴特色""冠兴格局""冠兴气质"的学术思想和科学理论。李冠兴的哲学思想已经渗透进了他的学术思想和管理思想之中，成为二〇二厂宝贵的精神财富。

第|四|章

学者治厂，
"双料"传奇

2001年，已届花甲之年的李冠兴院士被任命为二〇二厂厂长。他带领二〇二厂职工，建成了我国首条也是目前唯一一条重水堆核电燃料元件生产线。

李冠兴把当厂长作为一个科研题目进行研究和实践。为了工厂的生存，他全力以赴地四处奔走，争取任务，终使年产400吨铀的压水堆核电站核燃料元件生产线建设项目落户二〇二厂，全厂上下无不十分敬佩这位经天纬地式的老厂长。

2004年10月，李冠兴从厂长的岗位上退下来，受中国核工业集团有限公司委托参加第三代核电站的国际招标，任燃料组组长。历时三年，他借此机遇，促成了我国首条AP1000三代核电燃料元件生产线、世界首条高温气冷堆核燃料元件生产线的建成，并为之付出了大量心血。

为了表彰他四十几年如一日，在相对比较艰苦的内蒙古地区，脚踏实地、勤奋耕耘在他热爱的核事业领域，李冠兴获得了2009年全国道德模范提名奖和包头市第二届道德模范荣誉称号。

人们在生活、工作中，很多时候都会强调"责任"二字，责任对于一个人来说非常重要。当能力不断提高，接踵而来的肩膀上的责任也会越来越重。一个人生活在世，若是有了能力，更多的追求应该是自我价值的实现，实现自我价值的方式有很多种，总体说来是为社会提供更多的价值。能力，永远由责任来承载，而担当则是一种态度，亦是一种责任感。担当需要勇气，担当需要信念，担当需要智慧。责任和担当是密不可分的，责任是对担当的要求，担当是对责任的诠释，责任与担当意识是现今社会最需要人们重视的。

1984 年 9 月，李冠兴结束了在美国俄亥俄州立大学冶金工程系的进修，回国后，于 1984 年 12 月被任命为二〇二厂第二研究室副主任，主持科研工作。1986 年 4 月，李冠兴光荣地加入了中国共产党。1990 年 12 月，李冠兴被任命为二〇二厂总工程师兼生产副厂长（两年后不再兼任生产副厂长）。2001 年，已届花甲之年的李冠兴因历史的选择，肩负重任，出任二〇二厂厂长。

一、自强不息，艰难转型

作为老军工企业，二〇二厂在发展历程中陷入低谷是从 20 世纪 80 年代末期开始的，1990 年之后跌入谷底。在李冠兴担任二〇二厂总工程师的 10 年间（1990 年 12 月至 2000 年 12 月），企业处于转型发展的特殊时期，在整体经济状况十分困难的情况下，为尽快扭转僵局，李冠兴全力以赴地四处奔走，争取多方支持，呕心沥血地筹建了核工业唯一建在工厂里的重点实验室，并争取到了一批重大科研项目，同时培养了一支优秀的科研团队。在实验室运行过程中，李冠兴以敏锐的观察力、科学的思辨力和坚韧不拔的毅力，带领着二〇二厂的科研团队，在核材料研究领域做出了重要贡献，为企业日后翻身埋下了伏笔。

原子核，直径只有一根头发丝的一亿分之一，却蕴藏着惊人的能量。1 克铀-235 裂变释放的能量相当于 2.7 吨标准煤完全燃烧产生的能量。1955 年 1 月 15 日，中共中央书记处召开扩大会议，提出了中国建立和发展原子能事业的战略决策。从那天开始，中国核工业扬帆起航。二○二厂作为我国最早建立的核工业第一批厂矿之一、中国第一个核燃料元件厂，为我国"两弹一艇"的成功研制做出了重要贡献。1965~1978 年，企业发展达到第一个高峰，这一时期，二○二厂还先后向八一二厂、八一三厂、九院、核五院、核动力院等核工业其他单位的核燃料部门输送了近 4000 名干部、技术人员和工人。

1978 年党的十一届三中全会召开以后，党中央着眼"和平与发展"这一时代主题，确立了以经济建设为中心的基本路线。1979~1994 年，我国国防预算进入收缩期，国家对核工业提出了转型发展的要求。这次转型经历的时间长，涉及面广，工作难度大，是一次思想观念大转变，管理体系大重组，队伍人员大转移，利益格局大变动，无异于一场深刻变革。

1981 年 3 月核工业开始转型发展后，二○二厂也开始进入了艰难且漫长的转型时期，多条生产线先后限产或停产。在这种极端困难的情况下，二○二厂服从国家战略调整，开始了第二次艰苦的创业和企业转型。

企业为了生存下去，只有开发民品。从 1980 年到 1989 年底，二○二厂先后建立了时装厂、饮料厂、纯碱厂、饭店、出租汽车公司、木器厂、稀土厂、永磁材料厂共 8 个民品项目，时称"八大民品"。当然，由于当时的客观原因，有些民品项目存在投入不足、标准不高、产品技术含量低等先天不足，并且很大一部分是为了解决企业富余人员的岗位问题。随着市场经济的发展和竞争的日益激烈，这些项目大多没有做精做强，更谈不上做大，都先后退出了市场。

由于一些民品项目的资金来自银行贷款，所以企业还贷负担十分沉重。1993 年 8 月，二○二厂有史以来最大的、投资亿元的支柱性民品项目金属镁厂，经过 3 年建设基本建成。但由于种种原因，金属镁厂在生产经营运行中资不抵债，最终使整个企业背上了沉重的债务负担。1984～1996年，二〇二厂为开发军转民项目，累计贷款已达1.7亿元，职工人均负债32万元。此外，随着减员增效工作的进一步开展，全厂待岗、下岗人员增多，到1999年已超过1300人，企业实施再就业工程相当困难。1999年，二〇二厂一度势头很好的民品（如稀土、金属钙产品）开始滞销，价格严重下跌，致使企业举步维艰。

长达16年的政策性亏损，使企业的资金严重不足，企业运作困难，个别月份不能发全工资甚至发不出工资，职工的总体收入在包头市几大企业的排名几乎是最靠后的。为了维持生活，有些职工甚至到厂区附近的荒野搞些农副业，或养殖耕种，或为附近的农民打零工来贴补家用。在这种情况下，科技人员包括技术工人外流严重。

钱俊荣不到16岁进厂，一直在生产一线工作，是全国技术能手、中国核工业总公司优秀党员、内蒙古十大工匠之一。当年，他所在的生产线搞锻造成型的职工原先有30多人，最后走得只剩下了两人，留下的这两个人也是做科研性生产的。当年，做访问学者结束后回厂工作的李冠兴，只能依靠钱俊荣等骨干，再从厂外找回一些下岗离职的职工，以维持生产线的运行。钱俊荣也的确没有辜负李冠兴的信任。1991年有项工程转让到国外，钱俊荣凭借通过自学和生产实践积累的知识及经验，起草了5份工艺标准文件，包括图纸。李冠兴夸奖钱俊荣起草的工艺文件比过去厚本的工艺文件要好、要短，而且达标，最初建造设计厂房和生产线的俄罗斯人来厂参观以后也连连夸赞。

1997年，在资金短缺的情况下，为力保一线职工和退休职工收入不降、队伍不散、精神不倒、意志不减，自4月起，全厂副科级以上干部率先减发工资，每月只发200元的生活费。

但就是在这种极其困难的情况下，李冠兴仍然认为，二〇二厂一定不能扔了主业。他说，把主业丢了，那就失去了二〇二厂的生存价值。二〇二厂职工在李冠兴的组织下，以核工业人特有的精神和气质，团结一心，自强不息，自筹资金，坚持以新材料、新技术、新工艺研究为方向，先后开展了新材料基础性研究，并首次在国内将这些新材料用于新产品的研制和生产，研制成功了具有世界先进水平的试验堆用核燃料元件，并争取到了我国第一条重水堆核电燃料元件生产线建设项目，为国家、企业保留了一支能吃苦、善创新的科研生产队伍。

20世纪90年代初期的一天，国家部委领导来包头考察，安排的时间很紧。包头市领导希望他们能到二〇二厂去看看，指导一下工作。后来通过中国核工业总公司的协商，领导表示只能听时任二〇二厂副总工程师李冠兴10分钟的汇报，而且是第二天去机场谈。那天晚上，李冠兴8点左右回家，他告诉妻儿，今晚要加班写个材料。凌晨1点来钟的时候，儿子起来上厕所，看到父亲还在书房写材料，凌晨4点钟起夜，看到父亲仍在写，就这样，父亲写了一晚上汇报材料。第二天到了机场之后，李冠兴按照准备好的稿子，只用了10分钟就给领导们讲完了，讲完后把夹子一合，不讲了。只见那位领导用期待的目光盯着他说："你怎么不讲了？我们还没有听够呢！"李冠兴说："首长，10分钟到了，您的飞机要起飞了……""把飞机票退了，去二〇二厂看看！"领导果断地决定。就这样，李冠兴陪同领导们回到了二〇二厂。在厂里，李冠兴又给他们讲了4个多小时。讲完之后，这位领导当即就在现场给二〇二厂批复了1000万元的科研项目经费，加上后续的项目争取，几千万元的科研经费就此落实了……

在转型发展的困难时期，李冠兴始终坚守保主业就是保二〇二厂生存、保二〇二厂政治地位的理念，强化二〇二厂科研体系、技术体系、质量体系和科技情报体系的建设。

1991～2003年，李冠兴先后任二〇二厂总工程师和厂长，长期分管公司质量工作，他非常重视质量管理体系建设及产品质量，建立和完善了公司各类产品的质量体系，组织开展了加强质量工作等各项推进活动。1996年推行GB/T19000-ISO9000系列国家标准，全面开展质量控制（quality control，QC）小组活动，建立健全质量保证体系及建筑工程质量保证大纲，建立质量责任制，落实质量责任，培育公司特色质量文化，增强职工"质量第一"意识，落实在产品生产的全过程，推动了公司质量管理水平的不断提高，保障了生产经营任务的顺利完成。1999年，公司首次通过了GB/T19001-1994（GJB/Z9001-96）和GB/T19002-1994（GJB/Z9002-96）质量管理体系认证审核，取得认证证书。2001年，二〇二厂组织了CANDU6型核燃料棒束质量保证体系建设，编制了《CANDU-6型核燃料棒束制造质量保证大纲》及其适用的程序文件，首次按照HAF003《核电厂质量保证安全规定》建立了核电燃料组件质量保证体系，保障了2002年CANDU6型核燃料棒束鉴定和制造活动，生产线当年达产达标，棒束产品质量稳定，得到了秦山三期和加拿大ZPI公司的认可，为核燃料元件在堆内长期稳定运行奠定了基础。

李冠兴对质量保证体系的建立、对科研质量的把控、对生产组织质量方面的要求都很高。他认为，产品质量代表一个人的人品，人品要用产品质量来体现。从那个时候开始到现在，从没有因为二〇二厂的直接原因导致产品质量出现过问题。这些成绩，与李冠兴严格的质量把关、严谨的工作作风有着直接关系，这种工作作风一直延续到二〇二厂的今天。

李冠兴对于标准化工作也极其重视。当时，李冠兴兼任二〇二厂标准化技术委员会主任，他不仅强调企业标准化体系的重要性，强调标准是企业的宣传名片，还强调以标准搭建内外部技术交流的平台，助推企业创新发展工作。在李冠兴的关心和支持下，二〇二厂建立了完善的企业标准化技术体系和标准化队伍体系，对所有核材料生产研究和生产过程中的每一项原材料、每一个中间产品均建立了详细的技术标准，每一个操作岗位均建立了工艺技术规程和岗位操作规程。通过科学凝练、起草标准，培养了系统思维，实现了科技成果向生产力的转化。李冠兴作为核工业标准化技术委员会的专家，立足企业需求，积极争取二〇二厂国家标准和核行业标准的立项工作，1990～2000 年 10 年间，二〇二厂负责起草了 5 项国家标准、3 项核行业标准。这些标准涵盖了当时工厂的主要产品与分析检测方法，培养了一支基础知识扎实的标准化工作人员队伍，规范了产品的交付验收，增进了二〇二厂与用户的合作与技术交流，扩大了二〇二厂在中核集团内外的影响。

在民品经营不理想、科研生产任务不足的艰难时期，李冠兴经过两年的拼搏，争取多方支持，扭转了被动的态势，开创了科研和生产的新局面。1993 年，终于得到了中国核工业总公司的批准，在二〇二厂第二研究室筹建核工业特种材料研究与应用开发重点实验室。当时，核工业总共只有 11 家重点实验室，二〇二厂是唯一一家在工厂里建立起来的重点实验室，其他的 10 家重点实验室都分布在中国原子能科学研究院、中国核动力研究设计院、核工业北京地质研究院、核工业北京化工冶金研究院等核工业的科研院所。

在重点实验室建设时，李冠兴亲自把叶剑英元帅的诗《攻关》挂在重点实验室的墙上。"攻城不怕坚，攻书莫畏难。科学有险阻，苦战能过关。"这首诗极大地激发了科技工作者攻克险关的热情，在工厂引起强烈的反响。

重点实验室作为核工业科技创新体系的重要组成部分，是组织高水平基础研究和应用基础研究、聚集和培养优秀科技人才、开展高层次学术交流的重要基地。重点实验室通过建设，成为科学研究与人才培养的重要基地，为专业建设与发展提供强有力的支持；同时，专业建设的研究方向和研究水平能够牵引重点实验室建设，二者相互依托、协调发展。这是李冠兴对我国核材料事业发展做出的最有战略意义的贡献之一。

1993～1996 年，是二〇二厂最困难的时期，当时的李冠兴主张，别的方面可以省一些，但建重点实验室该花的钱一定要花到位，他为重点实验室添置了很多先进设备，像最先进的材料试验机，包括热等静压机、压力浸渍炉、多功能材料试验机、示踪冲击试验机、金相显微和图像分析仪等，都是重点实验室的。这些先进设备的添置，极大地提高了重点实验室的研发能力，不仅保持了二〇二厂在特种材料研究领域的领先地位，对其后期的发展作用也是非常大的。

二〇二厂重点实验室自建设以来，在市场需求牵引力度不足的情况下，紧紧围绕实验室的研究方向，充分发挥在特种材料开发及应用研究上的优势，坚持开展研发工作，不断创新科技成果，发挥技术的推动作用，不断提高企业的科技水平，使其特种材料的应用潜力得到了业内专家的认可，对后期特种材料应用开发研究水平和能力的提升发挥了重要作用。重点实验室利用材料研究的新技术、新方法和新工艺，创新性地设计研究开发出了一些新型材料，拓展了相关材料在特种装备系统中的应用领域，为国防科技工业增添了新的力量。特种材料已成为我国国防事业发展的重要组成部分，它的应用开发研究具有广阔的发展前景，优势得到进一步认可。核工业特种材料研究与应用开发重点实验室的建成，掀开了我国特种材料应用研制的新篇章。

1994年11月，国务院总理李鹏与加拿大总理克雷蒂安（Chretien）签署了中加和平利用核能协定，决定引进秦山三期重水堆核电站。1995年7月，中国核工业总公司决定将重水堆核燃料元件生产线放在二〇二厂，以实现秦山重水堆核电站后续换料元件的国产化。机遇总是青睐有准备的人，重水堆核燃料元件生产线的建设，使二〇二厂多年积累的科研和技术实力，包括重点实验室的建设成果得以充分显现。

引进重水堆核燃料元件生产线为二〇二厂解决了一个根本性的问题，即二〇二厂终于有了一个主业项目。李冠兴意识到，二〇二厂要想彻底翻身，一定要走引进、消化、吸收这条路。他力主引进加拿大 CANDU6 型重水堆核燃料元件生产线，这是利用了二〇二厂自身优势做出的英明决策。因为当时八一二厂已经有了压水堆元件生产线，而二〇二厂只有一些小型堆的核燃料生产，重水堆核燃料算不上是主流堆型的核燃料，李冠兴利用核燃料产业布局和企业业务特点，把项目争取了下来。这个项目的争取，说高一点是战略定位，说低一点是敏感性，利用自己的特点来争取项目，来解决二〇二厂的根本问题，李冠兴起到了至关重要的作用。

在这个过程中，李冠兴不拘一格用人才，厂里的科研骨干、管理骨干，包括现任中核集团副总经理马文军等，都是李冠兴在这一时期培养起来的优秀人才。那一批人当时都是 30 岁左右的年轻人，在那个论资排辈的年代，没有点魄力是根本不可能做到的。当时李冠兴的一些助手，像马文军、王翰骏、王玉岭、王世波等，李冠兴都放手让他们参与谈判。曾下过乡当过知青的王翰骏那时几乎天天在外面跑项目、谈项目，见他如此拼命地工作，李冠兴非常感动，对他说："翰骏，你下乡这几年的经历，与你在工厂工作的劲头和干劲就是不一样啊……"王翰骏因此成为二〇二厂跑项目、谈引进的行家里手。李冠兴还把一批年轻人放到加拿大的厂里进行培训，这批人成才很快，成长也很快。从培养人、大胆使用年轻人的角度看，李冠兴有魄力、有思路，将技术引进作为人才成长、锻炼的过程。这些人使用得都非常好，项目成功了，人才也培养起来了。

改革开放初期，我国技术引进实行的是外贸代理制，国家虽然对外开放了，但各方面还都比较闭塞，专业的外贸公司从商务角度、法务角度讲应该是比较专业的。20 世纪 90 年代初，成体系地引进，做得不多，买单机多，真正的技术转让、技术引进做得并不多，谈判缺乏经验。在技术引进的过程中，李冠兴把商务、法务方面的工作放手交给专业的外贸公司（中国原子能工业公司）去做，自己率领的团队主要在技术谈判上把关。

重水堆的核电燃料制造技术当时在加拿大有两家公司在做，这两家公司的现代化程度不一样。通用电气公司加拿大公司（GE 加拿大）做重水堆 CANDU 的棒束，另一家公司也有其独特的工艺，其自动化水平没有通用电气公司加拿大公司那么高，但是它的半自动化程度特别适合当时的二〇二厂。当时重水堆的核电燃料制造技术引进谈判过程的亲历者、中国原子能工业公司副总经理张辉说，项目在前期的决策选型调研过程中，绝对是李冠兴院士的决策，这件事别人是代替不了的。这不是简单的决策，而是经过深思熟虑的，需要有担当，还要有智慧，二者缺一不可。这个项目的引进非常成功，费用也比较低，性价比最高。

但是，仅靠重水堆核电燃料制造技术一条生产线，二〇二厂还是解决不了根本性的生存问题，他们需要更加广阔的市场，需要更多的生产线。

1997 年，中国与俄罗斯签署合同，建设田湾核电站两个带有 VVER1000 反应堆的一号、二号发电机组。李冠兴意识到，VVER 的引进对二〇二厂意义重大，一定要争取到这个项目，这是关系到企业生死存亡的问题。为了争取到 VVER 压水堆项目，李冠兴组织了专门的工作团队，花费了极大的精力，动用了不少人力，甚至亲自拟文稿、做方案。

李冠兴还代表二〇二厂向中国核工业总公司郑重地提交了承诺书。承诺书指出，二〇二厂将按照上级要求，精打细算，挖掘潜力，用好每一分钱，高标准、高质量地完成田湾核电燃料元件生产线的建设，并表达了"黄沙百战穿金甲，不破楼兰终不还"的决心。

专家们来厂里考察评审后认为，二〇二厂可以做这个项目，他们有能力办这件事情，生产线应该放到这里。专家表示，二〇二厂是核工业的老基地，历史上为"两弹一艇"做出过很大贡献，有很大的功劳。企业现在非常困难，如果不给他们项目，企业怎么脱困翻身呢？内蒙古自治区和包头市也非常支持这个项目。但由于上级对核工业产业布局的考虑，李冠兴他们的努力最终还是落空了。

李冠兴给党组主要领导写信，他说："我们不是为了个人的私利来争这件事情。我是党员，我当然服从党组的决定，但是我保留意见。"

作为行业的拓荒者，李冠兴身上体现了他作为科学家与企业家的典型气质——坚持、创新、求变，从拓荒造林到绿荫满满，成功背后，其中的辛酸与艰辛只有他自己最清楚。"当他们起步时，人们往往看不见，忽视他们的存在；当他们成长时，人们往往看不起，无视他们的潜力；当他们爆发时，人们往往看不懂，质疑他们的创新。"但正是这样一批批在忽视和质疑中开拓前行的创业者及创新者，推动着中国核工业事业的发展与进步。

二、历史选择，出任厂长

20世纪80年代，核工业进行了军品任务调整，二〇二厂失去了军品生产任务的支撑，民品又未成气候，陷入了连年亏损的困境。

李冠兴（左五）与二〇二厂领导班子成员合影

李冠兴（前排左五）参加中国共产党二〇二厂第九次代表大会

2001 年，在当时的历史背景下，历史选择了花甲之年的李冠兴出任二〇二厂厂长兼总工程师（2002 年起不再兼任总工程师）。在李冠兴担任厂长的三年多时间里，二〇二厂实现了职工收入翻了一番的目标，他的战略谋划真正使二〇二厂这个核工业战线的老企业走出了长久以来制约企业发展的困局，步入了发展的快车道。

李冠兴在回顾自己是如何当上厂长时说：

> 当年组织上找我谈话，准备任命我当厂长，我说我年纪都这么大了，怎么还能当厂长，你们再找个人吧。就这样，集团公司来的人就回去了。可后来还是宣布我当厂长。当时的集团公司总经理李定凡也跟我谈过，他说，当时提议我担任厂长的时候他都不大赞成，院士当厂长没有过的呀！后来他说，党组多数意见同意，也是对我的信任……

李冠兴说，当时选他当厂长，底下也议论纷纷：科学家当厂长，不仅行政事务一大堆，还要解决许多棘手的历史遗留问题，能行吗？妻子也劝他不要当，他说就做一届，要对得起自己的厂，不想让厂里的人们都走光了。李冠兴是搞学术的科学家，他在管理理念上，把科研管理方式嫁接到了行政管理工作中。李冠兴强调说："我当厂长是非常认真的，我会全力以赴地把它像做一个科研课题一样，进行研究和实践。"

李冠兴上任后，在第一年的职代会报告中就提出：

> 我们"十五"的奋斗目标是什么呢？如果假定我厂在"十五"期间仍然摆脱不了政策性亏损的局面，那么到时我厂将是20年的连续政策性亏损。我们认为，这个结局是任何人都不能接受的。因此，要遵照"调整结构、突出效益，强化经营、科技兴核"的方针，上下同心，奋力拼搏，实事求是，取信于民；全力以赴搞好重水堆核电燃料元件生产线的建设；确保生产和科研任务全面完成；以加强财务和资金管理为突破口，强化管理；发动群众，开源节流，争创效益，为开创我厂改革发展新局面而努力奋斗。我们制定的"十五"发展目标是抓住重水堆核电燃料元件生产线建设的契机，加速"项目分立、人员分流"的步伐，精干主体，壮大主业，科技兴企，实现扭亏为盈，成为具有自我发展能力的骨干企业。具体设想是：2003年重水堆核电燃料元件生产线投产后力争脱困，职工人均年收入达到万元；"十五"末，在主业壮大的基础上再上一个台阶，实现"十五"奋斗目标。

> 实现这个目标的难度是非常大的，但是，我们认为世界上的许多事情是逼出来的。只要我们上靠组织，下靠群众，实事求是，自强不息，实现的可能性是有的。我们将以这个奋斗目标来激励全厂的干部和职工，并努力创造一个环境，使广大的干部和群众能把蕴藏在他们身上的建设的积极性和无穷的智慧发挥出来。

李冠兴强调：

> 《孙子兵法》说："上下同欲者胜！"要做到这一条首先

要有一个能够激励人心的奋斗目标；其次是要处理好领导和群众、局部和全局、个人和集体等方面的关系，并努力去营造如毛泽东同志所说的"一个又有集中又有民主，又有纪律又有自由，又有统一意志，又有个人心情舒畅、生动活泼，那样一种政治局面"。要做到上下同心的一个前提条件是安定团结。没有安定团结，当然也根本谈不上什么上下同心。我们坚信，我厂绝大多数干部和职工是好的。我们也将坚决执行党的干部路线，任人唯贤。我们号召全厂的干部职工，在各自的岗位上尽心尽职，创造性地做好自己的工作。不讲不利于安定团结的话，不做不利于安定团结的事。只要不是原则性的问题，就可以通过不断实践来逐步达到统一，这是马克思主义认识论告诉我们的一条真理。

他说：

内因是变化的根据，外因是变化的条件。企业要眼睛向内，苦练内功，要转变观念，充分认清在企业的外部环境和内部条件这一对矛盾中，矛盾主要方面在企业自身。要真正地理解这一点，并用此认识来指导我们的实践，我们希望全厂干部和职工从自身做起，奋力拼搏，自强不息。企业是如此，人生亦是如此。

他指出：

实事求是是思想路线，是工作作风，也是评价一个单位和每位同志业绩的准绳。我们相信，只要坚持实事求是，优秀的人才和过硬的集体就会不断地涌现出来，企业的肌体就会正常运转并逐步发展壮大。真正要做到实事求是，就要到群众中去，走群众路线；真正要找到使企业脱困和发展的办法，也必须到群众中去，走群众路线。我们要特别加强这方面工作，要广泛地深入群众，发动群众，依靠群众，向群众求教，收集各种合理化建议，改进我们的工作，制定我们的政策与策略，找到切实可行的使企业早日脱困的办法与途径。要取信于民，就一定要言必行、行必果。要关心群众的疾苦，在发展生产的同时，努力改善和提高干部与职工的生活水平。

李冠兴上任后首先考虑的问题不是权力，而是责任。他考虑的是在他的任期内能不能把二〇二厂带出困境，能不能重塑二〇二厂的形象，这是需要胆识和担当的。他已是院士，本可以放下诸多责任和负担，但他义无反顾地挑起了这副重担，他是一个敢于担当的人，面对困难他总是很乐观。

李冠兴用科学家的思维来管理企业，使企业管理水平上升到了一个新的境界。他给当时的领导班子讲，他管理企业的做法是出主意、看结果，不干预过程；给舞台、看业绩，考察干部。原则上，他作为厂长要为每位副手及各级干部提供一个能力施展的舞台，使大家都有一个广阔的天地去发挥聪明才智，为企业建功立业。以结果为导向，舞台主人怎么样把舞台利用好，在舞台上面怎么样表演得有声有色，完全自主。他总是说，不相信人家就没法工作。他非常明确地提出，做任何事情都一定要有人负责，凡事有章可循，凡事有人负责，凡事有据可查，凡事有人监督。有什么问题解决什么问题，能在现场解决的就立刻安排，有什么困难，需要怎么协调，讲清楚，行就行，不行就不行。

时任二〇二厂副厂长王翰骏说：

> 我们跟李院士在一个班子里共事，是非常团结的，各方面都不错。当时，我是班子里年龄较小的，但是，李院士对我们都很尊重。我们有些工作做得不够到位的地方，他会给我们指出来，教方法，耐心地帮助我们……

李冠兴布置工作任务很干脆，雷厉风行，一般来说，他不开过长的会议，上会讨论的事项也不多。会上，大家发完言，介绍完情况以后，就提出目标，按这个目标去办，他只要结果。他的管理模式可执行，而且确实有成效，因而受到了全体员工的敬佩和爱戴。

李冠兴非常重视团队的作用，他一再强调，工厂的科研不同于学校的科研，要注重发挥行政组织能力，而不是单纯发挥一个人的作用。个人科研能力固然重要，但企业里搞科研、做产品，不是纯理论的研究，从理论设计、工艺安排到产品实现，往往要靠一个组织体系、靠一个团队才能完成，所以大家一定要强化行政组织能力，凝聚团队的力量。1999年李冠兴当选院士之后，在一次座谈会上说："我评上院士，绝对不是我个人的成绩，而是二〇二厂集体的智慧和集体的成果，所以我非常感谢二〇二厂有这么一个好的科研工程团队，我感谢大家。"李恒德先生曾为二〇二厂题写过一段话："几代人的智慧与心血，几代人的光荣与骄傲。"他非常赞赏李冠兴的淡泊、乐观、实干、进取的精神，称赞他是在以出世的精神做入世的事业。

在重水堆核燃料元件生产线建设过程中，李冠兴大胆起用了一批年轻干部。这些年轻干部之前都没有从事过这方面的建设，对于工业化生产也没有经验。但是，李冠兴看到的是问题的实质。年轻人思维活跃，不会被以往经验的固有思维限制，只要大胆给他们压担子，他们不惧怕创新，什么都敢尝试，事实也证明他们很快就出了成果。

李冠兴以先进的工业化的生产理念，组建了以年轻人为主力的团队，提拔了一批专项的专才。他还请来秦山核电站的副总作为质量专家，指导质量保证体系建设，建立了一个用户满意的质量保证体系。重水堆核燃料元件生产线建设仅用了32个月就完成了，大大超出了中核集团的预期，树立了二〇二人"能啃硬骨头、能打胜仗"的形象，也给二〇二厂奠定了发展的基础，起到了鼓士气、定人心的作用，重塑了二〇二厂的形象。

李冠兴看问题的眼光长远、独特。他明白掌握外语很重要，要把提高职工的综合素质放在很重要的位置上。他提出，工厂要有一定数量的熟练掌握外语的人才，这样在引进国外先进技术的时候就能够迅速上手。为此，厂里选拔了一批年轻职工进行专门的英语培训，储备能够承担对外业务交流任务的人才。

在管理工作中，李冠兴始终推行两个"坚持"：坚持高标准，向国际一流水平看齐；坚持实事求是，绝不允许弄虚作假。他身体力行，敬业奉献，倡导和营造积极向上的人文环境，为人才的成长搭建平台，造就了一大批英才。他在收入分配上向研究所倾斜，向科研人员、技能骨干倾斜，带领他们一起创造了二〇二厂的再度辉煌。

有一位职工（至今不知道他是谁）给李冠兴寄去了一本《资治通鉴》，李冠兴十分感谢这位职工对工厂和他本人的关心与爱护。他说，他的方针就是要敢于"大权旁落"，尽量"难得糊涂"。他说自己主要管两件事：一是工厂的发展战略，二是人才的激励制度。

最是情怀出本心。古人云"感人心者，莫先乎情"，而出乎本心者，其情必真。作为一名拥有学者与管理者双重身份的军工企业厂长，李冠兴曾多次提及评判一个人的标准——"我就是要看这个人的活干好了没有，干得好不好。促进了企业的发展，我就认为他好，我不要听他说一天到晚想什么，根本就是捕风捉影。我就看这个人客观上怎么样，这很好判断，干好了就是好。"他总是能发现别人身上闪光的地方，能够让别人尽善尽美。李冠兴说："我要保护那些工作上进步的同志，我会为那些受到不公平待遇的人争取利益，我要保护这些积极工作的人，力求为每一位员工提供施展自己能力的平台。"

《周易》言：天行健，君子以自强不息；地势坤，君子以厚德载物。一个人的能力再强，学问再渊博，但如果品行不好，为人不正，也将不容易被大多数人所认可。厚道是高尚的美德，友善、严谨、正直和坦诚都是厚道的关键。厚道就是将心比心，心情豁达。厚道可以化干戈为玉帛，化复杂为简单。厚道是为人处世的基础和前提，更是通向成功的必要条件。

李冠兴从来不会轻易否定别人，遇到问题会给他人提很多好的建议，让其工作起来更轻松。他总是对干部们说：

> 工人的文化水平没你高，没你念书多，但他们干了很多年，有很多实践经验，工作上要是没人帮你，你工作起来就会很困难。你绝对不要以为群众笨，他们非常聪明，你不要到人家跟前去讲大话空话，你们真心地待人，别人也肯定会真心待你，你去跟他们聊聊天，抽根烟，说点事情，他们就容易跟你讲真心话。当然，现在的队伍跟过去的队伍不大一样，现在的工人跟过去的工人也不大一样，现在的职工文化水平高了，人的想法也不大一样，但是原则是一样的，他信任你就好办，他不信任你就难办……

李冠兴对跟什么人接触，谈什么话，心里非常清楚。哪些事情应该说什么，跟工人说什么，对干部要求什么，他都非常清楚。他认为，对于犯了错误的同志，一定要说他，好坏不分的领导绝对不行。他在不同的场合多次讲过："我一定保护积极工作的人，我要保护多数人的积极性。"很多企业家都说 10% 的人是最要紧的人，是骨干，就是说，一定要把身边积极肯干的人稳定住，其实道理非常简单。真为厂里积极工作的同志，就要关心他，有好处就要想到他。李冠兴善于用好每个人的长处，他可以看到每个人的优点，他的人缘很好。

李冠兴对普通职工的关爱是真诚透明的，也是细致入微的。一个冬天的晚上，他与车队司机一起去机场接客人，因为飞机晚点回到厂里已经是晚上了，没地方去，李冠兴就说："别走了，去你们车队休息吧。"那天，天下着雨，等待中，他发现一些司机打着伞屋里屋外地跑来跑去，就问其他司机，寒冷的天下着雨往外跑什么。有司机回答"上厕所"。车队工作比较特殊，有的司机可能要早起接送客人，有的司机接送客人可能回来得比较晚，他们又不愿意打扰家人，就选择在车队休息室过夜。李冠兴问："你们这里连个卫生间也没有？"司机说没有。李冠兴接着问："那洗澡呢？""到厂区，不管几点回来都去厂区洗。"司机接着回答。李冠兴问："你们车队十几个司机，要出去上厕所的时候，来电话了怎么办？"有司机说，那就快点呗，没别的办法。"那不行，厂里要是有个重要的事就耽误了。"李冠兴说，"你们这里连个卫生间都没有，洗澡也不方便……"这件事李冠兴记在了心里。第二天，他就安排后勤部门去解决，专门在车队休息室建了卫生间和沐浴间。车队从此结束了建队以来没有卫生间的历史，值班司机和晚归司机都能在车队休息室洗个热水澡，舒舒服服地休息了。

李冠兴上任厂长的时候，二○二厂账面上的资金很少，1996年前后一直到他上任之前，人均工资每月只有几百元钱，机关干部一度每月只有200元钱。所以，他上任厂长以后就一直在想怎么样能让厂里有足够的资金，他想，一定要先把队伍稳定住，然后就是开发产品、增加生产线来固化厂里的经济基础，当时的大思路很清晰。为此，他主张为一线科技人员和工人增加工资，强化激励措施。

因为当时李冠兴主张给在职的职工涨工资，没有考虑给退休的职工同步涨工资，那时退休人员的工资也很低，所以退休职工意见非常大，他们一度围堵工厂，讨要说法。李冠兴了解情况后，对全厂退休职工进行了广播讲话。他说："我们都应该明白，农民们是怎样渡过饥荒难关的，每年收庄稼的时候，壮劳力都要下田，因为收庄稼是很苦很累的体力活，所以家里的人都把干粮给这些壮劳力吃，而其他人都是喝稀的，其目的是让壮劳力们吃饱了好有体力去收庄稼。只有收获了农产品，卖掉以后才能赚来钱。所以，农民们都知道的道理，我想大家都应该是明白的啊！"李冠兴说："目前，厂里涨工资涨的都是上班的人，上班的人都是你们退休职工家里的人，他们吃饱了有劲了，把工作干好了，把我们厂发展壮大了，以后就能挣来更多的钱，厂里有了钱，咱们退休职工的生活不也就会更好了吗？"这些话对退休职工们触动很大，事后，许多退休职工都说，李冠兴厂长的话实实在在地感动了他们。

李冠兴对财务工作非常重视，在接任二〇二厂厂长之前，他就关心工厂的资产情况。当厂长以后仍然非常关注财务情况，资产结构、资金的流向、瓶颈在哪里，他都要掌握。掌握了以后，组织大家按期分工来开展工作。特别是争取项目、争取产品，政策上充分给财务授权，协调各个部门给予支持，依靠财务制度进行管理，听取采纳了很多合理化建议。他提出，财务管理要强化风险防范和价值创造。他是个非常严谨也极其注重细节的人，对现代企业管理模式接受得很快，希望能够做出突破性和创新性的贡献。在财务人才引进和培养方面，他还开了一些绿灯。那时候的财务队伍里大学生很少，基本上十几年没有大学生被分配进来从事财务工作，从2002年开始，才陆续有大学生充实到财务队伍中，提高了财务人员队伍的素质，也优化了财务队伍的知识结构。

李冠兴有一个习惯，就是如果他感兴趣的东西，他都会去钻研。他十分注重研究国家政策，而且在政策研究、政策争取和政策到位等方面，他都把握得非常精准。所以，在他刚上任厂长的时候，一直在研究政策，通过研究政策来争取政策支持。重水堆项目和一些横向协作项目的开展，使厂里的资金状况逐渐好转。有了项目，就可以争取国家资本金。重水堆项目总投资接近2亿元，国家给注资了8000万元，一般情况下，8000万元是多笔支付的，但是为了解决二〇二厂的实际困难，经过李冠兴等多方努力，最终这笔钱一次性到位。作为企业来说这是一笔专项资金，但是也给企业解决了很多急需解决的问题。自有资金投资有了以后就去办理银行贷款，固定资产和资金投入就开始陆续到位，资金状况逐年好转，到李冠兴退出领导岗位的时候，厂里资金已经有了一定的积累。厂里资金的问题一盘活，职工的待遇就逐渐变好了，同时，既有项目又有资金，职工队伍的凝聚力也增强了。

李冠兴非常睿智，在财务问题上他算的是宏观上的账。如果从财务专业的角度来说，他肯定是不专业的，但是他在听取财务人员汇报企业财务情况的时候非常认真，而且会分析哪些方面是重点，哪些方面应该重点关注或者防范。他在财务管理方面会给财务主管领导放权，让他们来负起责任，要求厂里的资金一定要周转好，如果有长期任务需要提前预警。他对财务工作有前瞻性的考虑，并且明确地知道财务工作要以政策和资金为中心。由于他对财务工作非常重视，因而给工厂的振兴发展打下了很好的基础，后任的几任厂长也都把财务工作当作重点工作去抓。李冠兴提出的口号"计划是龙头，财务是核心，安全是保障，质量是生命"也一直沿用了下来。

"李总讲话的感染力很强，大家都爱听，而且他讲的话都是励志的、激励大家的话……"二〇二厂职工们都这样评说他们无限爱戴的李冠兴厂长。李冠兴就任厂长后，职代会报告他都是亲自起草，不是因为办公室的同志文字水平差，而是李冠兴要说他自己的话。时任厂办主任洪祥彪说，李冠兴报告中体现的企业管理思想，放在今天都不落伍。他有他的大智慧，他讲企业发展必须要有主业，要聚焦主业，做大产业，提高职工收入。他的管理思想很先进，对于提高职工收入的途径，提出了一系列举措，说明他有很完整的管理思路，2001年他当厂长的当年年底，职工收入就实现了翻番。

在2002年职代会报告中，李冠兴对上一年的工作进行了总结，指出，全厂职工以"团结、求实、自强、创新"的企业精神，紧紧围绕年初职代会确定的2001年工作目标，强化管理，深化改革，保持稳定，谋求发展。全厂科研、生产任务全面完成；重水堆核电燃料元件生产线全面建成、全线打通；钙镁项目完成了债转股；民品生产在调整中前进；岗位工资制改革增加了职工收入；工作和生活的环境质量得到明显提高；干部队伍年轻化，整体素质不断提高；强化管理，开源节流，经营目标全面完成，开创了改革发展的新局面。

在2003年初和年中的职代会上，李冠兴提出到2020年要把二〇二厂建成国际一流的核燃料工业基地，还在45周年厂庆时挂出了"打造国际一流的核燃料工业基地"的大标语。李冠兴说，喊出来就是一种进步，表明了我们的气魄和胆识。目的是倒逼一下自己，自我加压，同时也是工作标准。在当时核工业发展举步维艰，特别是二〇二厂还处于非常困难的时期，李冠兴提出这样的口号是非常难能可贵的。

2003年，李冠兴厂长在二〇二厂建厂45周年大会上致辞

当年，二〇二厂的"八大民品"是工厂利用自有资金和银行贷款开设的民用项目，但是这些项目（如稀土项目和金属镁项目）火爆了一段时间后，因为西方国家的制裁，没有什么出口量。还有一些项目因为国家经济政策及自身经营问题，亏损时间比较长，工厂决定将它们关停并转。李冠兴对亏损项目关停并转的决策是很果断的，关掉了这些亏损源，及时地进行机制调整，立足恢复元气，维持企业运转，这也印证了李冠兴在经营管理方面的独到之处。

围绕企业发展战略，在李冠兴的领导下，二〇二厂各项工作都出现了新的局面。工厂调整精简机构，剥离辅助后勤系统，分离企业办社会职能，推进三项制度改革和社会服务市场化，精干了主体，增强了企业发展动力。

三、二次创业，夯实根基

20世纪80～90年代，一个茶叶蛋的成本为0.15元，市场售价为0.40元，一天只要卖100个茶叶蛋，每月至少有750元的收入。当时李冠兴的月薪才500元。"造原子弹的不如卖茶叶蛋的"成为那个时代的一个怪现象。随着我国核电事业的发展，二〇二厂的困难情况出现了转机。在那个"造原子弹的不如卖茶叶蛋的"特殊年代，李冠兴带领二〇二厂职工，建成了我国首条也是目前唯一一条重水堆核电燃料元件生产线。

1995年7月，在国家和当时的中国核工业总公司的支持下，重水堆核电燃料元件生产线被放在二〇二厂，以实现秦山三期重水堆核电站后续换料元件的国产化。全厂干部职工都意识到，这是二〇二厂的"希望工程"和"生命线工程"。在两年的时间里，全厂上下干部职工几乎放弃了所有的节假日，以只争朝夕的拼搏精神投入建设中。

李冠兴说："我们一定要把二〇二厂的主业转到核电燃料元件上，才能真正过上好日子，才能不会被淘汰。"这条被职工们称为"希望工程"的重水堆核电燃料元件生产线于2000年4月1日正式动工。提起当时项目申请和建线时的情景，二〇二厂人都会回忆起身为工程建设指挥部总指挥的李冠兴一再强调的几句话："同志们，我们一定要珍惜这次机会，一定要高质量地建好这个项目啊！如果搞不好这个项目，二〇二厂将再次落入低谷，脱困将成为泡影，同时也将给我国核电燃料元件的国产化带来不好的影响，我们这些人将成为历史罪人。"李冠兴的话铿锵有力、掷地有声，却也语重心长，其言切切，其情切切，令人为之动容，为之感奋，让当时的二〇二厂干部职工深感肩上责任重大。

李冠兴说：

事在人为，只要我们去干，办法要比困难多。那时候工厂很困难，你要想办法把职工动员起来，给他一个信心，要有一个变化，如果大家没信心，这件事就干不成。所以动员很重要，在措辞上还是动了点脑筋的，每次都是我自己写的。不是我们秘书组不行，主要他们不了解这个总体的概念。我们的文章是官话多，实际的内容不多，我是想改变这个做法，不要废话，但也要照顾方方面面。报告可以短一点，老百姓听的时间长也听不进去，套话没用……

重水堆核电燃料元件生产线的元件制造部分都是从加拿大引进的技术，唯独化工技术人家不给，需要我们自己来做。但是，当时国内还没有这个技术。李冠兴提出："还是咱们自己弄吧！"那段时间，李冠兴天天盯在现场，非常辛苦，每天都加班到很晚才回家，他的压力很大。生产线建成以后，仅调试就用了大半年的时间，为此，厂里还成立了一个攻关组，他是组长。重水堆对粉末的要求比较高，比压水堆的要求高多了，最主要的一个是沉淀部分，一个是还原部分，保证粉末的活性，活性不够，做出来的芯块就满足不了要求，所以，粉末做起来很困难，其中化工沉淀部分花费了很长时间。当时，已60多岁的李冠兴天天盯在现场，他是要用自己的言传身教来影响身边的同志。

李冠兴很喜欢毛主席的气壮山河的诗句，他坚信人要有信念，要有理想，要有追求。建设重水堆核电燃料元件生产线的时候，工程现场悬挂的是毛主席的诗词，"雄关漫道真如铁，而今迈步从头越"。李冠兴为什么要选毛主席的这首诗词呢？因为它显示了李冠兴的雄心壮志和远大目标。他就是想带着一支队伍打一场翻身仗，不管有多大的困难，他都要克服。他就是想把二〇二厂带出困境，把二〇二厂打造成国际一流的核燃料元件研发和生产基地。这就是他的报国情怀和他的事业心，他设立的目标非常明确，他要带领一支队伍，实现这个目标！今天，他的这个目标，已基本上实现了。

2000年4月1日，我国首座年产200吨铀的重水堆核电燃料元件生产线奠基。时任中核集团领导指出，该生产线是企业的"希望工程"和"生命线工程"，中核集团就是要通过这个工程来解决二〇二厂的生存问题。核燃料元件对核电站安全极为重要，不能出一点问题，出问题不仅会断送企业的前途，而且会断送我国的核电和核工业的前途。

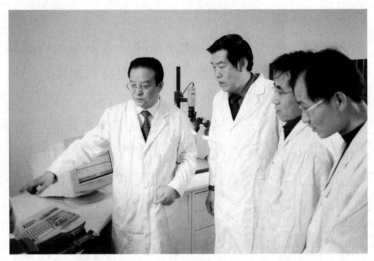

李冠兴（左一）在科研一线指导工作

二〇二厂原副总工程师王世波说：

> 最初，生产的重水堆元件样品石墨固化的时候表面发蓝，如果按照加拿大的标准是合格的，我当时是重水的厂长，在会上我就说了这个话，我说按加拿大标准我们是合格的。会上，李总没说话，下来之后，李总找到我说，加拿大转让给我们的技术是20世纪60~70年代的技术，放到现在已经是落后的技术了。他问我能不能有点超越的精神，能不能通过我们自己的努力超越他们的水平，改善我们的工艺，改善我们的装备。

李冠兴的高要求带来的结果是，材料固化、焊接、制备、车间自动化的水平都得到极大提升。秦山三期两个重水堆核电站运行质量在世界排名靠前，重要原因就是核燃料元件做得好。李冠兴让王世波永远记住周恩来总理在研制"两弹"（原子弹、氢弹）时对国防科技工作者提出的"严肃认真，周到细致，稳妥可靠，万无一失"的十六字方针标准。这十六字方针始终是我国国防尖端武器研制、试验、生产和战略导弹部队至今共同遵循的座右铭。他要求王世波始终要把这十六字方针作为自己的座右铭，工作上一定要按照这个思路和标准来做，要把"成功至上、质量第一"作为永远的职业追求。

王世波说：

> 他的工作方法、思路提得很明确，可以把我们引领到非常高的层次。这是当年周总理对研制"两弹一星"事业的要求，这句话，后来我也经常给大家讲，特别是质保，质保不管是这个体系，那个体系，这个认证，那个认证，周总理说的这16个字永远是质量保证的核心。就是这16个字，做什么事情你是不是严肃认真，这是你的态度。态度好了，再考虑问题是不是考虑得周到细致，你做的所有的工作，不管是装备也好，人也好，都能保证稳妥可靠，万无一失。我也经常跟年轻的同志们讲，周总理说的这16个字非常好，你们什么时候能按这个去做、去想，你们的质量保证水平就能提高。李冠兴院士的工作方法、工作思路，给你指得很明确，你要是按他的这个要求去做，而且做到了，你就达到了一种高度，这才叫真正地把你引入一个比较高的层次。

2001 年，李冠兴临危受命当厂长，为什么全厂上下为之一振？有人说是李冠兴的人格魅力才使企业腾飞了。但不仅是人格魅力，他的思路非常清晰，他提出的目标非常明确，这个目标不是天花板，不是够不着的，而是通过大家的努力能够实现的奋斗目标。一个项目干下来需要十多年时间，按照李冠兴的思路去做，用他的思想在一些细节上补充完善，这个队伍就是过硬的队伍。把核心团队抓住了，把核心团队里 10%～20% 的人用好，给他们责任，给他们压力，给他们动力，给他们权力去干，这个企业就能做好。李冠兴认为，做任何事情都是这样，光靠个人英雄主义不行，还要组织一个优秀的团队，靠大家的共同努力，才能做大事，才能做好事。李冠兴说，对于企业管理他们都说这么难、那么难，其实这个不难，主要是你得真正地得其要领。

2013 年，中国核工业集团有限公司与西北有色金属研究院合作，在陕西西安组建了西部新锆公司，那个时候新企业在质量保证体系方面建设得不好。因为二〇二厂一直在按照李冠兴的工作方法、工作思路实行质量保证体系建设，而且已经达到了一个比较高的层次，因而西部新锆公司就邀请二〇二厂质量保证体系专家，帮助其建立质量保证体系。之后，又把中国核工业集团有限公司在江西赣州的海绵锆厂的质量保证体系建立了起来。西部新锆公司的企业管理者都是按照李冠兴的管理思路：把骨干带好，把技术抓好，把体系建立起来，把分配搞好……企业也就活了。大家经常说的一句话是，论学问李冠兴是大师，论企业管理李冠兴同样是大师！

2002 年 3 月 25～29 日，第七届中国国际核工业展览会在全国农业展览馆开幕。二〇二厂厂长李冠兴（前排中）亲自组织厂里参加了本届展会。这是二〇二厂第一次参加这种大规模国际性盛会

在第七届中国国际核工业展览会上，
时任二〇二厂厂长李冠兴（前排右二）率团参观核动力运行研究所展台

　　二〇二厂多年积累的技术实力在重水堆核电燃料元件生产线的建设中得以充分显现，在李冠兴的带领下，在没有外国人监造的情况下，32个月就建成了生产线。2001年12月，重水堆核电燃料元件生产线全面建成，全线打通，并拿出了"28+2"的产品（28根模拟棒束、2根燃料棒束），提前生产出自检合格的中国第一组重水堆核电燃料元件。如此紧凑的工期，是李冠兴带领职工们日夜奋战、加班加点抢出来的。这个建设速度让加拿大人感到很不可思议：二〇二厂只是引进了组装线，铀化工则完全是他们自己的技术和设备，整条线只花了1.8亿元。到目前为止，加拿大方面都承认二〇二厂生产的元件水平和质量在世界上是先进的。这是一个非常值得庆贺的成果，加拿大专家称这是一个伟大的成就。

　　2003年3月，重水堆核电燃料元件实现向秦山三期正式供货，不仅实现了二〇二厂的扭亏脱困，而且为秦山三期核电燃料元件国产化奠定了坚实基础。如今，这条重水堆核电燃料元件生产线已安全稳定运行20多年，高质量完成了20多万根棒束的生产任务，棒束质量达到国际先进水平。重水堆核电燃料元件生产线的顺利建成投产，使二〇二厂昂首迈入了核电领域。以创建我国第一座商用重水堆核电燃料元件厂为标志，二〇二厂跻身核电发展的领域，自此可以说，二〇二厂的历史掀开了新的一页。

二〇二厂压水堆 AFA3G 核电燃料元件生产厂外景

二〇二厂压水堆 AFA3G 核电燃料元件生产线

事后证明，这一步对企业的未来发展至关重要。

时任二〇二厂副厂长王翰骏回忆说：

> 秦山三期重水堆核电燃料元件项目，是李总带着我们参加谈判拿下来的，当时，核电对我们来说是一个新的东西，国内核电站对我们这些老核燃料元件厂很不信任，总怕出问题，认

为这些东西还是外国人的可靠。当时，在使用方法上有很多争议，特别是铀化工转换，是连续沉淀还是批次沉淀，工艺方法都不一样。最后，还是李冠兴院士拍板，按照以稳为主的原则，批次沉淀，我们一次试车就成功了。谈判的时候，在技术方面，李冠兴院士做了很充分的准备，最后一举成功。从这个项目开始，我们二〇二厂逐渐地走出了困境。二〇二厂与秦山三期的合作，各级领导都给了我们很多的支持，但是在技术方面，李冠兴院士起到了非常关键的作用。二〇二厂的发展除了人的因素以外，还在于该项目能不能落在二〇二厂，这是二〇二厂发展的一个关键。在项目落实到二〇二厂这方面，李冠兴院士也起到了非常关键的作用，包括重水堆、AFA3G 压水堆、AP1000 这三个项目。

从 2005 年开始，中国核电的春天到来了。国家提出了新的核电发展目标，新核电项目一个接一个地开工建设，随之而来的对核燃料元件的需求与日俱增。李冠兴把为核电提供核燃料元件作为工厂未来经济腾飞的龙头，为保障工厂未来的生存与发展，李冠兴四处奔走，陈述工厂的困难和能力，积极协调，争取任务，继重水堆核电燃料元件生产线后，终于使建设年产 400 吨铀的压水堆核电燃料元件生产线的规划得到落实。

为了迎接中国核电春天的到来，在李冠兴的主持下，二〇二厂确定了未来十几年的发展思路和长远规划，为把二〇二厂建成国际一流的核燃料工业基地打下了坚实的基础。

2005 年 9 月，国防科工委批复，在二〇二厂新建压水堆核电燃料元件生产线。该项目新增固定资产投资 5.15 亿元，建设目标为年产 200 吨铀燃料元件，并预留 200 吨生产规模扩建接口。

李冠兴的想法是建成柔性生产线，今后再有项目，柔性生产线既能做 12 英尺 ① 的，又能做 14 英尺的；既能做截断型的，又能做常规型的。该项目的建设，为二〇二厂增加了新的经济增长点，壮大了经济实力，也为二〇二厂实现"三大跨越"的目标、创建国际一流的核燃料工业基地奠定了坚实的基础。压水堆核电燃料元件生产线的建成，不仅使二〇二厂彻底脱困，步入良性循环的发展轨道，而且从根本上解决了核电燃料元件国产化的问题，从而真正完成了我国南北两个核电燃料元件厂的战略布局。

2004 年 10 月，李冠兴受中国核工业集团有限公司委托参加第三代核电站的国际招标，任燃料组组长。无论从技术上还是人员、思想上，李冠兴带领团队都做了充分的准备，前后历时三年，出色地完成了任务。借此机遇，也促使美国西屋电气公司 AP1000 三代核电燃料元件生产线的建设定点二〇二厂。

AP1000 技术转让涉及两项关键技术，一是格架条带制造技术，二是上下管座精密铸造技术，美方没有向中方实施技术转让。格架是元件制造里最关键的核心技术，按照合同，美国公司在进行技术转让的时候是要同时转让格架制造技术的，可是他们不提供条带，没有原料怎么去做格架？我方要求购买条带，美方却不卖，提出要买就必须买成品。这样，中国企业只能依附美方成品，自己则做不了格架条带。当时李冠兴带队到美国去考察，美国人也让他们参观，但是只让看上下管座铸造，不让看条带制造技术，一直到今天我们都没有看过美国人的条带是怎么做的。考察回来后，李冠兴说："我们自己想办法，核燃料格架条带制造我们必须自己干，不干不行！该做让步的还得做让步，我们也不能为了这一两项技术使整个谈判都瘫痪了，我相信我们自己是有能力突破这些关键技术的。"

在我国引进 AP1000 核燃料组件制造技术时，美国西屋电气公司以"第三方技术"为由，拒绝转让条带制造技术，并且不允许我们与条带制造厂有任何技术交流。"一旦美国西屋电气公司不给我们

———————————
① 1 英尺 =30.48 厘米。

供货，我们的 AP1000 燃料组件就会'断炊'，使用该组件的三门核电站、海阳核电站将来运行起来就会受到影响，所以不能被美国人'牵着鼻子走'。"李冠兴从一开始就无比坚定：AP1000 核燃料格架条带一定要实现自主生产。

格架由条带组成，是核燃料组件的关键部件，主要起到固定和精确分隔燃料元件棒的作用。最初，该技术并未被国家考虑列入大型先进压水堆及高温气冷堆重大专项中。为此，李冠兴等人努力奔走于包头、北京之间，来来回回不知道飞了多少趟，国家能源局、财政部、引进 AP1000 技术的国家核电技术公司，凡是与项目立项有关的单位他们全都跑遍。历经周折，该项目最终于 2013 年得以正式立项。

李冠兴深知，自主创新既不能仰人鼻息，也不能闭门造车，唯有强强联合、优势互补，才能尽快出成果。李冠兴果断决定，二〇二厂联合上海核工程研究设计院、湖南大学、国核锆业等单位，组建起一个集条带设计、带材制备、冲制理论研究、冲制工艺试验、冲制模具设计加工、分析测试等于一体的研发团队。自此，二〇二厂兵强马壮的研发团队正式踏上攻关之路。一切从零开始，国产化研制困难重重。没有什么捷径可走，遇到问题，解决问题，这就是成功的秘籍。

格架组负责将条带插接和焊接，组装成成品格架。经过使用进口条带反复练习，格架组人员将插接一个格架的时间，从最初的 2 个小时成功地缩短到 40 分钟。但是当用自己生产的条带进行拼插时，即使最熟练的技术人员也达不到这个速度，将两条条带的插槽插到一起时很涩，后来发现是条带有毛刺。为此，项目组大胆进行了工艺改进。弹簧刚度不够，无法夹持燃料棒；本应是长方形的条带却"开花"变成了扇形；一再出现焊舌漏焊的情况；搅混翼折弯变大……项目组人员攻克了外人难以想象的无数技术难关。在此过程中，对于二〇二厂而言，不只是达到美国西屋电气公司的技术指标这么简单，他们更想实现技术超越。按照美国西屋电气公司的技术要求，为保证格架的栅元尺寸指标合格，可以手工调整刚凸弹簧的高度。为减少手工调整条带刚凸弹簧控制格架栅元尺寸，就需要把刚凸弹簧的尺寸精度控制得更好，他们经过多次试验，摸索出条带刚凸弹簧精度的内控技术指标，并已经可以连续稳定实现条带产品的冲制，既保证了条带原材料的利用率，又保证了格架栅元尺寸的精度。

立足自力更生、自主创新，现在，我们中国人已经完全掌握了这两项关键技术，全自动化的快速连续的格架条带冲制技术已经取得突破，激光焊取代了过去的电子束焊，我们做出来的是世界上最好的全自动的激光焊机。二〇二厂做出来的格架，被来厂交流的西屋电气公司技术人员误认为是从他们那儿进口的。当确认是中国人自己的成果后，他们感到很惊讶地说："你们中国人还是挺厉害的！"同时，我们的精密铸造技术也取得了突破。在二〇二厂生存和发展的过程当中，有创新，敢于作为，但创新要有底气才行。李冠兴是有底气的，创新靠喊口号是不行的。AP1000核电燃料元件生产线是国内首条第三代核电燃料元件生产线，现已形成年产400吨元件的能力。

AP1000格架条带技术只是二〇二厂实现引进技术国产化方面的一个缩影。从2000年开始涉足民用核燃料领域至今，从引进、消化、吸收、本土化改造到自主创新，二〇二厂已相继建成了重水堆核燃料元件生产线、AFA3G压水堆核燃料元件生产线、AP1000核燃料元件生产线、具有完全自主知识产权的世界首条并网发电的第四代核电特征的高温气冷堆核燃料元件生产线……其中每一项成果的取得都经历了与AP1000格架条带同样艰难、曲折的历程……

为使清华大学高温气冷堆核电燃料元件生产线定点二〇二厂，李冠兴付出了大量心血。该生产线是以清华大学核能与新能源技术研究院的10兆瓦高温气冷实验堆的球形燃料元件制造技术作为技术依托，由核工业第五研究设计院进行设计，二〇二厂生产制造，领先世界的第四代核电技术，是国家重大科技专项项目。

20 世纪 80 年代，以中国科学院院士，清华大学原校长王大中领衔的清华核研院团队将研究目标聚焦在实现反应堆固有安全的学术理念上。2000 年，该团队建成了 10 兆瓦高温气冷实验堆。2006 年，"高温气冷堆核电站"被列为国家科技重大专项。清华大学原计划将工程化的高温气冷堆元件生产线建在其核能与新能源技术研究院，因为它本身就有条实验线，主要设备都是从德国引进来的。关键是高温堆球形燃料元件是清华大学几代人历经 20 多年努力的研制成果，从元件设计到制造技术完全实现了自主化，因此他们想自己建生产线、自己生产元件是情理之中的。李冠兴带领的二〇二厂想把生产线建在自己的工厂，是因为二〇二厂是生产核燃料元件的专业化工厂，具有多种优势。清华大学研制高温气冷堆球形燃料元件期间，其铀原料是由二〇二厂提供的，而且以后生产线的铀原料仍需二〇二厂提供。当年，清华大学在研发高温气冷堆球形燃料元件时，需要特定富集度的铀原料，当时并没有单位能生产这种物料，为了支持清华大学把这个项目搞上去，李冠兴毅然提出由二〇二厂提供铀资源。然而，当年的二〇二厂处于非常困难时期，李冠兴还是特别安排王翰骏到核燃料兄弟单位——中核集团五〇四厂协调铀资源，同时，他还组织厂内的化工专家和技术工人，改造了化工转化生产线，并安排王翰骏和清华大学的相关人员到科技部争取经费支持。经过上上下下的共同努力，二〇二厂按时为清华大学提供了完全满足技术要求的八氧化三铀原料，为清华大学后续项目提供了强有力支持。同时也为二〇二厂和清华大学在高温气冷堆燃料方面的深度合作奠定了坚实的基础。因此，李冠兴提议，可以以高温堆燃料元件研究所的名义在清华大学挂牌，但生产工厂最好还是建在二〇二厂，这样，无论从人员、资源还是国家长远发展考虑都比较合适。

经过与清华大学协商，2008年，国家重大科技专项高温气冷堆核电燃料元件生产线定点在二〇二厂建设。高温气冷堆采用包覆颗粒的球形核燃料元件，该元件是高温气冷堆固有安全性的最重要基础，是"买不来、要不来、讨不来"的关键核心技术。但这条自主创新的道路走得非常曲折，光是燃料球石墨外壳的硬度问题，研发团队就进行了长达两年的试验。如果硬度不够，就有可能出现燃料泄漏。后通过调整它的力度、捏合的湿度和温度，历经115次实验，终于得到了压碎强度合格的颗粒。攻克了第一道难关，又迎来了第二个瓶颈期。在每个燃料球坚硬外壳内都包裹着上万个包覆颗粒，这些颗粒仅制作工序就多达二十几道，一道不合格，就可能导致前功尽弃。经过两年700多次的实验探索，终于生产出第一炉合格率达标的产品。直到今天，厂里都没有因为破损而报废过一炉产品。

经过十多年的努力，二〇二厂建成了全世界唯一一条高温气冷堆燃料元件工程化的球形燃料生产线，这条生产线的建成，解决了二〇二厂长期发展的问题。实践证明，二〇二厂与清华大学的合作是非常成功的。高温气冷堆是国家重大科技专项重大创新成果之一，是推进中国第四代核电技术应用迈出的重要一步，标志着中国具备了可持续向核电站提供高质量高温气冷堆球形核燃料元件的能力，中国先进核燃料元件研制技术实现了从"跟跑""并跑"到走在世界前列的跨越，为中国从"核大国"迈向"核强国"提供了有力支撑。

2021年8月21日，我国具有完全自主知识产权的国家重大科技专项"全球首座球床模块式高温气冷堆核电示范工程"——山东石岛湾高温气冷堆核电站示范工程首堆正式开始装料，标志着世界首台球床模块式高温气冷堆正式进入"带核运行"状态。12月20日，山东石岛湾高温气冷堆核电站示范工程首次并网发电，这是全球首个并网发电的第四代高温气冷堆核电项目，标志着我国成为世界少数几个掌握第四代核能技术的国家之一，意味着在该领域我国成为世界核电技术的领跑者。

李冠兴喜欢这样一句古训，叫"行百里者半九十"，意思是做事情的时候越接近成功，越到最后完成的时候，越是艰苦、关键的时候，你越要坚持下去，越不能够动摇和松弛。越是困难，李冠兴就越是坚持，他有这么一个决心："交给我什么事，只要是在我力所能及的范围里面，我一定要做到最好！"

二〇二厂作为一个从核工业建立之初就成立的老厂，有着深厚的历史底蕴，因此李冠兴认为，制定未来发展战略既要继承，又要开拓创新。20 世纪 80 年代，由于国家战略性调整，二〇二厂曾面临严峻的生存考验。二〇二厂人在艰难的二次创业中，励精图治，度过了那段最艰难的时光。20 世纪 90 年代，二〇二厂强化了主业，积极争取了更多项目。经过"十五"前的酝酿和"十五"期间的实践，二〇二厂确立了新时期的发展方针，形成了三足鼎立的产业结构和生产经营格局，其中，核电燃料元件制造成为为未来工厂经济注入强大活力的希望所在。

从 2000 年开始，在几年的时间里，工厂先后投资 3 亿多元进行了产品结构调整和基础设施改造工作，从而使企业用相对较短的时间建成了我国第一条重水堆核电燃料元件生产线；完成了钙镁厂的债转股，增加了经济总量，加大了科技投入，整合了科技资源，整体推进了生产科研能力和水平的提高；增强了企业的实力，提高了职工的收入；工厂的生活环境、工作环境逐步改善，精神文明和企业文化迈上新的台阶。在此期间，公司还投资 3000 多万元进行了金属钙生产线的扩建工程，使之一跃成为世界上规模最大的金属钙生产线。"十五"期间，二〇二厂累计完成主营业务收入 21.8 亿元，是"九五"期间的 2.3 倍，年均发展速度为 22%。"十五"累计实现利润 1587 万元。

凭借重水堆核电燃料元件生产线的顺利建成投产，二〇二厂人昂首前行。目前，工厂建成的大规模核电燃料元件生产线已达 5 条之多，包括重水堆核电燃料元件生产线、AFA3G压水堆核电燃料元件生产线、AP1000核电燃料元件生产线、高温气冷堆核电燃料元件生产线和CANDU6型核电站钴调节棒组件生产线，工厂成为国内拥有核电燃料元件生产线品种最多的企业。该厂拥有1000吨以上核燃料生产能力，位居国际核燃料元件大厂生产规模前列，取得了一大批具有自主知识产权的科技成果和专利技术，形成了化工转化、铀冶金、压力加工、机加及焊接、理化分析、无损检测、辐射防护等完整配套的核燃料元件及核材料科研生产体系。该厂先后研制出60多种产品，其中多项获国家金质奖和银质奖，取得科研成果2000多项，并有200多项成果荣获国家级和省部级科学技术进步奖、技术发明奖，内蒙古自治区科技进步奖，中国核能行业协会科学技术奖，中核集团科学技术奖及包头市科学技术进步奖等各级各类奖项。李冠兴在担任厂长的三年中，实现职工收入翻了一番，真正使二〇二厂摆脱了长久以来制约企业发展的困局，进入了发展的快车道。

我国能源科学技术专家、中国工程院院士叶奇蓁评价说："李冠兴院士不仅救活了一个工厂，而且奠定了中国完整的核燃料生产体系的基础。"

成都武侯祠有一副著名的对联："能攻心则反侧自消，从古知兵非好战。不审势即宽严皆误，后来治蜀要深思。"这是成都武侯祠诸葛亮殿悬挂的赵藩"攻心"联，李冠兴很喜欢这副对联。

经历了一次创业、二次创业的百折不挠，李冠兴还为二〇二厂擘画了长远发展的图景：抓纵向拓横向，在全面完成各项科研生产任务的基础上，完成新核燃料元件生产线的建设，提升核电燃料元件产业能力；以核安保、核应急、安全生产等基础管理水平提升，以及生产线自动化、信息化、智能化改造和应用为重点，强化基础保障能力，把公司打造成为面向全球的企业，具备一流的装备、一流的产品、一流的技术、一流的人才、一流的管理、一流的效益、一流的人文环境、一流的服务，取得与国际接轨的三大保证体系认证，成为国际一流核材料和核燃料元件生产科研基地。从引进"舶来品"到自主研发，核燃料元件演进也是二〇二厂创新发展的缩影，仅十几年时间，二〇二厂就实现了核燃料元件生产从引进到超越的蜕变。

如果说实现引进技术的国产化是为了不被别人"扼住脖子"，那么，在智能制造技术、新型核材料研究、新型燃料元件研制等方面的种种创新努力，则寄托了二〇二厂更远大的志向——进军核材料研制领域，进而占据国际领军地位。现在的二〇二厂是我国最早，也是当前国内走在最前列、技术路线最全的核燃料科研生产基地，他们不仅满足于这样的定位，他们更想实现的是建设面向全球、国际一流的核材料和核燃料元件生产科研基地。二〇二厂正快马加鞭地前进，并取得了一系列瞩目的成绩。

李冠兴以战略科学家的眼光提出了要把二〇二厂"打造成为面向全球、国际一流的核材料和核燃料元件生产科研基地"的企业发展目标。在"九五"规划中，就明确了二〇二厂未来发展的总体定位，就是打造四个平台，即铀化工转换平台、元件制造平台、特种产品研制平台、信息化和理化检测平台，经过 20 年的努力，如今四大平台已全面建成。

李冠兴是用战略科学家的思维管理着企业，他对二〇二厂的发展有一种前瞻的思维和战略的思考。如今，谈起二〇二厂的发展现状和发展前景时，全厂上下都有一个普遍的认识：是李冠兴奠定了二〇二厂二次腾飞发展的基础。即便是李冠兴生病住院期间，很多领导和同事去探望他，聊起项目，他都会提及二〇二厂的国际站位及未来发展的问题，他还是在想着如何提高二〇二厂产品的体量，如何争取新项目。他在生命的最后时刻，还在为二〇二厂的持续发展，为了实现国际一流的目标，操着心……

四、着眼发展，造就人才

李冠兴几十年如一日，脚踏实地，勤奋耕耘，扎根在他热爱的核事业领域，孜孜不倦，追求卓越。他以渊博的学识、优秀的品质，以及崇高的人格魅力，鼓舞并感染着身边的每一个人，培养了一批批核行业的优秀人才，为核行业发展提供了不竭动力，更为我国核科学事业奉献了毕生精力，做出了巨大贡献。他认为，一定要通过各种激励手段，不断凝聚人才、培养人才、激活人才，因为只有这样，我们的科技创新事业才能生生不息。

2001年，二〇二厂党委进一步明确将人才工作纳入"五项工程"之一，把科技、技能、管理"三支队伍"的引进和培养使用作为企业的一项重大战略任务来抓。在全厂范围内开展人才选拔工作，推荐上报入选集团公司"111"人才工程。评选命名了厂里尖端层、中坚层、基础层人才，对入选的厂里各类人才分别给予每人每月一定的津贴。进一步提高职工素质，加大学历教育程度，还与一些大学联合办学，选送本科毕业生攻读统招硕士研究生、工程硕士研究生、同等学力研究生和研究生课程进修。每年新招大学生百余名，为企业进一步发展提供了人才智力支持，增强了发展后劲。李冠兴身体力行，对人才高度重视，许许多多的事例被传为美谈，这在二〇二厂人所共知。

李冠兴担任厂长之后，多次说，像马文军、王世波、王玉岭等人才，提一个不行就提两个，两个不行提三个，总有一个会出来的。但是，一定要先给他们机会，先给他们压担子。李冠兴心胸宽广，视野开阔。他觉得谁工作出色，谁在哪个方向有特长，就往那个方向去培养，所以那时候，二〇二厂能有各个专业的副总工程师，有那么多人才被培养出来，和李冠兴的博大胸怀是有直接关系的。

现任中国核工业集团有限公司党组成员、副总经理马文军就是李冠兴一手培养成长起来的优秀领导干部和出类拔萃的科研骨干。

马文军是二〇二厂的"核二代"，他很小的时候就知道厂里的第二研究室有个人叫李冠兴，是清华大学的研究生，还曾被派到美国去留学，非常羡慕。但马文军的父母与李冠兴不在一个单位，所以李冠兴并不认识他。1989年，马文军从兰州大学化学系应用化学专业毕业后进入二〇二厂，在中分室担任技术员。之后，他又先后任计划处科研开发科科长、计划处副处长兼厂长科技秘书、计划处处长等。2003年，马文军被提拔为厂副总工程师兼计划处处长；2006年，担任厂长助理兼副总工程师。自2008年开始的8年多时间里，马文军历任二〇二厂总经理助理、副总经理、总经理、执行董事等。

1992年的一天，因为工作的原因，马文军到李冠兴办公室去签字，李冠兴问起他年龄、毕业学校、专业、在厂里做过什么工作等，之后李冠兴才认识马文军。后来，因一件与他所学专业相关的事情，马文军被李冠兴找来，从那时开始，马文军与李冠兴有了长期接触。担任厂长科技秘书后，马文军直接负责为李冠兴搜集科技信息、整理科技资料、起草科技文件等工作，李冠兴给予他的教育与培养是多方面的。他长期陪同李冠兴跑项目、谈合作，包括与外方谈判，这使马文军受到了潜移默化的影响，不仅在学术造诣上有了快速提升，而且工作能力得到全面锻炼，各方面的进步都非常快。

李冠兴对马文军的培养可谓细致入微。有段时间，马文军感到工作不大顺，李冠兴告诉他，不顺的时候就先放下手头的工作，静下来看看书。当时，李冠兴给他找了许多与工作相关的英文资料，让他翻译出来。马文军觉得这体现了李冠兴的良苦用心，翻译英文资料为马文军从事核燃料科研工作打下了坚实的基础。因为平时工作中很多时候没有那么多时间去看资料，翻译英文资料的过程，其实就是学习和研究的过程。

李冠兴非常乐意与马文军交流。在马文军陪同李冠兴出差时，李冠兴从不自己单独住一间屋，就是担任厂长、当选为院士后也一样。后来马文军当上厂长，两人碰到一起出差，还是如此。李冠兴总是拉着马文军一起住标准间。这一老一小在一起总有聊不完的话题、说不完的话，从工厂到国家、从工作到生活、从科研到做人……常常聊到深夜。马文军说，他与李冠兴的这种关系是"亦师亦友，情同父子"。李冠兴退出领导岗位以后，马文军在每年的1月14日都要给李冠兴过生日。

2018年2月，中核北方重点实验室领导换届，
李冠兴（左）向学术委员会新一届副主任马文军颁发聘书

2017年，马文军调往北京工作，任中国核燃料有限公司总经理，同年11月出任中核集团系统工程部主任；2020年2月开始，马文军出任中核集团总经理助理、系统工程部（专项工程督察办公室）主任；2020年5月，任中核集团党组成员、副总经理。马文军能够走上领导岗位与李冠兴的悉心培养有着很大的关系，是李冠兴帮助他形成了务实的工作作风和科学求真的态度。受李冠兴影响，马文军在管理上也提出了很多好的思路。

马文军说：

跟着李冠兴院士，主要是格局上、思想上影响比较大。李院士考虑任何工作上的事情，站位都很高。李院士非常热爱核燃料事业，对二〇二厂，他倾注了自己全部的心血。他在落实工作的时候，总是站在行业和国家的高度去考虑问题。李院士的思路总是非常精准，比如说，李院士当时提出的口号，团结、创新、进取、实干，这都跟现在中央的要求是一致的。过去大家都喊企业要做大，但李院士说得很清楚，就是企业要做精、做强，跟现在党中央、习近平总书记的要求是完全一致的。

另外，就是李院士的开放包容的思想。他最善于将各行各业的人团结起来，在国内和国外将整个产业行业相关人员团结起来。他的那种亲和力和人格魅力，使大家很多时候都自觉地很愿意跟他亲近。因为很多问题他完全是站在公正的立场上去处理和思考的，因而就很容易团结人。在一种向上的、进取的、团结的气氛中，大家人人争先，人人去当先进，人人能够攻克难题，就没有克服不了的困难。我们现在做了很多工作，向相关的大学、科研院所学习，形成了很好的开放合作的格局。李院士还特别要求我们向秦山三期核电站学习。因为当时秦山三期核电站是我们最直接最大的客户，要求我们学习秦山三期质量管理体系，包括精益化管理。应该说，这是一个向外面的学习。另外一个，就是向同行学习，他特别要求我们向八一二厂学习。因为八一二厂进入核电比我们早，他们有很好的业绩，要向人家学习，看看人家是怎么做的，我觉得这也是很重要的。

李院士提出要做好技术人员的思想工作，做思想工作，跟李院士的辩证思想有关系。在我们的日常工作中，确实要去推动管理人员、技术人员，凝聚到中央的要求上，去往下推动，这个事情非常重要。二〇二厂现在也受益于当时李院士带着队伍，内内外外形成的格局。对于一个企业来讲，在很大程度上，人是根本，产业是基础，另外，管理是很重要的手段。

再一个就是企业要想持续往下走，高质量发展，创新，是很重要的一个途径。他为二〇二厂的发展打下了基础，既打下了产业基础，同时也打下了科技创新的基础。同时，还有很重要的一方面，就是人才队伍的基础。一个企业它有自己的性格和特点，但这个性格和特点的养成跟企业的一把手，跟企业的领导班子关系非常大。

李院士对我还有一个影响，就是企业的一把手一定要让企业形成一种正气。你是个导向标，你的方法、你的思想、你的价值观，会影响企业整体价值观和思维方式。所以，一定要靠自己的努力，靠自己去带动一群人，形成一种积极进取的氛围，氛围好了，文化好了，你的工作怎么会做不好呢？

王玉岭是李冠兴从普通工人中培养出来的科研骨干，他曾担任二〇二厂副总工程师兼冶金研究所所长。王玉岭1970年参加工作，在车间工人岗位从事了十几年的轻材料制造、同位素分离等工作。酷爱学习的他，因为错过了考大学的机会，最后通过自学上了电大，1983年电大毕业后，王玉岭被分配到第二研究室（现冶金研究所）工作，30多年来，王玉岭一直从事与核材料、核燃料相关的技术研究工作。电大属于成人教育系列，在当时"五大（电大、函大、夜大、业大、职大）生"都被认为接受的不是全日制教育，不属于统招统分的正规学校毕业的，但李冠兴以对王玉岭在工作中的表现的观察和考察，认定了这位勤思好学、痴迷科研的电大生，认定了王玉岭是个做科研的好苗子。

王玉岭被分配到第二研究室时，主要从事无损检测工作。他第一次与李冠兴面对面接触是在1986年。当时王玉岭承担了一项用超声法测量一种材料的弹性常数的研究课题，报告提交给专业组审查，专业组认为报告中的某个数据与先前测试的数据和文献报道存在偏差，不准确。王玉岭反复验算实验数据得到的结果还是一样，但向技术组汇报后得到的答复是，数据肯定错了，如果不按要求修改，课题不能参加结题验收评审。但王玉岭当时没有对数据进行修改，他宁愿不参加结题验收，也不修改数据。后来项目组把此事向李冠兴汇报了，李冠兴听后没有表态。时隔近一年后，材料进入工程试验时发现产品实验数据与计算有差距，分析原因时李冠兴突然想到王玉岭先前的数据，立即组织对产品进行多次检测验证，结果与王玉岭先前的实验数据吻合。后来弄清了：材料原先数据一直是在材料热处理之前的数据，当时认为热处理前后这个性能数据不会产生变化，王玉岭所测试的是热处理后的产品的最终数据，是材料的成品状态数据。原因找到了。有一天，李冠兴打来电话，要王玉岭去他办公室，当时李冠兴是冶金研究所主管科研工作的副所长，王玉岭不知是什么事，还有点儿紧张。王玉岭来到李冠兴办公室，李冠兴笑着对他说了这件事，对王玉岭坚持自己检测数据的行为给予肯定。李冠兴说："年轻人坚持得对，实事求是坚持自己的意见非常好，科研工作就需要严肃认真、实事求是的工作态度，我看你年轻头脑灵光，不要局限于只做超声，要多学习，要系统掌握无损检测大专业，核材料、核燃料都非常需要。"当时，王玉岭非常激动和兴奋，李冠兴，那么大的学者却这么平易近人……与李冠兴第一次接触给王玉岭留下了深刻的印象。

20世纪末，为防止核扩散，国际上提出降低研究试验堆核燃料富集度计划，因此我国早先的研究试验堆所用核燃料面临更新。李冠兴代表二〇二厂承担了研究试验堆新型核燃料元件研制的重要使命，带领年轻的团队，开展前期核燃料关键工艺的试验工作。研制一个核燃料组件从铀化工转化到燃料相制备至燃料元件、燃料组件成品需要近百道工艺，是一个非常复杂的工艺链。由于核燃料安全性的特殊要求，燃料组件入堆前要经过组件堆外各项测试、堆内辐照考验，十年的研制周期是非常紧张的，项目组从仅有的一些调研资料开始，在没有技术参考、没有任何外援的情况下，进行关键工艺攻关。

项目组于 1993 年 3 月 6 日成立，李冠兴任组长。整个项目分成两个部分：第一部分是从核燃料相熔炼开始到核燃料坯料制备结束，由任永岗负责；第二部分是从核燃料坯料开始到核燃料元件制备结束，包括核燃料元件无损检测全过程，由王玉岭负责。在整个项目研制过程中，李冠兴精心组织，并亲自对试验数据进行分析，对试验结果进行判断，并布置下一步的研究工作。试验中在王玉岭遇到困难的时候，李冠兴总是给予指导、启发、鼓励与支持。研究试验堆核燃料元件低浓化科研是在原燃料组件材料、结构、尺寸规格不变的前提下进行燃料相替换的，产品技术指标不变，而燃料相铀密度增加近 5 倍，难度非常大，方方面面问题凸显……整个研制过程中还有大量的各类会议、评审、鉴定、汇报等工作，李冠兴都要一一参加，因为他要了解第一手资料，并给出指导意见。

王玉岭印象最深刻的是在他提出改变个别层次燃料管挤压工艺挤压比时，许多人劝他不要改动原工艺参数，因为这是前辈定下的，出了问题对他不好。于是，王玉岭向李冠兴汇报了自己的想法与理由，李冠兴听后认为他没有问题，让他大胆干。后经过试验统一了挤压比，优化了工艺参数。王玉岭与项目组从核燃料元件第一次挤压失败开始，经过近 8 年的艰苦努力，克服一个又一个困难，最后实现了研究目标，到 2001 年底完成了科研任务并提供了首批核燃料组件。在后续生产中针对成品合格率较低的问题，根据国内外调研分析，王玉岭又提出了改变核燃料元件结构材料的建议，并报告给李冠兴审核，李冠兴非常支持，指导王玉岭完成了论证报告，报集团公司组织专家评审后同意进行研制。他们所研制的产品经堆外、堆内考验表明非常成功，可转入产品生产。后续产品生产过程中有效地提高了成品合格率和产品质量，为我国最大的研究试验堆长期、稳定、高质量运行提供了核燃料保障。

20 世纪末，国家要在中国原子能科学研究院建设中国先进研究堆（China Advanced Research Reactor，CARR），需要新型板状核燃料组件。当时，这种核燃料在我国是空白，新燃料元件在设计上总体指标（核燃料元件铀分布均匀性、核燃料组件水隙精度、元件铀密度等）均高于国外同类产品，所建成的生产线要能够长期稳定地为我国新型研究堆提供核燃料。李冠兴和他所在的研究所接受了这一研究课题，他亲自组织研究团队，制定关键技术攻关工艺路线。他带领王玉岭等科研骨干通过三年的艰苦努力，首先攻克了铀分布均匀性的技术难题，

1999 年，李冠兴（右）与
王玉岭外出争取项目时留影

后相继攻克了核燃料组件水隙精度控制、核燃料组件结构稳定性等一系列难题。最终，李冠兴带领的研究团队所生产的研究堆核燃料组件达到国际先进水平，自主建立了先进的新型核燃料元件生产线，为中国先进研究堆提供了优质核燃料元件，保障了先进研究堆核燃料组件的长期稳定供货，项目填补了国家研究试验堆板型核燃料元件制造技术的空白。

1989 年 10 月，王玉岭去北戴河参加了一个会议，国防科工委、清华大学等也都派员参加了该会议，会议主要是讨论核材料下一步的发展目标。会议对核材料的发展提出了一个很高的指标，而对于实现这个指标王玉岭心里没有把握，为此他向李冠兴做了汇报。李冠兴认为，实现这个目标是有可能的，要在会议纪要里反映出来。因为王玉岭在会上就已经把讨论的内容和结论等都写完了，所以他很快就把会议纪要拟完了，李冠兴看后非常满意，对王玉岭的工作能力有了更加深刻的了解和认识。

不久，李冠兴专门找来王玉岭说："我可不能让你只懂超声，你

搞无损检测，无损检测有 6 种方法，包括超声、射线、涡流、电磁等，超声只是无损检测的一种，你要全面掌握。"于是，他让王玉岭轮流到各个组去工作，拓宽业务范围。时间不长，王玉岭就走上了无损检测室副主任的岗位，后来又到技术科任副科长、科长，1996 年升任冶金研究所副所长，2001 年成为冶金研究所所长。在李冠兴的悉心培养与指导下，2003 年，王玉岭又成长为厂副总工程师，同时兼任冶金研究所所长，并破格获聘研究员级高级工程师技术职务。一个电大毕业生，在别人看起来没有什么正规学历，能走到这一步，足见李冠兴在用人上的不拘一格，唯才是举。王玉岭常说："不敢辜负李院士对我们的信任，我觉得这种信任对于我来说是一种责任和使命。"

对于年轻人，李冠兴觉得有责任和义务去培养他们，把能长见识、长本事的硬任务交给他们。他说："我们没有权利选择来我们这个平台的人，但来到这个平台，我们就有责任去培养他们，去提升他们。"王玉岭感受最深的是，每当科研中遇到问题时去请教李院士，他总会耐心地指导你，他会告诉你读什么书，读书还要跟实践结合起来，并告诉你方法。他一贯主张培养年轻人不单单是从各方面关心，还要压担子，要多去指导和帮助他们。他要求王玉岭在冶金研究所的工作中，要大胆使用年轻人。

1993 年，日本原子能委员会和中国核工业总公司有一个合作项目，要在中国遴选一些比较优秀的年轻人到日本去做访问学者，但需要到北京去参加考试。一天上午，李冠兴给王世波打电话说："现在有一个去日本做访问学者的考试，一方面考英语，估计你没问题，再就是考核燃料的辐照损伤。"王世波说："辐照损伤我没有接触过，大学也没有学习过。"李冠兴让王世波晚上到他家里去。晚上，王世波去到李冠兴家，李冠兴找出了一本发黄的笔记本，那是他在清华大学读研究生的时候做的笔记。他说："世波，辐照损伤没有什么新东西，你把我这个笔记看懂了也就差不多了。"王世波如饥似渴地学习李冠兴笔记本上记录的辐照损伤知识。考试成绩出来以后,王世波的技术理论和外语都考了第一名,顺利地赴日本学习了一年。1995 年,王世波从日本进修回来以后,没多长时间,就开始跟着李冠兴参与重水堆核燃料元件厂的项目建设工作。

2003 年,李冠兴已是中国工程院院士,同时任二○二厂厂长,因为重水堆核燃料元件生产线建设与争取压水堆生产线工程项目需要,他从冶金研究所抽调了许多技术骨干,当时冶金研究所承担的科研生产任务也十分繁重。李冠兴找到时任冶金研究所所长的王玉岭说:"你当所长一定要培养年轻的副手啊!"经过考虑,王玉岭破格推荐了两位非常优秀的年轻工程师担任副所长,一位是邹本慧,一位是田春雨。李冠兴和组织上认真考察了这两位年轻工程师,在公司高层讨论会上提了出来,但有的人认为他们太过年轻,资历差一些。最后,经冶金研究所领导层决定,任命这两个年轻人担任副所长,一个主管科研,一个主管生产。在接下来的工作中,李冠兴给予冶金研究所的是更多的指导与关心,这两位年轻副所长学习刻苦、工作努力,工作能力不断提高,年年都能出色地完成相关工作任务,成长得非常快。如今,邹本慧已成长为中核北方核燃料元件有限公司的党委书记、董事长,田春雨则任副总经理。曾有很多人感慨这么年轻的科技人员就提到这么高的领导岗位上。这充分体现了李冠兴在选人用人方面的眼光、魄力与格局。作为厂长,李冠兴不仅是当领导,更多的是带队伍。

提起李冠兴的选人用人,邹本慧说:

李冠兴院士在年轻干部使用方面,最典型的不仅是压担子,还教方法。他给了我们课题任务之后,还经常过问我们的完成情况,并指导我们,包括一些具体的方法,尤其对我们提出,一定要加大调研的力度,要重视调研的要求。因为核行业属于技术密集型行业,国内外最新发展的动态、最新的成果,我们要掌握，各种实验方法都给我们推荐，让我们去用。他对年轻人的培养更多的是信任，他交给你的事，给你指教完方法之后，剩下的事情让你自己去干。他总是讲，科学研究难免会走弯路，必要的学费还是要交的。让你把思想打开，有些时候自己去撞撞墙，去探索。他说，别人有的东西是教不来的，是要自己去感受的。他有个口头禅，就是"不得了"，这个事情做得很"不得了"。工作中哪怕取得了一点突破，他都会鼓励我们说"行，你们真的很棒！""不得了！"他的这种信任，对我们是一个极大的鼓励。就像在家里教育孩子一样，鼓励式的教育，给空间、充分信任，鼓励年轻人快速成长。面对信任，我们也会有很大的压力和责任，有时候也真的是自信心不足，但李院士一讲，感觉又鼓起了干事创业的勇气，体会更多的是一种责任、使命和期盼放在了自己的身上，自己要快速成长，争取早一天胜任工作，这是非常幸运的。我们幸运有这样的平台，有这样的事业；幸运周边有像李院士这样一批老专家、老学者。我们一来这里就能够有项目做，有任务，有平台，有深入实战的机会。我们必须只争朝夕，一天当三天用，一年锻炼相当于过去3～5年锻炼的任务，事业加快锻炼了我们。我感觉我们的成长真的是得益于李院士给的舞台，还有领导们的信任与带领。

中核北方核燃料元件有限公司现任副总经理田春雨是二〇二厂的"核二代"，1994年8月，他大学毕业后到二〇二厂参加工作，先是进了化工机械厂（原七车间）进行实习，一年半后被正式分配到厂冶金研究所从事科研工作。田春雨回忆说：

李冠兴院士非常爱惜人才，特别注重人才的培养，甚至不拘一格。在他言传身教的带领下，年轻科技人员得以快速成长，成为企业持续发展的中坚力量。我就是其中的一位受益者。李院士既是我的父辈，又是一位和蔼可亲的导师，更是我们这批年轻人的事业领路人，我们的一次次进步、一次次成功，都离不开李院士背后的支持和鼓励。

1997年冬，根据冶金研究所的课题安排，田春雨承接了一个课题，这是他参加工作以来第一次独立承担国防课题，即要求研制出一种高温脆性合金，从而为我国新型核燃料元件研制开发提供基础燃料。课题启动初期，田春雨作为总项目课题中一个子课题的负责人，参加了厂里的课题工作布置会，在会议室中近距离见到了李冠兴。作为一名年轻技术人员，能参加厂级项目专题会，田春雨感到非常激动，也感觉到任务的重要和神圣。会上，李冠兴渊博的学识和深入浅出的专业指导，给田春雨留下了深刻的印象。李冠兴从项目研究背景、项目研究思路、重点关注技术点等方面进行了深入的分析和全面的分析评判，为总项目课题提出了重点研究方向，又为下设的各子课题的研究难点进行了分析，提出了关键技术点和解决思路。田春雨感到李冠兴身上有一种坦荡胸怀、专研博学、严谨学风、创新精神和谦和待人的学者风范。会上，李冠兴让田春雨这些年轻人也谈谈自己的感受，等轮到田春雨时，他开始有点儿紧张，李冠兴便鼓励他说："大胆说嘛，说说你的认识。"之后，田春雨谈了一点感受，结合专业又讲了高温合金制备下一步的思考。李冠兴说：不错，多调研、多查阅资料，尤其多看外文资料，这样可以开阔思路，少走弯路。会后，李冠兴又来到田春雨他们几个年轻人身边，问了问他们的所学专业、毕业院校等问题，临走时特别要求他们加强调研能力的锻炼，今后是一定会用上的，并且会受益终身。

这次会后，在李冠兴对总项目课题的指导下，课题研究先后取得了一系列成果，较好地推动了我国先进研究堆核燃料元件的研制成功。其中田春雨承接的高温脆性合金的研制，于1999年12月获得了国防科学技术进步奖三等奖。这是他参加工作以来获得的第一个国防科学技术进步奖，可以说是田春雨人生科技领域的"第一桶金"。公司内部评审时，田春雨讲了整个高温合金熔制过程及突破的关键技术点，李冠兴进行了讲评，问了他几个问题。其中有个问题是"快升温好还是慢升温好？"田春雨当时愣了一下，脑子里快速划过实验获得的一些分析数据，犹豫片刻后斩钉截铁地说：升温快有利于合金化。当时，李冠兴微笑地点了一下头，说道：核动力院的研究结果也是这样，说明我们已与国内同行站在了同一个认识水平上啦！随后，李冠兴又为田春雨提出了后续需关注的几个事项和技术风险点。这次讲评，对田春雨后来科技成果的获得给予了非常大的帮助，加快了这项成果的研制进程，短短一年半时间，田春雨带领的科研团队就可以为先进研究试验堆核燃料元件研制提供合格的高温脆性合金了。田春雨说："这次科研成果的获得，离不开李院士的悉心指导，在此期间受益匪浅，终生难忘。"

2001 年，田春雨被任命为冶金研究所所长助理，这与李冠兴不拘一格注重人才培养的思想是分不开的。这种思想和管理理念在后来我国首条重水堆核电燃料元件生产线的筹建中表现得更为突出，生产线筹建中，几乎所有关键岗位都由年轻人担当。事实证明，李冠兴这种管理决策是非常正确的，其为二〇二厂的后续发展和再次腾飞打下了坚实的人才基础。李冠兴在担任厂长期间，培养了一批不同年龄段的技术骨干，这批人在后来二〇二厂的核心产业发展和其他元件生产线建设中都成了技术骨干与技术带头人，直至现在，处于公司各领域的管理骨干还是当年那批人当中较年轻的技术人员。

李冠兴严谨治学、一丝不苟、精益求精的工作作风始终是科研人员学习的榜样。在特种材料重点实验室建设和研究堆核燃料元件技术体系建立的过程中，李冠兴呕心沥血，始终不间断鼓励年轻人要多钻研、多调研、多探索，在工厂经济状况不佳的时期，竭尽全力给予科研资金的支持保障，为二〇二厂在该领域始终保持国家技术地位保留了一支火种，确保了该技术领域在后续发展中仍有无穷的发展动力源泉。在科研生产中，每每遇到技术难题，李冠兴总是亲临现场指导，和大家一起分析，做出技术判断。对于每年度的科研验收，李冠兴都高度重视，常常亲临指导，不断提出新的更高的要求，鼓励年轻人积极进取，勇于担当。这种严谨的科研作风是科研工作的典范，也使田春雨等年轻技术人员受益终身。

田春雨说："时至今日，虽然李院士已离开我们，但他的鼓励和要求依然在我们耳畔回响，仍在不断地激励我们勇敢前行。"

任永岗，毕业于北京钢铁学院，是我国恢复高考后的第一届统招统分毕业生，也是"文化大革命"后第一批到厂的大学生，同来的有十几个人。李冠兴特别看重这批人，鼓励他们到基层去干事业。1982年底，任永岗调到了第二研究室，他去的金相组也是李冠兴所在的班组，人员都是核材料专业毕业的。任永岗入职后的主要工作是参与筹建电镜实验室，这是李冠兴出国访学前重点策划推进的一个实验室，对核燃料技术的发展来说，电镜是一个比较高端的研究手段和研究工具。

1985年电镜实验室建成以后，由于电镜检测制样困难，一年当中都没有什么进展。李冠兴留学回国后再次回到第二研究室，担任主管科研的副所长。参加工作不到三年的任永岗主动向李冠兴请战，申请承担课题。按照厂里当时的规定，没有工程师职称是不可以担任课题组组长的。但是，电镜检测是个新的实验手段，李冠兴不管科研人员的年龄大小，他看着一个人有能力就培养，他看中的是年轻人的自信。于是，他批准任永岗负责制样课题并亲自指导。结果，半年以后任永岗就制备出了特种合金的透射电镜试样，这张铀的电镜照片，在我们国家核金属研究领域，是最早看到的电镜照片。为此，李冠兴特别高兴，他认为这一研究成果为新型特种材料二号合金的研制和生产定型发挥了重要作用，这个成果当时在国内还是空白。李冠兴把这张金相照片拿给张沛霖院士看，张沛霖院士也很高兴，感慨道："这是我们自己做的金相照片，这个状态还是第一次！"之后，李冠兴鼓励并指导任永岗进一步开展特种合金的强韧化机理研究。

电镜手段研究的是材料的机理，通过机理反映出来性能，没有金相照片，就不知道材料的机理，就找不到这种材料的性能规律。李冠兴非常看重任永岗在电镜研究方面的能力，在接下来的新合金研制课题工作中，电镜检测的研究任务继续由任永岗担纲。李冠兴也特别看重任永岗的电镜研究成果，认为我国特种材料研究能够取得这么大的成就，与电镜照片有很大的关系。这个成果对材料的发展，比如说材料的定型等作用很大，有了这个结果才能确定这种材料是可行的。把电镜研究成果转化为生产实践，奠定了二〇二厂特种金属材料发展的基础，也使二〇二厂成为我国唯一的特种材料研究基地。因为特种材料的使用需要不同，要求是不一样的，有些需要软的，有些需要硬的，还有些需要韧性好的，要针对不同产业需要进行研究，目前形成的整个学科系列，是李冠兴发展起来的。现在的特种材料已经从当时的单一材料发展成了系列化、型谱化的材料。

在特种材料二号合金的研制中，为进一步证实任永岗关于合金成分和工艺对材料力学性能影响规律研究的结论，在科研经费紧缺的情况下，李冠兴仍不惜成本请中国科学院和相关高校的专家从材料在高速载荷下动态力学行为的角度进行研究验证。李冠兴如此不断地锻炼和培养，使任永岗逐步成长为技术骨干和技术带头人。

李冠兴在培养人才、造就人才上，有自己独特的方式方法，那就是引领、鼓励、激励。首先给科研人员搭建平台，建立健全科研体系，帮助大家选好课题和研究方向，在过程中不断指导，在结果上严格把关。当年，任永岗在某特种合金的强韧化机理的研究上取得突破，制备出了这种合金的透射电镜样品及透射电镜照片，李冠兴非常兴奋，力推他获得了国务院政府特殊津贴。在那个论资排辈现象还较严重的时期，能够享受国务院政府特殊津贴，对任永岗本人及年轻科技人员来讲都是极大的鼓舞和激励。此举让大家充分地认识到，在基层扎扎实实做科研是可以大有作为的。二〇二厂能够在特种材料、核燃料研发等领域硕果累累，与李冠兴这种对人才的培养和激励是密不可分的。

1989 年，任永岗离开电镜实验室，在技术科从事技术管理工作，从最初的单一材料研究，深入系统化材料的研究。1994 年，任永岗成为冶金研究所的副所长，1999 年成为所长。

2000 年，重水堆核燃料元件生产线开始建设，李冠兴亲自抓项目，2002 年整条生产线建成后，他开始调试。当时，因为历史的原因，核电站对二〇二厂不是太信任，所以已经从国外订购了一批核燃料。当时二〇二厂的整体状况也不是很好，能否拿出合格产品，成为关系二〇二厂生死存亡的重大问题。此时，任永岗已接班李冠兴担任厂总工程师。李冠兴把这副重担交给了任永岗，让他带领督导组到重水开展调试工作，要求在四个月的时间内完成合格产品的交付任务。任永岗没有辜负李冠兴的期望，2003 年，第一批合格产品终于出厂，这是二〇二厂打翻身仗的一次新起点。之前，二〇二厂做的各种核燃料元件虽然很多，但都是研究试验堆的，从重水堆核燃料元件开始，二〇二厂正式进入核电领域。通过重水堆核燃料元件生产线的建设，二〇二厂培养了一大批年轻的技术骨干人员。

当年，李冠兴还安排时任厂副总工程师王世波开办了外语培训班，培训后组织考试，选拔了一批干部。李冠兴考虑的不仅仅是重水堆元件这个项目，而是企业更加长远的发展问题，重水堆核燃料元件管理团队都是年轻人，为后期厂内其他元件厂建设打下了人才基础。

谈到李冠兴对人才的重视，任永岗深有体会地说：

> 李冠兴院士是我的引路人。当年大学毕业后刚到厂里工作时，李院士建议我去基层锻炼，不要着急在机关待着，我就是从冶金研究所最基础的工作一点点干起的。1993 年的时候，

二〇二厂很困难，科研生产工作都不多，当时我有个同学来包头，看到这种情况，想让我跟他去北京做公司。他在北京自己办了一个公司，搞得很好，给的薪水也很高。我自己拿不定主意，就想听听李院士的想法，这是我唯一一次到他家里，征求他的意见。当时，他已经是厂里的总工程师了，我还是技术科科长。李院士语重心长地对我说："二〇二厂承载着国家使命，我们所做的一切对国家具有重要意义，是在为国家做贡献，困难是暂时的，坚持必有收获，留下来我们一起干，不离开这里你也可以做出成绩，这里定有发展前途。"听了他的意见后，我就没有离开二〇二厂。到1993年，我已经在二〇二厂工作了10年，该拿的荣誉和获得的职称都已经有了，而且评工程师和高级工程师都是破格的，他说我的基础很好，建议我留在二〇二厂。此后，我再也没动过要走的心思，也确实出了一些成果，做出了一些成绩，1994年就当了冶金研究所的副所长，1999年任所长，2002年又担任了厂总工程师。

李冠兴用人不拘一格。2001年李冠兴出任厂长后，任永岗被任命为厂长助理兼冶金研究所所长。作为厂长助理，李冠兴给他安排的第一件工作是分管财务，这是任永岗完全意想不到的事情。任永岗认为：自己不懂财务，怎么管理财务？李冠兴说："你要用科研的思维，研究一下我们的财务问题，不用具体管。"当时二〇二厂财务状况很不好，各单位都报盈利，总厂却是亏损的。厂里的现金还不够发两个月工资的。所以，李冠兴要搞清楚问题所在。按照李冠兴的要求，任永岗找来了一堆财务的图书，边学习边研究，大约用了半年时间，给出了自己的意见：成本计入不合理。各单位没有把管理成本计入，总厂的管理成本很高，计入后总厂亏损；报表上的亏损额与实际不符，实际亏损比报表上的亏损要大得多；在资产方面，积压了大量的稀土产品，由于销售困难，产品积压，难以变现；多年来，财务没有计提固定资产折旧是造成亏损较小的账面数据的原因之一。为此，任永岗提出了三条建议：一是要按规定计提固定资产折旧，实事求是上报真实亏损；二是稀土厂必须停产，以缓减现金流，并强化销售；三是财务应每月给厂长报现金流量表，让厂长清楚现金状况。任永岗提出的这三条建议，李冠兴都采纳了。2002年，任永岗接任厂总工程师职务，不再分管财务工作。

中核包头核燃料元件股份有限公司董事会秘书杨路回忆说：

> 2000年10月，当时我在重水堆核燃料元件项目筹备组工作，负责重水堆核燃料元件制造技术资料的翻译与转让的技术消化工作，准备去加拿大ZPI公司参加重水堆核燃料元件制造技术培训。临行前，我们团组的5个人去李冠兴厂长办公室汇报工作，这是我第一次近距离接触李院士。当时我们都还是二十几岁的年轻人，是厂里比较早接触核燃料元件制造的人。从李冠兴厂长和我们的交谈中，我们能强烈地感受到他对我们这些年轻人的期望，他把我们称作厂里明天的希望。他认真询问了我们在学习生活中的情况，对在国外培训需要注意的问题一一进行了叮嘱。李冠兴厂长非凡的气质与渊博的学识深深地吸引了我们，他的话使我们对企业的责任感和荣誉感倍增，时至今日，他的谆谆教诲一直在鞭策着我们。这一场景虽然已经过去了20多年，但现在想起来仍然历历在目……

五、凝心聚力，文化铸魂

一家企业最重要、最有价值的东西是什么？是企业文化。20世纪80年代初，美国哈佛大学教育研究院教授特伦斯·E.迪尔（Terrence E. Deal）和麦肯锡咨询公司顾问艾伦·A.肯尼迪（Allan A. Kennedy）对80家企业进行了详尽的调查，写了 *Corporate Cultures：The Rites and Rituals of Corporate Life*（《企业文化：企业生活中的礼仪与仪式》）一书，该书丰富的例证指出这样一个理论——杰出而成功的企业都有强有力的企业文化。40 多年过去了，这一理论越来越得到专家学者和企业家的认可。一些企业专家甚至预言，随着市场竞争的加剧，企业之间必将从资本的角逐转变为文化的较量。

企业文化的精神内核是一种油然而生的使命感。一群人因为有了共同的目标或者说使命感而组织起来，从而产生了比离散的个人更为强大的力量。因此，使命感对于一个组织来说是必不可缺的。尤其是当一个企业成为行业的先驱和领军者时，因为没有可以模仿的对象，企业如何往前走，这个业务做与不做，全依赖使命感来驱动和抉择。企业需要找到自己的使命，根据这个使命找到行动准则和方向。造就一个优秀的企业，并不是要打败所有的对手，而是要形成自身独特的竞争力优势，建立自己的团队、机制和文化。

二〇二厂在创业发展过程中，积淀了深厚的文化底蕴。第一次创业时期形成了团结协作、勇克技术关的"仓库精神"，严抓管理、厉行节约的"一厘钱精神"和以苦为乐、勇渡难关的"土豆大会餐精神"，这是二〇二厂宝贵的精神财富，也是核工业精神在二〇二厂的具体体现。在第二次创业的艰难时期，企业队伍不散、精神不倒、意志不减，形成了上下同心，与企业同呼吸、共命运、荣辱与共的良好传统。正是靠着这种独特的文化支撑，企业保持了稳定，为后续发展奠定了精神文化基础。

李冠兴担任二〇二厂厂长的时候厂里还不富裕，项目刚起步，工作的难度也很大，企业职工有四五千人，自动化程度不像现在这么高，那么，有哪些经济增长点来支撑最终目标的实现？企业效益提高了，职工的个人收入如何保障？这些问题是李冠兴上任厂长后一直在思考的问题。李冠兴带领班子成员齐抓共管，根据企业当时的状况，解决了一大批问题，充分发挥了他的智慧。领导班子很团结，职工也很顺心。

李冠兴还让财务部门筹集出一部分经费做工装，为每位职工配发了一套西服、白衬衫。俱乐部开大会的时候，李冠兴坐在主席台上往下一看，整整齐齐的，他非常高兴和激动，大家也都非常高兴，都为自己企业有这样的精神面貌而感动。

李冠兴深知，践行强核报国的伟大使命，文化的力量是强大的、文化的魅力是永恒的、文化的创新是艰苦的，要想以文化的影响力来实现全体职工的认同，就更需要润物无声、久久为功的积累和守正创新的付出。李冠兴经常对大家讲，人总是要有一点精神的。他提炼了二〇二厂的精神，即团结、求实、自强、创新，李冠兴自己也是这么做的。尤其是"自强"，这是李冠兴2001年当厂长的时候提出的。二〇二厂的研究试验堆，包括特种材料，是要不来、买不来的，就得靠自己自立自强地创造。这么多年，国家有需要的时候，工厂立刻就能够冲得上去。中国核工业集团有限公司领导来厂里座谈的时候说，二〇二厂只要把主产品品牌擦亮，就不愁后面的发展。因而，二〇二厂本身就赢得了集团党组的信任，二〇二厂现在的这些成就都是在李冠兴这么多年的谋划、建设奠定的基础上取得的。

过去，我们的企业往往是"演完一遍，剧本就挂"，主要领导一变化，企业文化就开始变调，原本好的企业文化大变调，所以很难传承也就很难形成独有的文化体系。要避免这一问题就一定要打造高品位、高质量、深入人心的企业文化。李冠兴提出，二〇二厂的企业文化建设，在定位上要做到"四个标准、五大核心"。"四个标准"是：领导和团队的文化意识是否统一；文化理念是否先进；文化的品位是否达标；文化体系是否开放。"五大核心"是：第一是企业使命，即解决的是我做什么的问题；第二是远景规划，即我做成什么企业；第三是企业核心价值观，即每个职工在做的过程中必须有一个标准、一个尺度；第四是企业精神，即在做的过程中有什么样的品格；第五是企业作风，即企业做的过程中保持什么样的办事风格。通过一系列核燃料元件生产线的建设、调试、生产运行，达到"出产品、出成果、出经验、出人才、出精神、出示范"的预期成果。

李冠兴作为中国共产党第十六次全国代表大会代表在北京人民大会堂投票

李冠兴在北京人民大会堂前留影

进入 21 世纪，李冠兴在强调传承优秀文化的基础上，特别注重注入新的时代内涵。一方面，不丢弃宝贵的精神财富，挖掘提炼厚重的文化积淀和精髓，把企业多年形成的宝贵精神作为"根"和"本"。另一方面，把文化创新作为企业向更高层次迈进的助推器，在继承中传承，在传承中发展，提出了"高标准、严要求、创一流""严、细、实""增强执行力"等工作理念，明确了"致力于核能事业、致力于一流企业、致力于员工价值"的企业核心价值观，努力培育体现时代发展要求的"核元件文化"，

李冠兴作为第十届全国政协委员
在北京人民大会堂留影

积极倡导团结拼搏、开拓进取、求真务实、争创一流的"核元件精神"，开展以安全文化、质量文化、保密文化和环境文化为内容的军工文化建设，积极营造"创新思维，智造元件；守望相助，报效祖国"的氛围，将二〇二厂打造成为首批国防科技工业军工文化建设示范单位，构建完成包括理念、行为和视觉识别系统在内的规范统一的企业文化体系，使企业文化真正在工厂落地生根。

同时，李冠兴将企业文化建设与党建工作、思想政治工作、精神文明建设有机结合起来。以"课题化设计、项目化管理、工程式推进和绩效化评估"为抓手，按照计划（plan）、执行（do）、检查（check）、处理（act）的 PDCA 程序进行闭环控制，建立和规范运行党建质量管理体系，深入开展项目党建攻关，激发基层党建工作的活力和创造力，为推动公司高质量发展，打造面向全球、国际一

流的核材料和核燃料元件生产科研基地提供了坚强保障。同时，借鉴工程项目管理的理念和方法，将党建工作以项目课题形式进行部署，基层党组织按照"围绕热点、突出重点、突破难点、覆盖盲点、创新亮点"的原则明确选题方向，结合工作实际，围绕"促进生产经营、提高经济效益、提升管理水平、推进技术革新、落实提质增效"等目标找准党建融入中心的切入点，提出项目党建立项课题，编写立项方案，设定党组织攻关内容、工作要求和具体措施，将党建工作从"软任务"变成"硬指标"，使企业党建工作迈向了按照现代企业制度要求发挥政治核心作用的新阶段。将企业的思想政治工作和精神文明建设由围绕转变为融入，贯穿于管理的全过程，企业的影响力、凝聚力和品牌形象不断提升，软实力不断增强，文化引领、精神塑造，为企业实现可持续发展的战略目标注入了强劲动力。

二〇二厂在发展过程中提炼了一个理念：守望相助、智造元件。"守望相助"就是相互支持，相互信任；"智造元件"就是用智慧、智能化来生产产品。当时，工厂领导拿着这 8 个字去找李冠兴，想请李冠兴给题个词。李冠兴看完这 8 个字之后说："你们给我两天的时间，两天以后你们来取。"李冠兴想了两天后，拿给厂里的不是 8 个字，而是 16 个字："创新思维、智造元件、守望相助、报效祖国。"他说，光智造元件不行，还得创新思维。制造元件水平有高有低，一定要有创新思维，才能智造元件。最终的落脚点是"报效祖国"。这 16 个字充分体现了李冠兴这位科学家热爱祖国的博大情怀，一直鼓舞并感染着二〇二厂的所有人。

为建设现代化的花园式企业与和谐社区，在李冠兴的倡导下，二〇二厂共投入 4000 多万元进行生活区和厂区环境整治，逐步改善职工群众的工作和生活条件。二〇二厂先后修建了乌素图广场、新跃广场、科技广场、乌素图公园等职工活动设施，彩化居民楼房和工业厂房等，不断美化、绿化、亮化周边环境，为职工工作生活打造了舒适环境。同时，着力改善就医条件，新建职工住宅楼，组织职工体检，还在全厂实行了模拟住房制度改革。

二〇二厂成为全国优秀思想政治工作企业和内蒙古自治区精神文明建设先进单位，先后获得"国家质量管理奖企业""全国环境优美企业""全国绿化先进单位""全国创先争优先进单位""国家技能人才培育突出贡献奖"等多种荣誉称号。与这些紧密相连、相伴而生的，正是二〇二厂蕴含的文化力量。

为了表彰李冠兴四十几年如一日，在相对比较艰苦的内蒙古地区脚踏实地、勤奋耕耘在他热爱的核事业领域，2009 年授予其全国道德模范提名奖和包头市第二届道德模范的荣誉称号。

第|五|章

学会十年，
创新不辍

2008 年，李冠兴当选为中国核学会第七届理事会理事长，2013 年，连任第八届理事会理事长。在李冠兴的领导下，中国核学会创建了中国核学会学术年会、"核科技、核应用、核经济"论坛（"三核"论坛）、中国（国际）核电仪控技术大会等国内高端学术交流品牌；先后承办了国际核工程大会（ICONE）、水堆燃料性能国际会议（WRFPM）、国际核反应堆热工水力大会（NURETH）、太平洋地区核能大会（PBNC）、世界核妇女大会（WiN）等国际会议和论坛；举办了第 11 届至第 15 届中国国际核工业展览会；举办了"院士行"、"魅力之光"杯全国中学生核电科普知识竞赛及夏令营、"核科普公众开放周"等核科普活动。

丰硕成果的背后，是李冠兴数十年如一日的责任与担当。

中国核学会由钱三强、王淦昌、朱光亚等老一辈"两弹一星"功勋科学家倡议发起，于1980年正式成立，如今已走过了40多年的风雨岁月。中国核学会是一个由两院院士、知名科学家和学者组成的实力雄厚的学术团体，是我国核科技界学科设置最全、规模最大、最具影响力的学术交流和科学普及平台。40多年来，中国核学会始终与我国核科学技术发展历程相伴，一代又一代的核科技工作者发扬"两弹一星"精神，为建设创新型国家、为中华民族的伟大复兴做出了重要贡献。

2008年，李冠兴当选中国核学会第七届理事会理事长，并于2013年连任第八届理事会理事长至2018年。在李冠兴的领导下，中国核学会在学术引领、产业发展、国际交流、科普宣传、人才成长等方面做出了突出贡献。李冠兴领导中国核学会工作的10年，中国核工业创建60周年，中国核电正式重启、中国核电"走出去"发展和核科学技术取得重大突破，是我国核事业发展极其重要的10年，也是中国核学会砥砺奋进、飞跃发展，紧紧抓住国家加强群团组织建设和政府职能转换的有利时机，积极向国际一流学会迈进的10年。

在李冠兴的领导下，中国核学会认真贯彻执行党和国家各项方针政策，立足国情和时代需求，坚持"开放、创新、求实"的总体原则，以"做好服务，成就价值"的工作理念和"三勤一实"（勤跑、勤听、勤看，实实在在做事）的工作方法，从国家核事业发展的需要出发，紧密结合实际情况，克服各种困难，充分发挥党和国家联系广大核科技工作者的桥梁纽带作用，坚持为广大核科技工作者服务，坚持为产业发展和创新发展服务，坚持为提高全民科学素质服务，坚持为党和政府的决策服务。中国核学会团结广大核科技工作者，在促进核科学技术的繁荣发展、开展核科学技术的普及推广、开拓核科学技术的国际交流、推动核科技人才的选拔成长等方面不断探索创新，为中国核事业的发展进步做出了积极的贡献。

一、战略谋划，大我格局

"计熟事定，举必有功""既见人之所见、亦见人所未见"的战略谋划能力非常重要。战略谋划即超前认识、前瞻思维，是一种"事先知道""主动设计"。战略谋划可以体现学会领导者的意志，引领学会建设方向，指导学会工作实践，影响学会工作成效。战略谋划能力强，则事半功倍；战略谋划能力弱，则事倍功半。学会工作的战略谋划能力，事关工作的计划性、预见性，事关落实的主动性、实效性。战略谋划是"怎样做正确的事"，细节则研究"如何把事情做正确"。只有善于从战略上想问题、理思路、抓落实，才能有"登泰山而小天下"的气魄和眼界，才能把各个局部、各项工作带动起来。

人们评价李冠兴是一位战略科学家。是啊！他无论是担任二〇二厂厂长还是担任中国核学会理事长时，胸中总是怀着"全局图"，眼睛盯着"大棋盘"。他关注的不仅仅是核电发展，还有核医学、核农学等核技术应用的各个学科的发展前景等，他非常注重从宏观上搞好谋篇布局。在国家深化改革的大背景下，中国核学会作为具有较高学术权威地位的第三方科技组织，对国家的科技评价、人才评价、团体标准制定、重大专项科技咨询等有着重要的第三方咨询评价作用。李冠兴积极引导中国核学会为国家深化改革做出应有贡献。他牢牢把握服务广大科技工作者、服务创新驱动发展战略、服务公民科学素质提高、服务党委政府科学决策以及加强自身建设的"四服务一加强"工作新定位，切实克服机关化、行政化倾向。建载体、搭平台、创新体制机制，不断增强学会的会员凝聚力、学术公信力和社会影响力，力争把中国核学会建设成为充满生机和活力的现代科技社团组织。

现任中核集团产业开发与国际合作部副主任、中国核学会原副秘书长申立新，从 2013 年开始到 2018 年，在李冠兴领导下的中国核学会工作了 5 年时间。申立新说，在中国核学会工作期间，从李冠兴的身上能够看到一位真正的科学大家风范。

2009 年，李冠兴（右二）在中国核学会学术年会上为获奖者颁奖
（右一为被誉为"中国核医学之父"的王世真院士）

　　大家风范是一个人特有的气度、气质。申立新感受最深的首先是李冠兴的大局观。李冠兴考虑问题不是简单地从一个方面去考虑，他考虑的都是国家战略层面的问题。对于核燃料产业的发展，他更多的是考虑整个国家的核燃料产业怎么发展的问题。他站位很高，他是科学家，是核燃料方面的专家院士，所以在核燃料行业威望很高，只要是搞核燃料的人，不管是哪个国家、哪个企业集团的，都非常尊重他。只要是核燃料方面科技项目的评审，不管是中核集团的，还是中广核的、国家电力投资集团公司的、中物院的，大家首先想到的是他，大家都会找到他，而且大部分是请他当评审组组长。因为他考虑的问题都是国家战略层面的问题。他不仅会考虑到现有的核燃料性能的提升改进，还会考虑未来新技术的发展，如碳化硅、环形燃料等新燃料元件都是李冠兴当年与很多科技人员一起研发的，

许多项目还是他当的组长。李冠兴去世后，人们唏嘘，李院士走了，感觉突然之间核燃料领域缺了一位"定海神针"式的人物、"定盘星"式的人物。

曾在中国核学会核材料分会工作过的郑绪华说，李冠兴院士是这个行业的引领者，他绝不是个单纯的只专注科研的院士。开展成果鉴定，我们也请很多院士去评审，因为院士是学术方面的精英。不仅如此，李冠兴更是一位帅才，他可以把很多院士召集在一起，带领大家去干更大的事情，他在这个行业领域是一位领袖一样的优秀管理者。

我国民用核工业起步很晚，728工程（秦山一期核电工程）是1970年2月8日起步的，秦山一期核电工程于1991年12月首次实现并网发电，是我国自主设计、自主建造、自主运营、自主管理的第一座核电站，投产以来，机组运营一直处于良好状态，成为我国改革开放40多年来和平利用核能最大的成果。每一座核电站发展建设的时间都非常长，这里有一个很重要的因素，就是核燃料，除了整个核反应堆设计之外，核燃料才是核电站的核心。

从20世纪50年代开始到现在，人类发展核电已经有了60多年的历史。在这60多年的发展过程中，一共出现了三次重大核事故，分别是：1979年发生在美国的三英里岛核泄漏事故、1986年发生在苏联的切尔诺贝利核泄漏事故和2011年发生在日本的福岛核泄漏事故。三英里岛核泄漏事故是核电历史上第一次出现堆芯熔化的重大核事故；切尔诺贝利核泄漏事故是核电历史上最为严重的一次核事故，也是人类历史上最为严重的一次工业事故。如果未来新的燃料，包括碳化硅的燃料，温度能够达到1700多摄氏度，熔化的可能性基本上就没有了，再加上双层安全壳，从这里就能看到保障核安全，核燃料是核心。

作为核燃料研究方面的科学大家，李冠兴考虑的是国家层面的事情和国家的利益。

在担任中国核学会理事长期间，李冠兴还推动了一些国家层面决策的落实。他向国家提出要发展模块化小堆、要占领核科技制高点的建议，并在牵头起草建议书之后，与王乃彦院士、叶奇蓁院士、彭先觉院士、徐铼院士等联合签名，作为中国科协2018年1号文件，上报给了中央领导同志。这个文件对中央领导关注核工业、关注模块化小堆的发展，起到了至关重要的作用。现在，中核集团的模块化小堆"玲龙一号"已在海南开工。"玲龙一号"的研制成功，顺利地将中国推向了世界核技术发展的前列，也让中国真正拥有了问鼎世界核技术巅峰的资本。所以，大家都说，李冠兴任中国核学会理事长的十年，是中国核学会腾飞发展的十年。

李冠兴支持加速器硼中子俘获治疗（Boron neutron Capture therapy，BNCT）实验项目发展的故事，再次验证了他的战略谋划和大家格局。BNCT是目前国际最先进的癌症治疗手段之一，采用BNCT治疗时，会先给患者注射一种含硼药物。这种药物对癌细胞具有很强的亲和力，进入人体后会迅速聚集于癌细胞内，但在其他组织内分布很少。随后，医生会给患者实施中子照射，时长在1小时内。当照射的中子遇到了聚集于癌细胞内的硼，由于硼的同位素硼-10具有很大的中子吸收截面，两者很容易发生强烈核反应以产生高杀伤力 α 粒子与锂离子，即可精准"杀死"癌细胞。与目前备受追捧的质子治疗手段相比，BNCT具有低成本、治疗高效的特性。患者在接受治疗后，可以保持较高的生活质量，治疗疗程短且灵活，治疗费用较低，患者经济负担小。

多年来，中国工程院能源与矿业工程学部原专职副主任周永茂院士一直在主持设计加速器BNCT实验装置，为我国肿瘤治疗带来了技术性革新。但这个项目很少有人支持并投资，所以，周永茂院士的项目开展得很艰难。李冠兴得知情况后，是第一个支持BNCT项目发展的人，每一次开技术评审会他都参加，并积极宣传呼吁。现在，周永茂院士先利用大加速器中子源，再做成小型的中子源，已经得到全面推进。中核集团将在"十四五"期间推动 BNCT 项目落地北京，进一步发展壮大核技术医学应用，提高集团公司在核技术医学应用领域的影响力。这个项目于 2022 年底开工建设，到"十四五"时期末将建成并投入使用，并逐步用于临床中。

在中国核学会2009年度学术年会上，李冠兴院士（右）和周永茂院士亲切交谈

中国核学会原副秘书长申立新说，一个科学家需要有大局观，他的思想有深度、有远见、成体系，远远超出他所处的时代。李冠兴就是这样一位很有远见、很有大局观的战略型科学家。

申立新刚上任中国核学会副秘书长时，李冠兴曾交代他："我们国家核电已经成气候了，你以后要更多地去关注核技术应用，这方面我们还比较薄弱。"申立新说，他讲的核心意思就是，核技术应用能够更直接地服务于国计民生，能够服务人民的生命健康。2016 年，国家出台了《"健康中国 2030"规划纲要》，2021 年颁发了《医用同位素中长期发展规划（2021—2035 年）》，而李冠兴 2013 年就说了这些问题，他当时就能够看得出来核技术应用的发展前景，这与李冠兴当年的远见卓识紧密相关，他还在多个场合去做宣传倡导工作。

王志至今还清楚地记得第一次在李冠兴的办公室见到他时的情景，当时他担任中国核学会副秘书长李冠兴对他说："首先要热爱核事业，才能热爱核学会，才能用心把学会工作做好。你是从核电专业领域出来的，又有集团公司国际合作经验，希望今后你站在学会平台上，更好地为核事业发展服务，把学会工作向前推一推，做得更好一点。"

李冠兴自身就是热爱中国核事业，为中国核事业的发展鞠躬尽瘁的典范。2017年底，他不顾有病在身，仍坚持主持研讨会，专题研究如何加强核能创新，引领推动小型堆在创新融合应用方面的发展问题。"当时，中国正处于核电发展的十字路口，不仅需要技术进步，也需要在安全性和经济性上有更好表现，才能在开放的、低碳的现代电力系统中有立足之地。希望通过小型模块化反应堆的创新，提升核能在能源系统中的存在价值，通过更灵活的分布式应用参与区域能源系统，并与天然气、可再生能源等因地制宜地组合成更加低碳高效安全的多能互补智慧能源系统。"王志说，李冠兴不仅是专业造诣精深的科学家，还是德高望重的核科学领路人。

具有前瞻性的战略眼光是李冠兴一贯的特质。中国核学会在李冠兴的指导下编撰的《核科学技术学科发展报告》就非常能证明这一点。这个报告中涉及开展核技术应用的问题，李冠兴对这个事情特别下功夫，每个科技应用方面的专题都是由他策划的，包括"辐射技术应用""核农学""核医学""放射性同位素技术"等题目，都是李冠兴定的。他考虑得特别多、特别细，每一篇写多少字，由谁来写，都是他认真权衡后点的名，都由院士亲自担纲、亲自撰写。他还担任首席科学家，每一篇章都亲自参与修改。

书稿评审中间有一个过程中的评审，请来的评审专家大都是院士，后来发现有的专家因为身体原因，或者有别的活动，人虽不能来，但都愿意做工作。于是，李冠兴就将报告逐一送到专家的手上，请院士们帮着确定框架、编写，最后再审，李冠兴自己再改几遍，每一篇报告都是这样评出来、改出来的，都是院士专家们的心中所想。有些虽不是他们亲笔写的，但是他们会参加小组讨论，小组讨论有时候会很激烈，只为了一个科学的定义、说法。李冠兴的治学严谨体现在方方面面。中国科协评价说，有这么多院士参与编撰，这个报告太权威了。今天，国家如此重视核技术应用，可以说跟李冠兴的努力有很大关系，与中国核学会编写的《核科学技术学科发展报告》《核技术应用学科发展报告》密切相关。

李冠兴作为首席科学家领导编著的两本核学科发展报告

中核集团一位高层领导在一次会议上提到了这两本报告，不无感慨地说：

> 我们搞了这么多年的核技术应用，最后还是靠中国核学会才编出了报告。因为之前没有谁真正全面地把中国核技术应用的情况分析整理出来，包括核医学、核农学、辐射加工同位素的生产技术。李冠兴院士站在一个战略大家的角度，对中国核技术应用提出了前瞻性的科学展望。

2015年，中国核学会组建了核科学技术名词审定委员会、核科学技术名词编写委员会，李冠兴担任核科学技术名词审定委员会主任。2024年，《核科学技术名词》最终出版。这一成果的公布，是告慰李冠兴的最好方式之一。

李冠兴是一位谦谦君子，为人和气，但这并不代表他会放弃原则，相反他是一个原则性很强的人。他在二○二厂工作的时候，曾经就因为一些事情出现跟当时的集团公司领导不一致的看法，但是后来证明他说的是对的，而且他坚持得对。不唯上只唯实，是要有敢于担当的责任感的。

中国核学会曾经因为税务处理出现过一些问题，作为理事长，李冠兴在理事会大会上主动担责。其实，这些事跟他一点关系都没有，都是在他担任中国核学会理事长之前的历史遗留问题。一直以来，中国核学会实行的是理事会领导下的秘书长负责制。历届的理事长对中国核学会的具体业务是不管的，包括对账及经费使用的事情都是秘书长签字。虽然最后很顺利地把税务问题处理好了，将30多年的历史遗留问题都解决了，但因为李冠兴是法人代表，在问题没有解决之前，压力最大的其实是他，他要担这个责。作为理事长，李冠兴坚持原则敢担责，这就是一个人的品质。其实，他完全可以很容易地就推掉这些责任，因为这是学会秘书处的事情，像报销之类的事，都是秘书长签字。在理事会上虽然有人提出批评，但李冠兴主动承担责任，将事情向大家做了说明，承认了错误。本来是一场危机之战，却变成了一个学会秘书处在李冠兴的领导下增强信心的鼓劲会。

李冠兴具有大局观，他高超的协调能力一直为人所称道。他的敢担责与他高超的协调能力有什么关系呢？过去，中国核学会每次开理事会会议都非常不容易，人们会觉得一个学会的理事会开会有什么难的啊？矛盾的存在是普遍的，比如有的会员单位提出想增加核学会分会，这就需要协调。对这些事情的处理可以体现出李冠兴的大局观，很多问题都需要从大局出发协调问题的解决。在中国核学会的历史上，增加学会分会，原来是要报上级业务主管单位中国科协审批的。后来，中国科协简政放权把分会设立权直接交给学会了，中国核学会增加分会就需要理事会来决策。需要理事会决策的还不止一个分会，有的已多次上会讨论。比如建立核安全分会，在第一次理事会讨论时没有通过，还有核技术应用分会，第一次理事会讨论时也没有通过。分会设不设涉及必要性，设立分会要看够不够一个领域，核医学是个领域，核农学也算一个领域，但它的子学科、子学科的二级学科、三级学科设立分会的必要性有多大？还有学科之间的相互交叉问题，这个领域和那个领域，并到一起差不多就是一个领域，甚至还不够一个领域，这就需要协调。

比如，针对核安全能不能作为一个技术分会，大家持有不同的意见。因为当时中国核学会已有辐射防护分会，核安全与辐射防护大量交叉。从技术角度来说，核安全还涉及放射化学、辐射防护、"三废"管理等。一个分会的设立是不是作为一个技术分会，是要统筹考虑的。传统意义上，中国核学会设立分会，走的是技术领域的分科，比如核动力是一个分会，放射化学是一个分会，就是按学科来走的。核学科有一级学科、二级学科，一级学科就一个，即核科学技术，二级学科有四个。分了技术领域之后还要与产业有关，规模太小也不行，所以，它既涉及技术领域，又涉及产业。因此，一个分会的设立很容易引起大家的争论。

面对争议，李冠兴没有急于决策，而是提出会后请有关部门把这个方案完善一下，下一次理事会再协调讨论。

许多年来，国际上越来越重视核安全，核安全本身还有一些技术特点，有监管的要求、监管的技术。我们原来的辐射防护是从发展角度去做的，而干得怎么样需要监管，监管也得靠技术，也得靠手段。比如，开发一个软件，要通过一系列的评审，评审要有相应的评审手段。所以，李冠兴看到了这一点，他觉得核安全监管应该可以作为一个技术学科去考虑，后来又对设立核安全分会的方案内容做了一些修改，结果第二次会上就通过了。核安全分会成立之后，活动十分频繁，对于增强我们国家的核安全监管能力起到了很好的促进作用。

国家核安全中心是一个技术机构，而不是决策机构，通过评审从技术方面提出意见。核领域的技术性要求高，需要有人超前考虑。能够成立核安全分会，是李冠兴很好地协调发挥理事会的作用，在理事会上协调讨论的结果，与他的协调能力有着极大的关系。

中国核学会一些分会的设立，体现出李冠兴在这个过程中的远见卓识。他高瞻远瞩，善于协调，即使观点不一致，他在坚持的过程中，也是摆事实、讲道理，而不是武断决策，因而特别令人信服。

在担任中国核学会理事长 10 年期间，李冠兴为中国核学会事业的发展做出了杰出贡献。中国核学会能取得这么多的成绩，与他的亲力亲为、大家格局有非常大的关系。

中国核学会原副秘书长王志说："他是一位战略科学家，具有着实事求是的精神，他处理问题总是能从大局出发，客观地决策一些事情……"

李冠兴特别重视弘扬和传承"两弹一星"精神，他逢会必谈"两弹一星"精神，他说要用好中国核学会联系广大核科技工作者的便利，利用好这个平台，成为"两弹一星"精神合格的宣传员、传播者。中国核学会是最早提出践行"两弹一星"精神的倡导者和传播者，学会首届理事长王淦昌就是 23 位"两弹一星"功勋科学家之一。为此，中国核学会举办了纪念钱三强百年诞辰、朱光亚 90 周年诞辰、王淦昌 110 周年诞辰、我国第一颗原子弹爆炸成功 50 周年、我国第一颗氢弹爆炸成功 50 周年等多个弘扬"两弹一星"精神的纪念座谈活动，在社会上引起强烈反响。

2014 年 9 月 18 日，在参加纪念我国第一颗原子弹爆炸成功 50 周年纪念座谈会上，李冠兴代表会议主办方——中国核学会、"两弹

2014年9月18日，李冠兴在纪念我国第一颗原子弹爆炸成功
50周年座谈会上致辞演讲

一星"历史研究会做了题为"传承'两弹一星'精神、实现伟大中国梦"的致辞演讲。他在演讲中指出：我们纪念中国第一颗原子弹爆炸成功50周年，就是要大力弘扬"两弹一星"精神，切实履行党和人民赋予的重要使命，牢固树立创新科技、服务国家、造福人民的思想。在新的历史时期，中国核学会要以"开放、创新、求实"为宗旨，充分利用学会丰富的专家资源，提升各类活动的价值和影响力，为促进核产业的发展和科技创新做出贡献。我们纪念中国第一颗原子弹爆炸成功50周年，就要大力继承"两弹一星"传统，进一步普及核科技知识，提高全民科学文化素质。要围绕产业热点和焦点，加强与政府、媒体和公众的沟通，提高社会对核能清洁、安全、高效的认知，广泛宣传核技术应用在国民经济中的重要作用，为产业发展营造良好的社会环境。我们纪念中国第一颗原子弹爆炸成功50周年，就要大力推进"两弹一星"伟业，继续加强国际交流与合作。既要将更多更好的国际经验"请进来"，也要努力为我国核工业"走出去"做出贡献。积极参与、申办重要的国际会议，通过交流与合作的方式积极宣传我国核科技成就、产品和服务，向国际

社会介绍中国蓬勃发展的核事业，传递中国的核声音，为我国核工业"走出去"营造良好的国际舆论氛围。

王志说，李冠兴院士特别重视弘扬"两弹一星"精神，经常给青年学子讲述什么是"两弹一星"精神，讲"两弹一星"功勋科学家的故事。其实，他自身就是"两弹一星"精神的忠实践行者。他是一位和蔼可亲的师长，没有一点架子，他特别重视青年人才的培养和成长，愿意和年轻人交流沟通，他总是鼓励年轻人，给他们无私的帮助。

2022年5月10日，习近平总书记在庆祝中国共产主义青年团成立100周年大会上发表的重要讲话中强调："实现中国梦是一场历史接力赛，当代青年要在实现民族复兴的赛道上奋勇争先。"[①] 时代各有不同，青春一脉相承，中国核工业发展史就是一代代核工业青年跟党奋斗的历史。我国核工业历来高度重视青年工作，始终站在党和国家事业兴旺发达、核事业后继有人的战略高度，以久久为功的不懈奋斗回应习近平总书记对青年工作的呼唤之切、要求之实和期望之重。

创新是核工业发展的战略基点，面向核工业改革发展新征程，无论是推进自主创新掌握核心技术、攻克"卡脖子"难题，还是啃下改革硬骨头、实现高质量发展，青年始终是推动改革发展进步的中坚力量。数万名核工业青年冲在改革发展第一线、科技创新最前沿，为我国实现自主三代核电"华龙一号"全球首堆、海外首堆双双建成投运，首座高放废液处理玻璃固化工程投入试运行，全球首个陆上商用模块化小型堆"玲龙一号"、中俄核能合作项目开工建设，全球首座球床模块式高温气冷堆核电站并网发电贡献青春力量，助力我国核科技勇立世界潮头，实现从"跟跑"、"并跑"到"领跑"

① 习近平.在庆祝中国共产主义青年团成立100周年大会上的讲话.https://www.gov.cn/xinwen/2022-05/10/content_5689538.htm?eqid=b0c24ba200013cb50000000464562acc[2023-01-10].

的跨越式发展，用一步步铿锵有力的步伐踏出了我国核技术走向世界先进行列的前进底气。

李冠兴是一位纯粹的学者。他为人低调，从不争名夺利，他把名和利看得非常淡，对于荣誉，能让就让，从不去争这些东西，却在奖掖后学方面做了大量的工作。现在湖南大学当老师的中国核学会原工作人员马正峰，学的是中文，到中国核学会工作后，受益非常大，除了自身努力外，李冠兴的言传身教至关重要。有一次，李冠兴在中国核学会秘书处开会的时候说，咱们中国核学会的这些年轻人，说句实话，比总部机关的好多同志能力都强。他是在激励中国核学会的这些年轻人，他视这些年轻人为自己的孩子，工作上有点进步，马上就表扬，这就是胸怀。中国核学会的工作人员都说，李冠兴不是个行政干部，他更多的是一位学者，非常平易近人，他是一位非常愿意帮助年轻人成长的专家，大家的学者风范不是一般人能有的。

用"风度翩翩"来形容李冠兴是最恰当不过的。李冠兴气质非凡，不管什么场合，他总是风度翩翩地出现，他对自己的衣着非常讲究，衣服永远都非常整洁，头发梳理得永远都非常整齐。

李冠兴写文章都是用电脑，他使用电脑的水平非常高，PPT 比一般工作人员要做得漂亮。李冠兴刚来中国核学会的时候还和申立新副秘书长说，要是能找一个 PPT 做得好的人就好了。申立新马上说，自己的水平还可以。后来，申立新做了一个 PPT 拿给李冠兴看，李冠兴没说什么，把他自己做的 PPT 给申立新看，"我觉得李院士比我做得好多了，都是立体的……"申立新说。后来，申立新在一些地方做科普讲座，用的都是李冠兴做的 PPT。

李冠兴不批评人，但是他表扬别人就证明是在批评你。他观察事物特别仔细，有一次，中国核学会相关人员在台湾参加活动，他对工作人员说："你注意到了吗？你看他们的主编每次出来都要换一条领带。"

从一个科学大家的身上可以学到很多，可以学到他的一些学识、科学技术能力，但难得的是学到他的为人、他对自身的追求和修养。李冠兴常讲共产党员的修养，共产党员的修养就是做人的修养。李冠兴的修养体现在方方面面，如对学术的追求，遇到复杂问题、困难时候的综合协调能力。随着时间的流逝，大家想到的李冠兴，就是一个把自己整理得干干净净、和蔼可亲的形象。他是这样的一个人，会让你永远值得追求、抬头仰望的一个人。

李冠兴还担任核工业系统院士推选专家委员会、学术委员会、编辑委员会、标准工作委员会主任。他积极推动中国核学会成为首批工程教育认证、工程师资格国际互认及团体标准试点单位。领衔负责《核科学技术学科发展研究报告》《核技术应用学科发展报告》《核科学技术名词》《重水堆在我国核燃料闭式循环中的作用与定位》《核供热项目技术方案》《核燃料技术发展战略研究》《关于推动小堆技术创新融合应用发展的建议》等重要课题及调研报告。实施"创新驱动助力工程""青年人才托举工程"，与地方政府签订了多个战略合作协议，并承担多个为企业提供科技信息服务的专题项目，为地方经济社会发展提供科技服务和人才支撑。

"青年人才托举工程"项目由中国科协于2015年9月立项，旨在扶持有较大创新能力和发展潜力的32岁以下的青年科技人才，帮助他们在创造力黄金时期取得突出业绩，成长为国家主要科技领域高层次领军人才和高水平创新团队的重要后备力量。中国核学会通过"国防科技社团联盟"积极申请中国科协"青年人才托举工程"项目，学会及联盟为其量身定制个性化培养方案，加速优秀青年人才的成长成才。

自2015年开始，中国核学会以中国科协创新融合学会联合体成员身份参与"青年人才托举工程"工作，中国核学会以院士作为导师，有关单位的领导、总工等作为技术导师，学会有一位副秘书长负责专门的行政协调工作，一个青年人才后面有三位老师作为支撑，给年轻人搭建平台。中国核学会成功推举了中国科学院上海应用物理研究所邓海啸、中国核电工程有限公司魏玮等 16 名青年才俊成为"青年人才托举工程"被托举人，数量在全国学会中位居前列。被托举人可以得到每年 15 万元（连续 3 年）的科研经费支持，学会还将为其搭建学术交流平台、科技创新平台、国际合作平台、职业发展平台和跟踪服务平台，助其成长、成才。自项目开展以来，中国核学会共组织"青年人才托举工程"评选会议 6 次，学会培养会及导师见面会 3 次，联合体培养会议 3 次，青年论坛 1 次，青年沙龙及研讨会 2 次，并为 40 余名"青年人才托举工程"导师颁发聘书。目前已有核领域的 30 余名院士、100 余名专家参与到该项目的人才推荐和人才培养工作中。

李冠兴非常关心"青年人才托举工程"项目，关心核科技领域的年轻人的成长。他不仅参加项目的评审评比，当组长，还亲自推荐相关的"青年人才托举工程"人才。所以，中国核学会"青年人才托举工程"工作推荐的人才成才质量，在全国学会里名列前茅。

2011 年，刘文涛从中南大学粉末冶金专业毕业后到二〇二厂冶金研究所工作。刚来二〇二厂的时候，刘文涛被分配在金相组磨制样品。那时，他没有一个明确的概念，即自己到底在做什么样的工作。随着工作的深入和科研的开展，他开始慢慢地明白这个工作的意义和价值，感受到了二〇二厂的精神是二〇二人一步步培育出来、传承下来的。2014 年，他开始从事芯块研发和功能转化方面的研究。2016 年，中国核学会组织第一届青年托举人才评选，组织上推荐刘文涛去参加，可是没有成功。当时，李冠兴是专家组组长，也是刘文涛的托举导师。那时，一起参与竞争的大多是院校、研究机构的硕士研究生导师、教授、副教授等，刘文涛则来自工厂。离开评选会场以后，刘文涛十分沮丧，便给李冠兴道歉。李冠兴安慰他说："你年龄最小，而且我们做工程的，做了很多工作。"李冠兴告诉刘文涛不要觉得自己做的工作没有意义，慢慢就知道自己现在做的是什么了。很多科研不是等来的，是提前做好了准备，机会来了，就可以拿出来。他鼓励刘文涛不要气馁，回去后继续坚持工作和科研。

刘文涛说："中间休息时，李院士跟我说了很多，从那时候开始，我就感受到了李院士对青年人才培养的重视。他从心底里对青年人才有一种期望，特别是对我们二〇二厂的人。只要是二〇二厂出去的，他看见之后，真的是让人从心里感觉出来他有特别强烈的呵护欲望。"

李冠兴从未见过刘文涛，但还是推荐了他，会上还介绍了二〇二厂。他说，做工程研究其实很重要。他一直强调，基础研究是有必要的，但要让基础研究和工程化结合，让工厂去做太深入的基础研究没有太多的可能，生产科研相结合才有更大的意义。

李冠兴除了关心刘文涛的一些小事以外，更多的是指方向，对此刘文涛深有体会。他说："李冠兴院士对专业发展方向非常明确，要做什么，方向在哪，新型燃料在哪，应用方向在哪……老人家年纪那么大了，依然对科研有着高度的敏感，对专业方向也高度敏感。而且他思路很清晰：研究的方向在哪，到底对不对，我们做具体工作的同志还不一定有他清楚。他关注的是专业方向，以前我只知道具体的粉末怎么做，芯块怎么做，但是，我不知道应用方向或者不知道有可能选择的方向，按照李院士指的方向去走，就避免了走弯路。"

到了第四届青年托举人才评选的时候，刘文涛入选了，李冠兴依然是他的托举导师。刘文涛成为托举人才之后，发挥才智的舞台不一样了，心态也不一样了，视野不断拓展。现在，刘文涛主要从事国内主流芯块、新型芯块的基础工艺及工程转化研究，取得粉末冶金专利 20 多项，新型燃料芯块申报的项目也有 10 多种，并筹建粉末冶金自治区级重点实验室，已成为粉末冶金科技带头人，是二〇二厂科协粉末冶金分协会的主席。2021 年，刘文涛荣获"中国核学会青年奖"。

李冠兴对年轻人寄予很高的期望。他对年轻人的培养不仅体现在"青年人才托举工程"方面，他还经常为年轻人举办一些讲座，鼓励年轻人学习成才。李冠兴非常重视优秀科技工作者的选拔、推荐和培养工作。多年来，中国核学会推荐了一批荣获全国优秀科技工作者称号，以及荣获中国青年科技奖、光华工程科技奖等全国性科技奖项的优秀科技工作者，与中国科学院、中国工程院院士推选一起形成强大的人才举荐体系，使其成为核领域人才举荐的主渠道。

中国核学会的"三核"论坛活动，也是李冠兴在担任中国核学会理事长时创立的一个品牌活动。以"核科技、核应用、核经济"为主要内容的中国核学会"三核"论坛，于 2004 年至 2007 年开始筹备，不定期地举办活动，从 2008 年起每年举办 1 次，成为中国核学会学术活动的靓丽品牌。"三核"论坛拉近了各省级核学会与中国核学会之间的距离，加强了各省级核学会相互间的学习、合作和往来，为规模较小的省级核学会找到了一种切实可行的联合举办活动的模式，同时构建了一个广泛的学术交流平台，顺应自然科学与社会科学的交融趋势，推动东部发达地区与西部欠发达地区的合作，逐渐成为中国核学会的品牌活动。"三核"论坛每一届都与当地经济、科研特色相结合，充分体现了"三核"论坛的独特价值。

"三核"论坛主要是为各省级核学会搭建平台，促进地方核产业经济的发展和核技术应用转化落地，为推动地方的经济社会发展做贡献。"三核"论坛与学术双年会是不一样的，学术双年会完全是为科技基础交流搭建一个平台。"三核"论坛自创立以来，一直办得非常好，各个省级核学会都非常满意。过去办"三核"论坛，都是中国核学会出钱，学会指导，学会每年都要给地方学会很多经费，让地方学会去办。实践让各省（自治区、直辖市）意识到，办"三核"论坛对地方经济发展是有好处的，不是负担，于是现在各省（自治区、直辖市）都争着去办"三核"论坛。

截至 2019 年，中国核学会"三核"论坛已成功举办 13 届，在中国科协"大联合、大协作"工作要求的指导下，将核技术与地方经济发展紧密结合，搭建我国核科学技术领域新的产学研用合作平台，被誉为社团服务地方经济发展的典范。"三核"论坛的交流涉及基础核科研、核电站设计与建设、农业及生物技术、卫生保健、工业经济、资源环境、国防及安保等内容，达到了集中力量、共享资源、提高效率、扩大影响的目的，受到广大核科技工作者的一致好评。

核工业作为高科技战略产业，是国家安全战略的基石，对我国的政治、外交、国防建设、科技进步都具有重大影响。中国核学会推动跨界协同，推动创新发展，助力人才成长，深化与国际国别组织合作，以民间科技交流提升中华文化影响力，彰显中国智慧，为人类命运共同体建设持续注入正能量。

2010 年，李冠兴（左七）出席第七届"三核"论坛

我国著名核材料与工艺专家、中国核学会核材料分会高级顾问武胜院士说：

> 李冠兴院士担任中国核学会理事长期间，核材料分会学术交流活动丰富多彩，他对这些事情很认真，很负责任。李冠兴

虽然不像别人那么外向，但是办事认真，讨论问题严谨，平易近人。他虽然曾是二〇二厂的厂长，又是中国核学会的理事长，但他从来没有架子，非常随和，李冠兴给我的印象是非常敬业。

2013年9月，李冠兴（前排中）出席中国核学会核材料分会2013年学术年会

中国工程院能源与矿业工程学部原专职副主任周永茂院士如此评价李冠兴：

> 担任中国核学会理事长10年，学会工作非常活跃，他头脑里的框框少，善于创新，学会活动很丰富。

中国核学会前秘书长于鉴夫说：

> 李院士管理核学会是抓大放小，他抓大方向，抓大事，其他的事放手让别人去干，但是关键的事情他要抓在手上。比如说，他有两个思想：第一，中国核学会不是中核集团的。他说："于鉴夫，虽然你是中核集团党组派来的干部，但是，中国核学会是中国核科学技术领域最大的一个平台，是代表着全部领域的，你不能只站在中核集团这个角度当秘书长。包括涉核的企业、涉核的院校像清华大学、上海交大、哈工程等，这不都是我们的理事长单位吗？所以，你一定要注意这一点，中国核学

会不是一个集团的，他是整个核领域的学会。"第二，他说，中国核学会接受中国科协的领导，全国有200多家学会，中国科协是我们的上级单位，中国科协管全国的科学家，我们中国核学会只是其中的一个学会，要接受中国科协对我们的业务管理，中国科协交办的任务我们都要完成。这些年我们确实干了很多中国科协交办的工作，比如科协的政府职能转换、产学研结合，支持"科普中国"、"科创中国"、科学创新、科学普及等。这几年，我们还获得了5个中国科协颁发的包括党的建设等方面的奖。我们还与美国核学会、欧洲核学会一起，进入了全世界一流学会的前50名，我感到特别自豪。同时，我们也不只是在中国科协领导下做这些工作，包括企业、军队等，也同时给我们一些工作任务，还有科研院所、学校给我们的工作。

在李冠兴的领导下，中国核学会团结广大核科技工作者的凝聚力不断增强。截至目前，中国核学会已拥有万名以上个人会员、192家会员单位、8个工作委员会和43个专业分会，联系23个省级核学会，参与组建了中国科协创新融合学会联合体和清洁能源学会联合体，加入了中国科协党建示范工作联合体……成为核科技工作者共建共享的大家庭。与此同时，中国核学会还着力做好组织建设和会员服务，激发广大核科技工作者进军科技创新和经济建设主战场，在推动我国核科技产业发展方面发挥了积极作用。

二、年会搭台，繁荣学术

中国核学会自1980年成立以来，第一届理事长是王淦昌院士，他是著名科学家、"两弹一星功勋奖章"获得者。第二届理事长是来自核工业部的核安全专家姜圣阶。第一、第二届时，朱光亚、赵忠尧、彭士禄、李觉是副理事长。第三届理事长是来自中国原子能科学研究院的高分子化学专家汪德熙，第四届理事长是来自核工业理化工程研究院的核燃料工程、同位素分离专家钱皋韵，第五、第六届理事长是中国原子能科学研究院核物理学家王乃彦……由此可以看出，中国核学会还从来没有从工厂里出来的人来当理事长的。

学会是由研究某一学科的人组成的学术团体，学术团体的会员集中了本行业、本专业、本领域最优秀的专业人才，具有学术权威性，通过传播科学知识、推动科技进步来促进经济社会发展。在我国核工业的发展过程中，中国核学会应该扮演什么样的角色？李冠兴认为，中国核学会不能是中核集团的综合体，而应该是国家的行为。虽然李冠兴有时候话不多，但是从他说的特别是干的过程可以看出，他特别强调中国核学会的定位首先是学术机构，一定要把学术做强。

在促进核科学技术的繁荣发展方面，李冠兴始终把开展学术交流活动作为中国核学会的首要任务。根据国家战略要求和行业发展需求，中国核学会开展了形式多样的跨学科、跨行业、跨部门的学术交流，包括跨学科的大型学术年会，跨地区的"三核"论坛，跨行业的核技术在工业、农业、医疗、环境等方面的应用，形成了全方位、多层次的学术交流格局。这些学术交流活动为广大核科技工作者提供了"百花齐放、百家争鸣"的学术平台，为核科技进步营造了良好的学术环境。

学术年会是学术会议中一种制度性的会议形式，通常是定期（一年或多年）召开的一种大型综合性或主题型学术会议。学术年会往往规模庞大，具有很强的参与性，因而能够吸引大量的目光。中国核学会学术年会的真正动力就是来自李冠兴对中国核学会的定位，而且他还真的下决心把中国核学会做大了。对于中国核学会来说，以前不定期地开学术年会是经常有的，中国核学会以前也开学术年会，真正定期每两年召开一次学术年会，则来自李冠兴的决策，但落实起来非常艰难。

2009年，中国核学会第一届学术年会在北京召开，参会人员达1100多人。这个年会能够召开非常不容易。对中国核学会来说，过去轻易不敢开大会，开会一般都不会开到中午 11 点以后，因为请不起大家吃饭。所以，要开一个千人以上规模的大会，经费上哪儿去筹？会议经费对中国核学会来说确实是一个很头疼的问题。但李冠兴说，大家不用担心，钱由他来解决。那天中午，他到中核集团领导那儿去要经费，领导问要多少钱，他说 50 万元就够了，领导说集团出 70 万元吧。他说不要那么多，语气特别坚定。回到中国核学会办公室，他兴冲冲地对学会秘书处的同志们说："钱要到了 50 万元，下一步我们还要筹到 100 万元，那就和我们的常务理事长单位要赞助吧！"于是，秘书处工作人员挨家拜访各个副理事长单位，希望每家出 20 万元，总算把钱凑了大概 100 万元，会议经费因此有了保障。

开千人大会，李冠兴要求论文数量要在 800 篇以上，这是他给工作人员布置的工作任务，这个指标对于中国核学会来说压力非常大。时间已经到了七八月，收集到的所有论文数量大概也就是 500 篇，可按照李冠兴的要求，800 篇才算完成任务，怎么办？于是，李冠兴组织学会秘书处在青海开了个分支学会的秘书长会。在这个会上，李冠兴亲自动员，他谈了中国核学会为什么要开这个学术年会，这个会议的意义和目的是什么，中国核学会是一个什么样的学会，等等。李冠兴在会上动员完大家以后，等到 8 月底 9 月的时候，学会秘书处收到的论文数量从 500 篇左右增长到 1000 多篇，论文数量达到了峰值。

中国核学会第一届学术年会的会议地点定在北京国家会议中心，国家会议中心接受这个千人会议还是第一次。那时候，李冠兴交代秘书处，核领域的院士一定要多邀请。他给了秘书处一本核领域院士的名册，决心下得非常大。那一次会议请到了 4 位"两弹一星功勋奖章"获得者，其中有陈能宽。邀请到的院士中，年龄最大的是 90 多岁的"中国核医学之父"王世真院士，还请到了搞核农学的泰斗科学家陈子元院士。那次会议把搞核工的、核农的、核医的院士们都请到了。在大会开幕式上，陈子元院士和王世真院士非常激动地坐在一起说："好久不见了老朋友，我们能在这个会上和这些科学家们聚到一块儿，非常感谢李冠兴院士，谢谢中国核学会！"

李冠兴说，这个会议不单单是一个纯学术型的会议，重要的是通过学术年会的形式，让更多的年轻人跟老科学家进行交流，构建老中青科技工作者相互学习交流的平台。中国核学会学术年会真正成规模、成体系、成机制地定期规范召开，得益于李冠兴当年的执着坚持。

当时，开学术年会还有一个认识不一致的问题。因为中国核学会各分会年年都要召开自己的学术年会，而各个领域的差别非常大，比如核医学与核农学基本是两个领域。中国核学会又要开一个综合性的学术年会，阻力很大，不仅仅是经费的问题，更重要的是认识上不统一。在青海会议上，李冠兴的动员对统一认识帮助很大，也坚定了大家对开好学术年会的信心和决心。

2009年11月18～20日，以"创新——核科学技术发展的不竭源泉"为主题的中国核学会2009年学术年会在北京隆重举行。包括44位院士在内的来自我国核工业、核基础科学、核应用技术等领域的知名专家、教授及一线青年核科技工作者近1100人围绕核科学技术创新和核技术产业可持续发展等话题进行了学术交流与研讨。李冠兴担任理事长后的首届中国核学会学术年会取得了巨大成功。

中国核学会2011年学术年会于10月12～14日在贵阳召开，主题是"蓬勃发展中的中国核科学技术"。30多位中国科学院、中国工程院院士出席，我国核工业及配套产业、核基础科学研究、核应用技术、核信息、核经济管理等领域的知名专家、教授及青年学者共1200余人参会。会议共征集到论文1194篇。李冠兴在致辞中说："当前，我国核科学技术各个学科全面发展，核能源进入快速发展时期，核技术产业规模迅速扩大，我国核事业发展迎来了新的战略机

2009 年 11 月，在中国核学会 2009 年学术年会上，
李冠兴（前排左五）与参会专家学者等合影留念

遇期。本届学术年会的召开，势必推动核科学技术领域的自主创新和各学科间的交流与融合，促进核科技人才的进步与成长，加快创新型国家建设，推进我国核工业又好又快安全发展。"2011 年的学术年会开完以后，优秀的学术论文有很多，涉及的面很宽。李冠兴说："我们不要停留在这些方面，我们一定要坚持开好全国性的学术年会，不怕大，学科要全。"

中国核学会 2013 年学术年会于 9 月 10～13 日在哈尔滨召开，年会以"机遇和挑战"为主题，出席年会的代表达 1200 余人，中国科学院和中国工程院的 26 位院士齐聚该次大会并全程坐镇参与大会的各项议程。在延续以往年会的"精彩大戏"的同时，中国核学会2013 学术年会更加风生水起。尤为重要的是，核科技界在会上广泛交流而达成的产业共识和凝聚起来的发展合力，对于核能产业来说不可或缺，且已具有了显而易见的助推效应。在中国核学会本次学术年会上，透露出的一些产业数据与未来预测，对于需要突围的产业经济总量而言，其利好的意义不言而喻。

2013 年 9 月，李冠兴在哈尔滨举行的中国核学会学术年会上做报告

2013 年 9 月，李冠兴（右二）出席 2013 中国核学会学术年会核产业发展论坛

中国核学会 2015 年学术年会于 9 月 21~24 日在四川绵阳原子城召开，会议主题是"创新引领，科学发展"。年会邀请到 23 位院士，以及来自政府部门、科研院所、核相关企事业单位的政府工作人员、专家、高管等 1200 余人参会，会上发布了"2013—2015 年度

中国十大核科技进展"、中国核学会《关于积极推进我国核电建设的倡议书》,中国核学会会同24个专业分会和22个省级核学会代表签署了倡议书。同时,还举办了中国核学会2015年学术年会"妇女论坛""青年论坛"等。

李冠兴出席中国核学会2015年学术年会掠影

中国核学会2017年学术年会于10月16日在威海召开,会期3天,会议主题是"安全、绿色、和谐、发展"。年会邀请到吕敏、方守贤、陈佳洱等18位院士,以及来自政府部门、科研院所、核相关企事业单位的政府工作人员、专家、高管等1000余人参加。学术年会共设置了26个分论坛,交流围绕核技术发展中的热点问题和基础问题,涉及核能动力、核安全、辐射防护、核医学、核技术工业应用等20多个学科,是核科学界学科最全面的展示交流。此外,为广泛普及核科学技术知识,宣传绿色核能发展理念,大力传播普及核科学知识和先进技术,促进核能安全发展及和平利用营造良好的社会氛围,中国核学会26个专业分会联合发表了《倡导绿色核能行动宣言》。

2017年，李冠兴在第十六届海峡两岸核能学术交流研讨会上致辞

中国核学会2019年学术年会在我国第一座核燃料元件厂（二〇二厂）所在地——内蒙古包头市召开。当时，李冠兴已经离开了理事长的岗位。年会的主题为"创新科技，绿色发展"，体现了我国核行业把握世界科技创新前沿发展趋势，紧紧抓住新一轮科技革命和产业变革的历史机遇，推动交流与合作，以创新科技引领绿色发展的共识与行动。大会邀请了14位两院院士，以及来自政府部门、科研院所、核相关企事业单位的政府工作人员、专家、高管等1000余人参会。大会共征集论文1400余篇。

2019年8月21日，在中国核学会2019年学术年会会议颁奖的最后环节，现场气氛达到顶点。中国核学会2019年学术年会举行了盛大的颁奖典礼，李冠兴获得特别贡献奖。大会评价李冠兴作为"创新科技 绿色发展"的核行业人，为我国核工业如何迎接机遇和挑战并存的春天，做出了最好的榜样。

在中国核学会 2019 年学术年会上，李冠兴（中）荣获特别贡献奖。
时任中国核学会理事长王寿君（左）与时任生态环境部
党组成员、副部长、国家核安全局局长刘华（右）为李冠兴颁奖

李冠兴特别贡献奖的颁奖词如下：

> 怀揣报国理想，他从繁华都市来到阴山脚下。
> 从清华学子到扎根工厂，
> 从访问学者到当选院士，
> 从科研人员到就任厂长，
> 从名誉厂长到中国核学会理事长，
> 半个多世纪以来，他始终不忘初心、牢记使命，
> 在身份和角色的转换中，
> 用执着和坚守奋斗在核材料与学会工作第一线，
> 在推动我国核技术应用和核燃料元件产业发展，
> 促进核科学技术的繁荣发展、普及推广、
> 国际交流、人才成长等方面做出了卓越的贡献。
> 一片赤诚，一生奉献，
> 一切都和祖国需要紧紧相连。
> 这是李冠兴院士一生的真实写照。

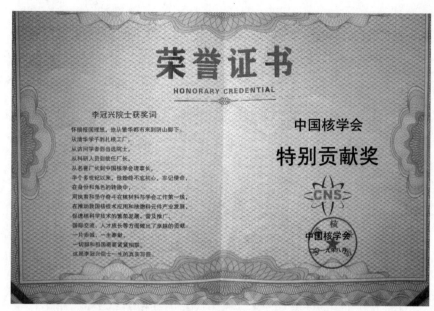

2019 年，中国核学会为李冠兴颁发的特别贡献奖荣誉证书

在李冠兴的领导下，中国核学会组织编写了《核科学技术学科发展报告》，自行组织编写了《中国核技术仪器设备学科发展研究》《我国核电专利战略研究报告》《核技术仪器设备学科发展研究报告》等，由中国核学会与各专业分会共办的正式出版的专业期刊共有 15 种。其中，由中国科协主管、中国核学会主办的科技期刊《核科学与工程》，多年来连续入编北京大学《中文核心期刊要目总览》和《中国科技期刊引证报告》、2014 年版之原子能技术类核心期刊。被美国《化学文摘》、国际核信息系统（INIS）等权威检索系统收录，中国核学会主办的《计算物理》在物理学类共 37 种核心期刊中综合排名第 13 位。在报告和刊物上发布我国核科学技术学科的研究成果，反映国内外核科学技术学科的发展现状、动态及趋势，提出本学科发展的保障措施与对策建议，在业界产生了重要影响。

中国核学会学术年会是我国核科技界学科设置最全、规模最大、最具影响力的学术交流平台，既是核科技工作者交流学术思想、探讨前沿学科的舞台，也是党和国家、政府密切联系广大核科技工作者的重要桥梁与纽带。自2009年以来，中国核学会学术年会坚持每两年举办一次，大会旨在展示和交流近两年来核科学技术各个学科领域的创新成果，在推动各个学科交流、交叉与融合，促进核科技人才的进步与成长，增强自主创新能力，推进核电、核燃料关联产业、核技术产业，以及核基础科学、核医学、核农学等学科全面发展，使核技术更好地为国民经济建设服务方面做出了贡献。

在李冠兴的领导下，中国核学会国内外学术交流服务质量和水平不断提升，学术年会不仅坚持了下来，而且发展势头越来越好。现在，中国核学会学术年会已经变成中国核科技界的盛会，权威性最强、科技含量最高，是核科技面最广的一个科技盛会，是推动我国核科学技术发展的大平台，是核科技界的学术交流大平台。

三、展示成就，彰显国力

在中国核学会学术年会上发布"中国十大核科技进展"始于2015年，此前还从未开展过此类活动，它来自李冠兴院士的"金点子"。

李冠兴认为，我国核科学技术的创新和核能产业发展取得了很多可喜的成绩，"中国十大核科技进展"通过展示我国在核科学领域取得的重大成果，尤其是我国自主创新的标志性技术突破，可以为我国核电产业、国防科研及核能的可持续发展发挥更加重要的作用。

李冠兴强调，我们两年评一次"中国十大核科技进展"，评的内容不是纯新闻，评的角度要采用科学技术角度，而且也不仅仅是我们核工业单位参评，中国科学院系统、高校系统、全国涉核的单位都可参评，产学研用都要涉及。

评选活动吸引了核能领域及社会各界人士的广泛关注和参与，经学术委员会推荐评议和投票表决，中国核学会2015年学术年会首次发布了"2013—2015年度中国十大核科技进展"，分别为：100兆电子伏强流质子回旋加速器建成、CO_2+O_2 绿色地浸采铀技术实现规模化工程应用、中国自主研发的第三代压水堆核电技术"华龙一号"开工建设、中国核燃料后处理放化实验设施建成、世界最大单机容量核能发电机研制成功、中国绵阳研究堆及中子科学研究平台建成并投入使用、世界首台以猝发方式工作的兆赫兹重复率强流多脉冲直线感应加速器——"神龙二号"研制成功、大型先进压水堆核电站重大专项 CAP1400 通过国家能源局组织的 CAP1400 示范工程核准评估、中国自主设计的燃料元件 CF3 先导组件入堆考验、高温气冷堆示范工程燃料元件完成堆内辐照试验。

在"2015—2017 年度中国十大核科技进展"发布的项目中，我国三代压水堆核电"华龙一号"全球首堆示范工程穹顶吊装完成排在第一位。此外还包括：全球首条高温气冷堆燃料元件生产线投料生产、北京正负电子对撞机重大改造工程（BEPCⅡ）建成、大亚湾实验测得最精确的反应堆中微子能谱、国际热核聚变实验堆（ITER）核心部件——超热负荷第一壁原型件率先通过国际权威机构认证、国际首座微堆低浓化成功实施、用于激光核物理研究的光学参量啁啾脉冲放大（optical parametric chirped pulse amplification，OPCPA）超高峰值功率激光系统处于国际同类装置领先水平、"玲龙一号"（ACP100）模块式小型堆首个通过国际原子能机构（IAEA）安全审查、中国先进大型铀纯化转化生产线建设项目建成、自主化核级数字化仪控系统平台"和睦系统"研制成功与规模化应用。

在中国核学会 2019 年学术年会上发布的"中国十大核科技进展"包括：我国核电自主创新体系不断完善，核电关键设备和材料国产化率显著提高，形成以"华龙一号"、CAP1400 为代表的自主三代核电技术，同时快堆和高温气冷堆示范工程进展顺利，小型反应堆研发和示范工程准备在积极推进之中。加纳微堆低浓化改造、上海同步辐射光源、中国先进研究堆、全超导托卡马克实验装置、中国散裂中子源等大科学装置和先进核科学技术取得重大进展。中国核技术应用已在辐照加工、核医学、公共安全等方面形成了一定的产业规模，自 20 世纪 90 年代以来，一直保持较快的发展速度，特别是近年来，年增长率均超过 20%，年产值达数千亿元等。

经过 2017 年威海年会和 2019 年包头年会"中国十大核科技进展"评选后，人们对李冠兴又有了新的认识。李冠兴高度关注国内核科技进展情况，他不仅对各专业重要科学技术发展情况了解得全面准确，而且与国际上的该专业情况进行对比。他说："我们的核科技工作者了不起，我们有些技术已经超过了美国，具有国际先进水平，我们取得的这些成果是非常不容易的，中国核学会要给他们站台，帮他们宣传。"

评选第一届"中国十大核科技进展"时，大家对此还不太熟悉，由中国核学会秘书处准备一些素材，各分会提出推荐意见，总会的人也出个意见，最后通过学术委员会评审，所以评上相对比较容易。但后来就很不容易了，能入选"中国十大核科技进展"，比评上年度的十大新闻影响都大。因为它两年才评一次，是一个时间长、跨度大的评奖。再就是参选领域的开放性，它面向全国，单位可以推荐，个人也可以推荐，产学研用全都可以参评。然后组织中国核学会学术委员会进行讨论，最终由学术委员会投票决定前 10 名，成果里面有高校的，还有中国科学院系统的，代表国家最高水平。

"中国核学会的十大核科技进展发布，要成为国内最具有权威性的渠道……"李冠兴定的就是这个目标。中国核学会的"中国十大核科技进展"上榜项目没有奖金，但这份荣誉，不仅在国内影响很大，在国际上也产生了重大影响。虽然它不是国家奖，但在学术界，大家都非常认可，它既代表了中国核科学的重大进展，也充分展示了中国科学家对全球科学发展的贡献，因而受到国内外科学家的关注和高度评价。

"中国十大核科技进展"的发布，引发了国内外舆论的热评。"大亚湾实验测得最精确的反应堆中微子能谱"得到国际高能物理学界的高度评价，并被《科学》评选为"2012年度十大科学突破"之一，该条目同时入选"2012年中国十大科技进展新闻"。"中国实验快堆并网发电"入选"2011年中国十大科技进展新闻"。英国《金融时报》发表文章称，中国正为领导世界核电产业而阔步前进，中国正利用与日俱增的国内市场实现蔚为壮观的崛起，中国有可能成为这个战略产业的主角。

四、国际合作，中国智慧

国际合作是国际互动的一种基本形式。作为一种普遍存在的国际关系形式，国际合作有着多种多样的类型或样式。随着国家间相互合作的加深和共同利益领域的扩展，国际合作的程度不断加深，层次不断提高，领域不断扩大，形式不断变化。核能技术是一种"高、精、尖"的科学技术，应用范围很广，除核武器的军事应用外，更广泛地应用于能源、工业、农业和医疗卫生等民用领域。在党中央的正确决策和坚强领导下，20世纪60年代我国便掌握了原子弹、氢弹、核潜艇技术，自豪地跨入世界核大国的行列。经过近70年的发展，我国已建立了完整的核科技工业体系。改革开放以来，核工业战线的干部职工响应党中央、国务院号召，积极投身原子能技术在国民经济中应用的研发，实现了核工业军转民的巨大跨越。但是，我国核能技术研究起步较晚，与发达国家相比还存在一定的差距。"他山之石，可以攻玉"，开展核能技术领域的国际合作，借鉴他人的经验教训，学习利用世界范围内核能技术领域的新概念、新理论、新方法、新技术，促进本国核能技术的快速发展，是世界核大国核能技术发展的基本遵循。

李冠兴特别重视国际合作，成果也非常丰硕。他看得很远，而且很愿意组织、参加国际合作活动。他在美国做过访问学者，他的英文特别好，没有任何语言障碍。当然，有的时候客气地让翻译给他翻一翻，大部分情况下他都是直接讲英文。

与风能、太阳能相比，核电具有零碳排放、超低大气污染物排放、基荷电力稳定、单机容量大、占地规模小、长期运行成本低等优势。核电拥有明显的清洁和零碳排放优势，是煤电的首选替代能源。核电的发电过程中，不产生二氧化碳等温室气体，也不产生任何二氧化硫和氮氧化物等可导致酸雨的气体，不像煤电等化石燃料发电那样会排放巨量的污染物质到大气中，对空气的污染是"零"，即使是水电、风电、太阳能发电等可再生能源在这一点上也无法相比。国际能源署（IEA）年度《世界能源展望》报告中称，核电对应对气候变化、达成减排目标发挥着不可或缺的作用。

2014年，法国尼斯召开的国际核电站进展大会（ICAPP）有一项安排，就是30多个国家的核学会要签署一个联合声明，以支持核电在应对气候变化中的重要作用。当时大家都觉得核电是一种清洁能源、安全能源，完全没有想到应对气候变化这样一个事，这是法国核学会的秘书长提出来的。

于是，当时主持中国核学会秘书处工作的申立新副秘书长向李冠兴报告，询问是否联署（联不联署是自由）。李冠兴说，这是好事，这么多国家的核学会能够联合在一起发一个声明，不是挺好的事吗？这不是也对我们国家推动核电发展有好处吗？李冠兴丝毫都没犹豫就点头了。

那时李冠兴已经70多岁了，去法国开会，旅途非常辛苦。因为担心他的身体，申立新问他："您去不去？您能不能去？"他从内心深处当然希望李冠兴能去。跟李冠兴一说，没想到他特别高兴地说："行，没问题！""自从他不担任厂长以后，也有好几年没有出去了。他觉得参加这种学术性的会议，能够了解国际上的动向，他非常愿意去做。我觉得，他虽然年事已高，但心里边还很年轻，他一直想看看国外核技术发展是什么样的……"申立新说。

在法国尼斯召开的国际核电站进展大会上，李冠兴代表中国核学会与来自全球39个国家的核学会共同签署了《核能应对气候变化声明》。

　　会议开完之前，申立新跟李冠兴商量日程，询问李冠兴愿不愿意去看看法国的拉格后处理厂。拉格后处理厂位于法国的北边，要从尼斯飞到巴黎，还得转机才能飞过去。这个处理厂旁边就是正在建的 EPR 欧洲压水堆核电站。因为出国有时间限制，申立新说开完会下午就得走，飞到巴黎，再转机过去，估计到达当地住的镇上要到晚上 12 点左右了。

　　李冠兴坚定地说："没问题，咱们能赶上飞机就走。"他们下午 1 点多出发，到达住处已是晚上 11 点多了。晚上没饭，飞机上说是给饭，其实就是给一片面包，连三明治都没有。法国飞机上的餐食特别简单，因为都是法国国内航班，基本上最多一个半小时的航程。但是中间一转机就没饭吃了。等吃完饭回到宾馆差不多 12 点多了，第二天一大早就得去参观，参观完后处理厂后，又到旁边的 EPR 压水堆参观，晚上又回到巴黎。申立新觉得李冠兴就是有心劲儿，就连陪同他们的法国人都很佩服地说："老先生身体真好啊！"

　　回国以后，李冠兴提议中国核学会所有的分会也签署一个联合声明。他说："你看国际上那么多国家的核学会，人家都能够联合搞一个声明，人家搞的仪式感很强，一个理事长一个理事长地上去签名，下来一个，再上去一个。"李冠兴说这对他触动挺大，核能也可以成为用于应对气候变化的举措。像这种性质的联合声明，国际上是第一次，在中国核学会的历史上，还从没跟其他国家搞过联合声明的。所以，回国之后就马上照办。当时，中国核学会有 24 个分会，在四川绵阳开学术年会的时候，李冠兴专门安排了这样一个环节。

　　声明的文稿，秘书处原先是照着法国的那个联合声明稿简单地改了改，但李冠兴没有用这个稿子，全是自己写的。李冠兴站的高度高，考虑问题更加全面。写完之后，他让申立新看看行不行。申立新一看，好啊，什么叫行不行，这就是大家风范！从国际会场回来，他很快就把国际上的一些好做法跟国内工作结合起来，是真正的活学活用啊！这就是《关于积极推进我国核电建设的倡议书》。

《关于积极推进我国核电建设的倡议书》由中国核学会发出，倡议书指出，我国必须坚持积极推进核电建设的方针，使我国核电在发电量中的比例尽早达到和超过世界11%的平均水平。倡议书认为，我国建设的核电站是安全的，不会发生类似日本福岛核泄漏那样的事故；在内陆建设核电站，不会污染长江和相关水系；倡议书呼吁所有涉核企事业单位要以国家利益为重，团结合作，实施核电"走出去"战略；核科技工作者，要努力推进创新驱动发展战略，营造创新文化氛围，加强基础研究，大力发展惠及民生的核技术应用产业，造福社会，为把我国建设成为核科学技术强国而努力奋斗。中国核学会会同24个专业分会和22个省级核学会代表，共同签署了这份倡议书。

国际合作的真正目的还是为了我们自己，外事为内事服务，在李冠兴身上体现得特别明显和典型，这就是格局。

申立新担任中国核学会副秘书长几年，先后组织了不少国际性的活动，背后都有李冠兴的支持。申立新向李冠兴建议，国内的学术年会现在已经成了体系，国际的学术年会我们也可以搞一个。国际核工程大会（ICONE）四年才轮一回，周期太长了，能不能四年的中间再组织一次，即两年举办一次国际性会议，起码缩短周期。

实际上，后来中国核学会做到了基本上一年开一次国际会议，有的年份还不止开一次，多的时候开两次，如2013年在成都举办的国际核工程大会，接着是在西安举办的国际核工程大会，之后就是在四川、浙江举办的世界核青年大会。2015年的太平洋地区核能大会（PBNC），李克强总理还写了贺信。2016年的世界核妇女大会、国际核青年大会……这些会议在中国举办都是首次，中国核学会从来没有主办过如此多的国际会议，特别震撼！自此以后，中国核学会每年至少开一次国际大会，最小规模的也有四五百人，到国际核工程大会的时候都是 1000 多人，中国国际核工程大会的论文很多都被美国国会图书馆收录。

李冠兴在第 25 届国际核工程大会上致辞

2017 年 7 月，李冠兴（前排左六）出席第 25 届国际核工程大会

组织活动很容易，要组织高质量、高层次的活动却绝非易事。学术性会议和产业性会议、行政性会议，是有区别的。学术性会议一定要有论文，而且大部分情况下都会从学术性会议提交的论文中评优秀论文，还有大部分都会为青年学生提供一些支持。国际核工程大会每年每次会评选出全球的 40 名优秀学生和 40 篇优秀论文，为获评者提供支持，除机票自理外，会议期间的吃住行、参观、培训都是免费的，这是惯例。当然，中国核学会承办就要承担这个费用。所以，中国核学会不是简单地组织个活动就完事，而是一定要体现学会的思想，而这些思想一定与理事长特别相关，理事长要想干的事，理事长的眼界高度，就是国际水平、国际水准，因为他看过，他特别愿意去做这些事情。

李冠兴非常支持组织国际交流。2013 年在成都召开国际交流会的时候，因为参加其他更重要的会议，他只待了两天就走了。但是，后来举行的国际学术交流会议，他基本上从头到尾都参加，或者最后一天确实有别的重要安排，没办法才走。这非常难得。因为是国际学术会议，院士、专家都愿意来，国际性的学术会议体现在学术上，太平洋地区核能大会本来是以产业为主的一个会，可在中国被我们改造成了学术会议，有学术也有产业，有论文，有青年学生参加，有各方面支持，这与李冠兴的协调努力是分不开的。

中国核学会的学术交流，不仅仅是国内的学术交流，同时还发挥着国际交流作用。素有"国际核工程领域奥林匹克"美誉的国际核工程大会是国际核工程领域最具影响力的大会，也是核工程领域最重要的全球性学术会议。由美国机械工程师学会、日本机械工程师学会、中国核学会和欧洲核学会联合主办。国际核工程大会由美国机械工程师学会和日本机械工程师学会于 1991 年共同发起，中国核学会从 2005 年开始成为该会议的主办方之一。原来中国只是参与大会，不是主办方之一，现在中国已是主办方之一了，三国轮流共同主办。这是李冠兴在中国核学会推动的一件大事。参加会议的人员几乎包括国内外核工程领域最权威的人士，因而这是核工程领域一个观点非常丰富的"舆论场"，相关观点的碰撞与融合，其价值无法估量。会议话题涵盖业界的方方面面，全方位、无死角，并且大会所有文章将被国际工程索引（EI）引用，在业界发挥重要的引领、指导作用，成为中国核科技进一步发展并走向世界的一个重要窗口。

每一届的国际核工程会议不仅有核科技交流的 16 个论坛，还有高校学生交流的专门论坛。中国的许多核专业学生都通过这个平台，在国际舞台上与美国、日本和欧洲国家核专业的年轻学生同台竞技，这对学生的培养非常有帮助。现在清华大学、上海交通大学、西安交通大学、哈尔滨工程大学等核专业的学生都特别积极参与这个项目活动，相当于中国的研究生、博士生跟美国的研究生、博士生同台竞技，还有论文的评比。中国学生的论文质量不比欧美学生差，中国学生的论文占整个大会论文数量的 30%～40%。这是一个国际核技术交流的平台，是前期核科研开发很重要的渠道。参加国际会议，能够了解国际核科学发展动态，李冠兴特别重视这样的国际交流活动。

2013 年在成都召开国际核工程大会期间，最高奖是日本机械工程师学会的理事长以他个人名义设的一个奖项。中国核学会的有关人士提出：不能总是以别人的名义设奖，能不能以我们国家的钱三强、王淦昌的名义也设个奖？李冠兴特别支持，说我们也得做一做。后来，美国机械工程师学会、日本机械工程师学会、中国核学会三个学会商定，在中国办会的时候，最后颁的奖都挂我们中国科学家的名字，这都是破例的。"钱三强优秀论文""钱三强最佳海报"等奖项，不仅让中国的学生感到骄傲，外国的学生拿到这个奖的时候，也知道中国还有一位科学家叫钱三强，这是非常好的事，这就是国际合作。我们现在一直在讲，要增强中国在国际上的话语权和影响力，中国核学会在李冠兴的领导下已经在这方面做了很多的贡献。

让世界知道中国有这么一些优秀的科学家，知道中国的核科学技术能力在各个方面都是非常强的等，需要通过一些方式宣传出去，让国际社会知道。诺贝尔是一位科学家，但是他后来办企业也办得特别好，科学家经营企业，企业搞好了，科学技术也发展了，诺贝尔也是成为企业家后才设立的诺贝尔奖。当然，诺贝尔是为自己，而李冠兴是为了国家的利益。他担任中国核学会理事长的10年，成就非凡，尤其是在国际合作方面，中国核事业的国际影响力提升得很快，真正地实现了1980年钱三强、王淦昌等杰出科学家创立中国核学会的初心和使命。

由中国核学会等主办的中国国际核工业展览会自1989年开始，每两年一届，已成为中外核能技术交流的重要平台，是国外先进技术、设备进入中国核电市场的重要通道和我国核技术产品展示的重要窗口，是我国核工业领域历史最悠久、影响力最大、专业性最强的展览，也是国际上最大的核工业展览会。

每一届中国国际核工业展览会，都紧密结合国家当时的重大发展战略，形成双年核工业展览会主题。核工业展览会通过多种形式的丰富多彩的活动，展现我国完整的核科技工业体系和实力雄厚的自主创新成果，为全球核能界提供一个展示、交流和合作的平台，扩大与深化世界各国的核能科技交流，促进国际核能产学研的合作发展，得到中外展商和参观人士的高度评价。李冠

李冠兴出席2014年核工业展览会论坛

兴在担任中国核学会理事长的 10 年中，举办了第十一届至第十五届中国国际核工业展览会。这 5 届核工业展览会均在以往内容的基础上，重点展示我国核科技工业在党中央的领导下取得的核科技创新成果，如"华龙一号"、"玲龙一号"、ACP100、CAP1400 核电站、高温气冷堆核电站、行波堆、核医疗设备等，全面系统地展示中国在核电、核燃料、仪器仪表、装备制造及核技术应用等领域的最新成果和创新能力，展现了我国完整的核科技工业体系、创新融合的深度发展、实力雄厚的自主创新成果，得到了中外展商和参观人士的高度评价。参展的国家和地区逐年增加，参观人数屡创新高，展出面积更是逐年增长。

世界核妇女组织作为一个全球性的非营利组织，自 1992 年成立以来，一直致力于联合全球核能、辐射防护和核医学等相关专业领域的女性互相交流，并与公众沟通，促进大会对核能的了解和支持。一年一度的世界核妇女大会，在促进全球核行业女性的交流、鼓励世界各地的女性参与核能事业、消除民众对核能和放射性的恐惧等方面，做出了卓越贡献。

2017 年 8 月 29 日，由中国核学会主办的以"女性、核能、合作、和谐"为主题的第 25 届世界核妇女大会在北京国家会议中心开幕，这是世界核妇女大会首次在中国召开。来自全球 32 个国家和地区的约 350 名中外代表紧密围绕"核魅力、核安全、核女性、核合作、核和谐"等主题进行交流和探讨。会上，李冠兴在讲话中指出，据不完全统计，中国核领域从业人员中有 1/4 左右是女性，其中 45 岁以下的女性占到 75%。该届世界核妇女大会顺应了世界和平利用核能的趋势与潮流，展现了女性勠力同心、共赢前景的智慧和情怀。世界女性在社会和经济活动中展现出非凡能力，取得了优秀成绩。越来越多女性的能量和潜力在核技术这一世界科技尖端领域大放异彩，成为推动全球核事业发展的一道亮丽风景。他还与与会者分享了一年来世界核妇女大会中国分会的活动情况和取得的成绩，以及中国核电发展的最新进展，表示中国核学会将继续积极推动中国核领域女性科技工作者开展国内外学术交流和公众沟通活动，鼓励她们走向世界舞台，并希望中国的参与能为世界核妇女大会注入新的活力、增加新的魅力、做出新的贡献。

李冠兴在第 25 届世界核妇女大会上发言

李冠兴出席第 25 届世界核妇女大会

国际青年核能大会（IYNC）成立于1998年，旨在宣传核能优势、促进和平利用核技术、向下一代青年核科技人员传授当代权威核专家的知识与经验。作为青年间的学术交流会议，国际青年核能大会每两年举办一次，其口号为"青年、未来、核能"。2016年7月25日，由国际青年核能理事会主办、中国核学会承办的第九届国际青年核能大会在浙江省杭州市开幕。李冠兴在开幕式上致欢迎辞，并与来自32个国家和地区的近500名核能领域的青年代表共同交流、探讨核能的未来发展。李冠兴表示："从世界第一座核电站发电至今，核电走过了62年的发展历程，和传统发电厂相比，核能产业是充满朝气和希望的'年轻一代'。去年，核电为全世界提供了10.6%的电力能源；到2050年，全球的核电装机最低将达3.7亿千瓦，最高可达9.64亿千瓦。如果达到或超过9亿千瓦的目标，在为人类解决能源问题的同时，每年可减少排放超过49亿吨二氧化碳。在核科技的历史上，充满了为世界福祉做贡献的人，希望在座的青年人有一天能将自己的名字添加进这个名人录，为世界的和平科技做出贡献。"为此，他期待全球致力于核能事业的年轻人共同努力，让核能为人类做出更大贡献，使地球家园更加美丽。他还和与会者分享了观察中国核能发展的三个视角：一是安全至上；二是坚持创新，为核工业长远发展打下坚实基础；三是开放共赢，各国相互分享发展的成功经验和成果。

2011年，我国举办了水堆燃料性能国际会议（WRFPM），这是在李冠兴的努力下促成的，也是该会议第一次在中国举办。此后，中国核学会成为会议的轮值主办方和协办方，中国核电燃料界开始真正走上国际核燃料舞台，这对促进我们与国际同行的交流意义重大。

虽然这些国际性会议的作用只是搭建平台、提供载体——这些往往被人认为其影响是"软"的，没那么立竿见影，但李冠兴认为，交流对于一个产业的蓬勃发展至关重要，它指引着产业的发展与技

李冠兴出席 2016 年国际青年核能大会并致欢迎辞

术的进步。就好比我们必须要开窗透气一个道理，产业的发展也需要打开窗户，吸收新鲜空气，才能具有生命力，没有生命力谈何发展？

李冠兴在中国核学会任职 10 年间，成功举办了第十八届、第二十一届、第二十五届国际核工程大会，第二十届太平洋地区核能大会，第九届国际青年核能大会，第二十五届世界核妇女大会，第一至第四届中国（国际）核电仪控技术大会，第十至第十二届中国核学会"三核"论坛，第五至第十六届海峡两岸核能学术交流研讨会，第十一至第十五届中国国际核工业展览会。

在过去很长一段时间，中国核学会是国外同行了解中国核工业的窗口，中国核学会与多个国家和地区的同类组织建立了长久且深入的联系，外国核学会的相关人员如果要来中国，首先就要通过中国核学会，而与他们打交道的具体的人，自然就是中国核学会的理事长。如此一来，对于中国核事业的第一印象，就与中国核学会理事长的形象息息相关。在这一点上，中国核学会可以自豪地说，历任中国核学会理事长都在国际上获得了很高的评价。自然，李冠兴也不例外。仅在他任职期间，中国核学会就组织召开了多个大型国际学术会议，参与人数和收到的论文均为历史最高，会议的组织安排和会议的质量也得到了外国同行的高度赞扬。国际核工程领域的学术组织或学术团体的领导几乎都出席过中国核学会主办的会议，在大量的外事会见当中，李冠兴的专业素养和个人风度也得到了很多同行的赞赏。从某种程度上说，李冠兴就是中国核科技工作者在国际上的代表，他展现了完美的形象，这实在是中国核科技工作者的幸运！

中国核学会与国际原子能机构、世界核协会、太平洋核理事会、国际青年核理事会、世界核妇女组织、国际核运输机构、国际辐照加工协会、美国核学会、法国核学会、法国原子能安全委员会、日本核学会、韩国核学会、西班牙核学会、捷克核学会、加拿大核工业组织、美国机械工程师学会、日本机械工程师学会、日本原子能学会、哈萨克斯坦核学会等重要核能组织互访并更新合作协议。

2015年，李冠兴（前排右三）与来访的美国机械工程师学会代表合影留念

中国核学会前副秘书长王志说：

他是一位令国际同行尊敬的有国际声誉的中国核科学家。

我多次听到美国核学会和日本原子能机构等国际同行们向李院士表达他们的感谢和尊敬之情……

李冠兴院士在中国核学会工作期间，以积极建设国际一流学会为目标，亲自策划并推动成立了多个国内外高端学术交流平台，促进了国内外学术交流服务质量和水平的不断提升，在活跃学术思想、引领行业技术创新、促进核科学技术发展和应用等方面发挥了重要作用，使中国核学会的国际化建设发展迈上了新的台阶。

五、致力科普，打造品牌

科普面向的是社会公众，满足的是公众对未知的探求心理。世界核电发展的实践证明，核能发展不仅取决于科技水平的提升，也有赖于公众对核电的认知。日本福岛核泄漏事故对全球核电发展造成一定影响，公众的认知度和接受度成为核电发展的关键因素之一。在一些地方，核能发展处于难以被公众接受的窘境，其主要原因是不少社会公众对核电的认识有限或片面，未能很好地、客观公正地认识核电，核电科普宣传不到位、不及时、不全面甚至出现误导现象。不论从提高全民核科学素养、营造核能产业高质量发展的良好氛围、提升我国核能产业核心竞争力的层面考虑，还是从增强国家核科技自主创新能力、建设核工业强国的角度出发，做好核能科普工作、提升公众的核科技知识素养都具有十分重要的意义。

李冠兴在担任中国核学会理事长期间，高度重视科普工作，积极推进科普信息化，做到科普系统化、平民化、精准化。他始终强调，要把科学普及放在与科技创新同等重要的位置，因而，中国核学会的科普宣传工作成绩是非常突出的。中国核学会1980年设立中国核学会科普咨询教育工作委员会，该委员会共有46人，负责指导开展科普工作，学会秘书处还设有科普宣传部。

王志担任中国核学会副秘书长期间，一直主管科普宣传工作，他说：

> 多年以来，李冠兴院士一直亲自走上前台、走到一线、走进人民群众中做核科普宣传工作，他为核科学技术知识的传播和普及做出了卓越的贡献，他多年的科普工作，令人感动。现在，中央强调，科学普及和科技创新同等重要。科普不仅为创新提供良好氛围和文化基础，而且为创新提供广阔的市场和源源不断的动力。在李冠兴院士的领导下，中国核学会多年持续不断地、全领域广覆盖地开展核科普工作，为我国核电发展营造了良好的社会氛围。

中国核学会积极响应中国科协开展"创新驱动助力工程"的号召，为政府和相关单位解决政策及技术方面的难题。利用学会专家优势，组织不同形式的小型研讨会、专题讨论会、讲座，有针对性地研究解决措施，为实际工作服务。根据需要，积极搭建产、学、研、用的科研生产经营合作平台与信息交流平台；在四川、贵州等地开展创新助力工程，与德阳市政府签订《关于助力德阳核工业装备及核应用产业发展合作协议》，开展"助推贵州产业发展的科技帮扶之行"，实施"院士专家援黔行动计划"。进一步为地方经济社会发展提供科技服务和人才支撑，促进核电装备制造产业优化升级，促进核技术应用产业发展，助推地方经济社会发展。

通过加强顶层设计和统筹规划，李冠兴积极推动将核科普宣传纳入国家规划，制定中国核学会核科普中长期规划，分阶段、分步骤、有计划、有重点地组织实施，将开展工作与加强建设紧密结合。2012 年，中国核学会制定了《核科普宣传五年规划》。2014 年，在此基础上，李冠兴提出第八届理事会要完成的八个方面的工作（简称"八个一"工程），即打造一套"核科普教育基地"建设体系，培育一支核科普宣传队伍，组织创作一批核科普作品，建设一个数字核科普平台，组织开展一次"全国公众开放日"活动，办好一个核工业展览会，打造一个竞赛和一个夏令营等，提出现阶段我国绿色核能科普宣传的基本内容和要求。目的是普及核科普知识，加强对各类核能科普宣传工作的宏观指导，促进核能科普宣传工作的有效实施，推进核安全文化建设，提高社会公众对核科学技术的科学理性认识，为促进核能安全发展及和平利用营造良好社会氛围。中国核学会动员全行业科技工作者参与核科普宣传工作，发挥院士专家的带头引领作用，激励青年科技工作者投身核科普行列，打造专业化团队。中国核学会的科普咨询教育工作委员会制定了《中国核学会第八届理事会科普咨询教育工作委员会工作制度》，建立了核安全、核电、核技术应用、核军工、核燃料、快堆核电 6 个科普传播专家团队，李冠兴、王乃彦、潘自强、叶奇蓁、胡思得、徐銤 6 位核领域的知名院士作为首席科普宣传专家，委员会共由 6 位院士和 20 位资深专家组成，成功举办了全国核科普讲师培训班、中法公众沟通研讨会等，为会员单位培养科普骨干 300 余名。

"十二五"以来，中国核学会立足我国核电发展新形势，高度重视核科普工作，将核科普与促进国家经济发展、全民科学素质提升相结合。积极开展核科普宣传，坚持以核电科普为重点，同步推进核技术应用科普，把科普和宣传活动融入群众获取科学文化知识的实践中，加强与社会公众的沟通，提高公众对核的可接受度，在科普活动组织、科普团队建设和科普资源开发等方面做了大量工作，为实现我国能源可持续发展、保护生态环境、保障公众健康安全做出了积极贡献。

在李冠兴的领导下，中国核学会集中整合各方资源，着力打造三大核科普宣传品牌，连续每年举办"魅力之光"杯全国中学生核电科普知识竞赛和夏令营活动，每年举办一次"核科普公众开放周"活动。

李冠兴对核科普工作的推动力度很大，在他担任理事长期间首创的"魅力之光"核科普活动就是一个非常有影响力的品牌活动。活动旨在推动《全民科学素质行动计划纲要（2006—2010—2020年）》实施，贯彻落实《中华人民共和国核安全法》相关要求，宣传绿色核能发展理念，进一步加强核科技知识、核安全利用的宣传与推广，引导广大中学生和社会公众正确理性地认识核电，增强核工业的社会认同感与影响力。"魅力之光"核科普活动由国家核安全局、国家能源局、国防科技工业局、中国科协牵头指导，中国核学会与中国核能电力股份有限公司联合主办。

"魅力之光"科普夏令营每届的开幕式和闭幕式李冠兴都会参加，他还会给学生们讲大课。"魅力之光"活动是针对中学生开展的核科普活动，该活动的开展，激发了中学生对核事业的兴趣与追求。有的人还直接从"魅力之光"活动中走到核事业队伍里来，像从贵州大山里面走出来的侗族女孩吴倩香、吴雨香姐妹等，"魅力之光"见证了她们的成长，激励她们树立了为国家核科技事业努力奋斗的远大志向。

李冠兴（左五）出席第二届"魅力之光"
全国中学生核电科普暨核科普走进中学生课堂活动

李冠兴（右一）为第二届"魅力之光"活动获奖学员颁奖

提到中国核学会的"魅力之光"核科普夏令营活动，吴倩香、吴雨香是绕不开的名字。2014年，吴倩香以贵州地区第一名的成绩获得"魅力之光"夏令营资格。随后，吴倩香第一次到南京和连云港参加第二届"魅力之光"夏令营，那年，吴倩香第一次走进核电站，参观了田湾核电基地；2015年，吴倩香坐了9个多小时的高铁来到福建福清，参加第三届"魅力之光"夏令营，第一次走进福清核电基地，她看到了正在建设中的国家名片"华龙一号"；2016年，吴倩香第一次一个人乘坐飞机，来到海南昌江核电基地，参加第四届"魅力之光"夏令营；2017年，在"魅力之光"生日庆祝会上，吴倩香收到了来自东北电力大学的录取通知书，她带着妹妹吴雨香参加了第五届"魅力之光"夏令营。

吴雨香跟着姐姐，看到了自己梦想中的繁华都市，看到了之前只在书本上见过的三门核电，看到了全球首堆AP1000核电机组，走进了上海交通大学……吴雨香看到了姐姐眼里的世界。她坚定地告诉自己：下一届的"魅力之光"夏令营，她还要来！

2018年，吴雨香经过核电科普知识竞赛中初赛、复赛的重重挑

271

李冠兴（右）、吴倩香（左）出席第二届"魅力之光"开幕式（摄影：陈海翔）

战，以贵州地区第一名的成绩走进"魅力之光"夏令营，接过当年姐姐手中的接力棒，继续谱写与"魅力之光"的不解之缘，实现了对自己的承诺。

吴雨香说："因为姐姐我才有缘接触到核电，了解核电，喜欢核电，并成为学校里的核电科普宣传员。我和姐姐是缘'核'走出大山的侗族女孩，我会把我们与核电的缘分延续下去，和姐姐一样大胆尝试新事物，交到更多的朋友，收获更多的知识，一起继续追逐核电梦想。"从一个人到一个家庭，"魅力之光"以其独特的魅力在不停地接力传承。

吴倩香说：

> 我记得在2015年第三届"魅力之光"核科普活动的颁奖仪式上，李冠兴院士在给我颁奖时轻轻地拍了拍我的肩膀说："坚持下去，你很棒！加油，未来靠你们了！"这句话成为我人生路上毫不犹豫选择电力院校、择业选择核电的最大坚持与动力。直到现在，每每想到这句话，我依然备受鼓舞……

核科普可以改变一个人的命运，改变一个家庭甚至一个家族、一个地区的命运，这句话在吴倩香姐妹身上得到了最好的印证。父母会因为她们的热爱而关注国家核技术的发展，她们也会在日常聊天中向父母解释什么是核裂变和核聚变……

吴倩香的父亲作为一名教师去贵州更偏远的山区支教时，以自己女儿的故事为例，鼓励孩子们努力读书走出大山，摆脱贫困。他负责的班级里，有一年中考有两个女孩考上了市里的高中，其中一位以全县排名前20的成绩被市重点高中、清华大学优质生源基地的贵州省凯里市第一中学录取。学生父母们的思想也从"女孩儿读书无用"转变成了"再辛苦也要供孩子读书"。

吴倩香说：

> 李冠兴院士曾对我说过这样一句话："自己有力量之后就可以帮助更多人。"这句话我一直牢记在心。从走出大山上大学的那一刻起，我亲身感受并体验过科学普及带给我的伟大力量，大到改变我的精神世界和人生轨迹。

2021年7月，吴倩香从东北电力大学毕业，走进了霞浦核电基地，成为一名中国核电人。一场活动，一次偶然，人生轨迹竟完全改变。

2021年12月29日，中核霞浦核电有限公司举办"快堆青年——我的青春关键词"活动，已经入职霞浦核电设备采购处将近半年的吴倩香，她的青春关键词是：

> 7年前，中国核电的前辈们走进贵州大山进行核能科普宣传，一颗核电的种子在一位从未接触过核知识的初中生心中播撒；7年间，种子慢慢生根，怀揣着为我国核事业发展而效力的梦想，她与核电为伴，走遍我国沿海大部分核电基地，义无反顾选择电力院校；7年后的今天，种子开始发芽，当初的这

名初中生现已戴上 CNNP（中国核能电力股份有限公司）的工作牌，穿上 XNPC（中核霞浦核电有限公司）的工作服，奔赴于我国示范快堆工程建设的一线。核电伴我同行，核能科普仍在继续。壮志满怀，无比自豪，长大后我竟真的成为你们！

从看到田湾核电的那一刻起，我心里就种下了一颗关于核电的种子，是"魅力之光"带给我走出大山看外面世界的机会，见证了我从一个懵懂无知的小女孩，成长为一个满腔热血的追梦人，帮助我实现了大学梦、核电梦！如今，我终于成为中国核电大家庭的一员——入职霞浦核电。我会用自己的力量去践行核能科普，同时，也希望自己与"魅力之光"的缘分能一直延续下去，真诚地邀请你与我一起参与"魅力之光"，共同见证青春梦想。

如今的吴倩香已经成为站在"魅力之光"舞台上的优秀的核科普宣讲者。她说："我会将李冠兴院士的期许和力量一直传递下去，在核电领域走出自己的广阔天地，用我的故事影响和帮助更多的大山里的孩子……"

这就是李冠兴与从贵州大山里走到核事业队伍里来的侗族女孩吴倩香、吴雨香姐妹的故事。

2020 年 12 月 2 日凌晨，得知李冠兴过世的消息，吴倩香默默地写下了一段文字：

2020 年本来就很难熬了，最后一个月的第一天，这一消息来得好突然。在图书馆握着手机泪流满面，一时竟不知如何接受才好。

一夜不眠。

多么传奇的人物啊，几十年如一日，在热爱的核事业领域发光发热，为我国核工业发展做出巨大贡献。

多么温柔的人啊，曾给我认可和鼓励，让那个小小的自卑的女孩拥有面对未知的勇气、追逐梦想的动力和挑战自我的信心。

是悲痛，是遗憾，是损失。

是敬重，是榜样，是光明。

致敬！我最敬爱的李冠兴院士！

沉重哀悼，深切缅怀，一路走好。

您走也没走。

精神长存，代代传承，新兴希望。

"魅力之光"杯全国中学生核电科普知识竞赛，从最初的无人问津，到如今获得越来越多公众的认同，是李冠兴深耕和坚持的结果。中国核学会注重加大科普投入力度，积极构建主体多元、手段多样、供给优质、机制有效的全域、全时核科学素质建设体系，创新传播方式，确保科普工作取得"润物细无声"的效果。

从2013年起，中国核学会坚持每年举办"魅力之光"杯全国中学生核电科普知识竞赛及夏令营活动，截至2018年，已连续举办6届，参赛人员涵盖全国各地，来自五大洲37个国家的参赛选手远程参与答题，活动的国际影响力不断扩大。"魅力之光"杯全国中学生核电科普知识竞赛参与活动的学生和公众人数累计超过170万，网络点击量超过1亿次。历年竞赛一等奖获得者超过400名中学生通过核科普夏令营参观了秦山核电、田湾核电、福清核电、海南核电和三门核电、辽宁核电、漳州核电。"魅力之光"已成为名副其实的全国性的核科普品牌活动，为核电科普知识的传播和核电事业的发展营造了良好氛围。时任国家环保部副部长、国家核安全局局长李干杰为"魅力之光"活动做出批示：要继续大力支持"魅力之光"活动，对活动品牌进行固化和推广。国家能源局领导曾评价："魅力之光"活动非常值得肯定……李冠兴创办的"魅力之光"活动，已经成为一个全国性的科普活动知名品牌。

2015年，李冠兴在第三届"魅力之光"夏令营开营仪式上做讲座

李冠兴（中）参加第三届"魅力之光"活动启动仪式

2016 年，李冠兴在第四届"魅力之光"夏令营开幕式上致辞

时任中国核能电力股份有限公司副总经理罗小未说：

　　这个项目做成如今的一个科普活动的大品牌，确实很不容易，其中离不开作为中国核学会理事长李冠兴院士的高度重视、亲切关怀，并亲力亲为。从第一到第七届的开幕式和闭幕式，李冠兴院士基本上都会亲自参加。活动期间的重要活动项目，李冠兴院士都会参加，还经常给学生们面对面地讲科普大课。为了宣传科普事业，他主动去担当，主动去作为。因而，"魅力之光"活动的开展，培养了许多中学生对中国核事业的向往，学生们从跟李冠兴院士等科学家们的接触过程中，真实感受到了科学家们的风采。学生们在与李院士等科学家们的互动中，才真正发现这些科学巨擘们原来是那么随和，那么谦逊，那么平易近人，那么有魅力之光！

李冠兴出席第五届"魅力之光"开幕式并致辞

　　"院士行"活动也是中国核学会的一大品牌活动，中国核学会的"院士行"活动，是李冠兴在担任理事长期间创办并推动发展的。中国核学会每年组织核科技领域的 20 余位院士专家积极在全国开展核科普宣传工作，深入地方和科研院所、工程建设现场，介绍核科技知识，传播核科学精神。2009 年 6 月 23 日，受中核集团安徽吉阳核电有限公司和安徽省池州市委、市政府委托，李冠兴院士、叶奇蓁院士等赴安徽池州，为当地群众做核电科普知识专题报告会。

　　2009 年 10 月 23～26 日，"院士行"活动走进浙江海盐核电关联产业园和秦山核电基地。李冠兴组织院士们分别为海盐县领导班子及产业园员工、秦山核电基地青年骨干及共青团员举办讲座。

　　2009 年 11 月 12 日，"院士行"核科普知识讲座活动在内蒙古二连浩特市举行，首开铀矿冶科普宣传教育活动形式之先河。这次活动是铀矿冶在项目建设过程中对地方政府与公众进行核科普宣传的一种尝试。

自 2009 年以来，中国核学会分别组织了吉阳、海盐、彭泽、江西、二连浩特、成都、绵阳、防城港、庄河、益阳、岳阳等地的"院士行"活动，参与听众多为政府公务员、企业员工、中小学教师、高校学生等，直接受众约 11 200 人。

核电安全问题一直是社会公众关注的热点问题。为此，2011 年 5 月，中国核学会参加了由中宣部、科技部、中国科协等九部委联合组织的"全国科技活动周——科技列车沂蒙行"活动，并主动策划组织"院士专家西南行"活动。共有 18 位院士和专家参与到该届"全国科技活动周"活动中，为 6000 余名学生带来 14 场报告会和 5 场座谈会，共赠送科普读物约 1500 册。该活动得到相关政府部门的肯定，深受教育部门、高校、中学生的欢迎，产生了广泛的社会影响。

2012 年，应宁夏回族自治区科协、广东省核学会请求，中国核学会组织院士为两地省直属机关、地方高校、科研机构、地方科协的共 1000 名干部、学生做专题报告。宁夏回族自治区、广东省电视台和地方主流平面媒体参会并报道，中国科协网进行了同步在线直播。

2013 年，李冠兴（右三）参加"绿色核能，给力湖南""院士行"科普报告会

2013 年，李冠兴（左二）参加"院士行"活动，考察湖南桃花江核电厂址

为了学习、继承、发扬"两弹一星"精神，2014 年 7 月 4 日，中国核学会与天津市核学会共同举办了院士报告会，邀请我国著名核武器专家为天津市核科技工作者和南开大学的 200 余名师生做了主题为"核科学家的中国梦"的专题报告。同年 12 月 18 日，中国核学会邀请两院院士为首都师范大学初等教育学院的 260 多名师生做了《核科技造福人类》《核武器工程与两弹精神》的报告。

2015 年 6 月 25 日，中国核学会"院士行"活动走进山东，邀请两院院士做报告，传播核科技知识，传承"两弹一星"精神。

2017 年 7 月 6 日，中国核学会与中国核建集团共同组织高温气冷堆"院士专家行"活动，邀请 7 位两院院士与中国核建领导专家齐聚山东荣成，实地考察全球首座高温气冷堆核电站示范工程。

2018 年 9 月 3～5 日，以"助力创新融合、创新核工业发展"为主题的中国核学会 2018 年"院士行"活动在四川成都举办。李冠兴邀请了近 20 位两院院士参加活动。

2018年9月3～5日，中国核学会2018年"院士行"活动在四川成都举办，李冠兴与王乃彦、詹文龙、孙玉发、叶奇蓁、赵宪庚、李建刚、邓建军、王国法等院士参加活动

李冠兴、钱绍钧、杜祥琬、胡思得、王大中、王乃彦、吕敏、叶奇蓁、陈念念、张金麟、于俊崇、彭先觉、邓启东、樊明武、孙玉发等院士于百忙之中多次参加"院士行"活动。

2015年，首届"核科普公众开放周"活动由中国核学会统一组织，邀请媒体、社会人士走进核工业，共组织科普活动91场次，参与人数18万人。此后，中国核学会每年都坚持举办系列科普活动，围绕社会热点问题，介绍核科技知识，传播核科学精神。共组织了10余次"科学家与媒体面对面"活动和100余场科普报告会。举办首届"中国核科普奖"评选活动，共有全国40家涉核单位的84份作品获得参赛资格，包括图书类、视频类、表演类、互动展示类。

李冠兴倡导中国核学会将展览和讲座、实体展览和互联网科普紧密结合，编制通俗易懂的科普图书和科教视频，广泛吸引受众的参观、阅读兴趣，提高公众的科学素质。他非常重视核科普工作，亲自参与核科普讲座。中国核学会在李冠兴任理事长期间，获得了全国科普工作最高奖——《全民科学素质行动计划纲要（2016—2010—2020 年）》实施工作先进集体，这是由中国科协、财政部、国家发展和改革委、中宣部、中组部、教育部、科技部等 9 个部委联合评选的。

李冠兴（右五）出席中核集团 2015 年"核科普公众开放周"活动启动仪式

为贯彻落实习近平总书记在"科技三会"上的重要讲话精神，在中国科协指导和李冠兴的直接领导下，中国核学会成为核能科普国家战略活动的承办和组织实施单位。建立了政府引导、政企合力、上下贯通、统筹推进的核科普工作模式，大力传播普及核科学知识和先进技术，倡导创新发展理念，推动核能科普常态化、广覆盖，增强公众对核科学技术、核安全和核应急管理水平的认识和信任，促进我国绿色核能健康高效发展，取得了广泛的社会影响与积极的科普效益，得到了中国科协的肯定和鼓励。

2013 年 7 月，中国核学会参加了由中国科协主办、中国科协新技术开发中心承办的第四届科技场馆展品与技术设施国际展览会暨学术研讨会。对于该次展览会，中国核学会组织展出了 ACP1000 模型、放射性监测装置等展品，展品集知识性、趣味性、参与性于一体，受到广大观展者的关注和欢迎。展览会期间，中国核学会还播放了《核电与民生》《漫步核世界》等科普视频，发放了《走近核科学技术》《核科普知识手册》等科普读物近 500 册。通过展览交流，中国核学会与相关单位增进了了解，为进一步加强合作、共同推动科普事业的发展搭建了良好的平台。

2013 年全国科普日，核能科普专区自全国科普日活动以来首次出现"核反应堆"内容，主题为"清洁核能助力美丽中国"，主要包括 ACP1000 三代压水堆核电模型、中国实验快堆两部分。为进一步增强科普效果，中国核学会还组织了搭建核电站、核电互动游戏等，并播放《漫步核世界》《神奇的快堆》动漫视频，发放《走近核科学技术》《核科普知识画册》等科普图书 3000 册。以上各种科普资源的有效组合，重在让广大公众逐步了解核能清洁、安全、高效的特点，树立核能是一种清洁能源的理念，为核能发展营造良好的社会环境。

2014 年 4 月，中国核学会首次举办了"'核'我探秘——我们身边的核科学技术"科普展，内容以"神秘的原子世界—能源娇子核电—神通广大的核技术—热点聚焦—核领域的诺贝尔奖获得者、著名科学家"为主线，通过科普图书、图文展板、大型模型、互动游戏、动漫视频、网络答题等方式向公众介绍我们身边的核科学技术，搭建公众了解核工业、核能、核技术应用的友好平台，吸引一万余名观众参观。李冠兴还特别邀请詹文龙、胡思得、徐銤、周永茂等院士在科普园地"轮流值班"，为现场观众答疑解惑，大大提升了科普园地的权威性。

2014 年 7 月 12～18 日，由中国科协主办的"2014 夏季科学展——感触前沿科技魅力"在中国科技馆举办，中国核学会组织"中国实验快堆"参展，详细介绍了快堆的基本原理、发展现状、未来规划，重点突出了快堆在我国核能可持续发展中的重要作用。除中国实验快堆模型外，该次活动期间还播放了《神奇的快堆》动漫科普视频，特别组织了"搭建核电站""核电发电原理""漫游核电站"等互动游戏参展，深受暑期参观学生的欢迎和喜爱。

在庆祝中华人民共和国成立 65 周年之际，为庆祝我国第一颗原子弹成功爆炸 50 周年，弘扬"两弹一星"精神、普及核科学知识、提高全民科学素质，2014 年 10 月上旬，中国核学会在中国科技馆举办了"中国梦·科技梦——核科学技术展"。该展览全面系统地展示了核科学技术的诞生与发展，特别是中华人民共和国成立后在相关领域取得的成就，介绍了我国著名核科学家的辉煌业绩。展览分别以"叩开核世界的大门""戈壁滩升起的太阳""身边的核科技""核能发电""核科技的未来"为题，揭示了核科学奥秘和探索历程，力求客观还原核科技历史，展示核能、核技术的发展和在生活中的广泛应用，使公众在了解核科技知识的同时，感受科学精神，传承大家风范。展览由图文展板、实物模型、互动展品和视频等组成。观众既能近距离欣赏到蘑菇云艺术雕塑、裂变小球、原子弹爆炸的裸眼 3D 画面、巨大的能量等绚丽精彩的展项，观看到我国最早的铀矿石"开业之石"的复原模型、我国拥有自主知识产权的第三代核电站"华龙一号"的雄伟身姿，还能亲自动手体验原子核裂变、网络化辐射检测等。特别是在科技馆主题展览中首次尝试引入当今最受年轻人喜爱的互动参与游戏"密室逃脱"，结合展览设置的核基础知识、核技术应用和核电站 3 个核科学技术主题，打造了 3 个"密室"供公众参与体验。参观者通过各种展板、模型和互动展项，既能了解到人类对原子能探索和利用的漫长历程，以及现实生活中我们身边广泛应用的核技术，还能感受到中国科学家在我国核科学研究、核工业建设中的拼搏精神和卓越贡献。

2014 年 10 月的"核科技展"观展活动暨核科普宣传研讨会，集科学性、观赏性和互动性于一体，推出了中国数字科技馆上的核科学技术展，开展了"科学家与媒体面对面"活动，出版了核科学技术展专刊等。

中国核学会参加中国科协主办的全国科普日、夏季科学展、创新科技成果交流会、全国大众创业万众创新活动周等科普展览，组织创作了一批核科普作品。根据产业发展需求，充分发挥权威专家的引领作用，完成《中国电力百科全书》有关内容的编写工作，承担《核科学技术名词》审定工作，组织修订出版《走近核科学技术》第二版，编著出版《"核"我探秘——我们身边的核科学技术》，承担中国科协"百度百科科学词条编写与应用工作项目"，编写核能发电、核燃料循环、核辐射与防护、核农学、核医学、核安全保障、核技术应用等热点领域共 2000 余条重点词条，取得了很好的宣传效果。

核科普教育基地是面向公众开展科普宣传教育的重要阵地，是核工业企业、科研院所和高校参与科普工作、履行社会职责的重要载体，是开发社会科普资源、建立科普资源共建共享机制的重要途径。李冠兴强调，要重点做好核科普教育基地的制度建设、队伍建设、评比考核、管理督查四个方面的工作，不断创新科普活动内容和形式，推动核科普宣传工作在基层、在社会更好地开展，促进核科普教育基地持续健康发展，为我国核能、核科技事业的发展创造良好的舆论氛围和社会环境。他策划了组织推荐"全国科普教育基地"，经学会初评和推荐，"辽宁核电科普展厅""三门核电公众展厅"获得全国科普教育基地认证。参与"中国核工业科技馆"科普展览设计，展览从"前进中的中国核工业""辐射与安全""探索核奥秘""核燃料循环""开发核能源""核在我身边""核在国防中"等方面，全方位地展现了核科技的奥秘与辉煌。组织参加在中国科技馆常设展厅建设"核能应用""生活中的核技术"两个展区，展示能源利用的现状与未来，核电站技术发展和安全保障，核技术在工业、农业、医学和环境保护等方面的广泛应用。

李冠兴还积极推进核科普信息化建设。建立核科普移动互联大数据平台，整合发挥学会科普宣传、科普活动、人才专家等资源优势。加强与"科普中国"、腾讯科技、新浪科技等平台合作，充分发挥微博、微信等新媒体的传播优势，提升科普信息化水平。在学会官网设立科普专区，开设科普微信公众号及"志同道'核'"学会微信群等。

"科普中国——绿色核能主题科普活动"旨在广泛普及核科学技术知识，宣传绿色核能发展理念，提升全民科学素质。目的是大力传播普及核科学知识和先进技术，增强核科普工作的科学性、权威性和长效性，帮助广大公众提升科学素质、破除愚昧迷信，增强对核科学技术、核安全和核应急管理水平的认识和信任，促进我国核能安全高效发展及和平利用。活动由中国科协、国家能源局、国家原子能机构、国家核安全局主办，中国核工业集团公司、中国核学会、新华网等多家单位承办，李冠兴、王乃彦、杜祥琬、叶奇蓁、徐銤5位院士担任首席科学家。李冠兴在谈到该活动的意义时强调，核能的科学普及就是让我国的核能发展能够建立在更好的社会基础之上，能获得更多人的理解和支持，这一点是很重要的。同时，公众也很需要核知识，因为核能不仅能为人类提供能源，还有很多为人类造福的核科学技术可以让大家了解。例如，医院的核磁共振检查，大家在了解以后还可以推广它的应用，对我国国民经济的发展发挥促进作用。希望通过这个活动，进一步促进公众对核能及发展核能必要性的理解，希望利用这个契机，与公众加强沟通，帮助他们科学理性地认识核与核能。李冠兴积极做科普报告、开科普讲座，得到社会公众的广泛好评。

党和国家高度重视核能发展与核安全问题，将其作为确保能源安全、环境安全和国家安全的前提。但由于对核科学技术了解不深，受日本福岛核泄漏事故等影响，公众的恐核心理与邻避效应蔓延，成为制约核能发展的不稳定因素，因而鼓励和推动核科普宣传具有重要意义。李冠兴积极面向社会公众开展线上线下科普活动，传播的内容科学权威，贴近大众需求，通俗易懂；传播渠道和覆盖人群广泛，影响力较大；具备一定社会认知度，在科学传播领域有突出表现。

2017年6月，在"科普中国——绿色核能主题科普活动"
启动仪式上，李冠兴（右二）与主办方领导及其他院士共同按下水晶球

2017年6月，在"科普中国——绿色核能主题科普活动"
启动仪式上，主办方领导为李冠兴（中）与王乃彦、
杜祥琬、叶奇蓁、徐銤等首席科学传播团队颁发聘书

在李冠兴的领导下，中国核学会创办的国内核科普品牌活动日臻成熟，包括"魅力之光"杯全国中学生核电科普知识竞赛和夏令

营活动、核电企业"核电开放日"等活动的影响力不断扩大，成效显著，核科普代表性的科普佳作相继问世。同时，以核电科技馆和核电基地为主要依托的核科普教育与工业旅游基地不断涌现，每年接待数十万公众深度体验……借助上述方式，全社会对核能产业的接受度正在提升，推动了核电事业安全发展。

2014年，李冠兴担任核燃料循环科学传播专家团队首席科学家，至2017年落实典范活动20项，在全国举办核科普专题活动400场，线下参与人数60万人，线上浏览量4000万人次。举办主场大型科普展览1次、组织编写调研报告1份、编著出版科普图书16册、制作播出专题电视节目7集。中国核学会2013～2017年连续五年荣获"全国学会科普工作优秀单位"称号，2016年荣获《全民科学素质行动计划纲要》'十二五'实施工作先进集体"称号。在李冠兴的领导下，中国核学会服务全民科学素质提升取得新跨越。

中国核学会前秘书长于鉴夫是这样评价李冠兴的：

> 李冠兴院士是核燃料领域里首屈一指的科学家，作为科学家理事长，几乎所有涉及核相关领域的核学会分会的学术会议，他都事必躬亲地去出席、指导，去听大家的意见。所有涉核的期刊论文，他都认真地去审读，学术工作委员会、标准工作委员会、几个重要的学科建设领域里的管理，他都亲自去打理，他真正是一个学会的理事长。因为学会不是协会，学会不是机关，不是企业，也不是军队，学会是一个平台，这个平台掌门人自己一定要在这个领域学识渊博，能够执掌一面，同时在管理上还得有管理能力和管理水平。2019年中国核学会换届的时候，北京大学老校长陈佳洱、清华大学的王大中院士、中国工程物理研究院的胡思得院士等，这些国内知名的核科学家都来了，就是为了给李冠兴院士送行，当时的场面非常感人。在学

术上，李冠兴院士是泰斗大家，在管理上，李冠兴院士是管理大师，李冠兴院士是当之无愧的中国核学会理事长，而且很服众，大家对李冠兴院士都十分地敬重、十分地景仰……

2019 年，中国核学会为李冠兴院士颁发的特别贡献奖奖杯

第 | 六 | 章

至诚报国，
心有大我

"随缘素位,自知自胜"是李冠兴给自己树立的人生目标。在人生的各项工作中,李冠兴正是以随缘素位的心态,敬业务实,以自身的人格魅力影响和带动身边的科研工作者实现一次次的探索与超越,在核事业发展的史册上留下了浓墨重彩的一笔。

　　作为一位虔诚的核科技工作者,李冠兴在长期的核材料与核燃料研究、工艺技术专研、新型特种材料研究及应用、研究试验堆核燃料元件研究制造等众多工作中,践行了一种精神,也一直在丰富这种精神的内涵。这种精神是"科学家精神",是"两弹一星"精神,是"四个一切"核工业精神和"强核报国 创新奉献"的新时代核工业精神。

　　高瞻远瞩,鞠躬尽瘁。虽然李冠兴已与世长辞,但他的功绩将永载史册!他的崇高品德和学术精神是留给我们的宝贵财富,值得我们永远学习!

家国情怀、天下胸襟，这是中国知识分子的最高境界。在人类历史上，那些仰望星空的人，他们胸怀家国，心有大爱，以其深邃的目光和智慧，牵引着社会不断向前。常以"自知者明，自胜者强"与人共勉的李冠兴就是这样一位核材料与核燃料领域的科学家、工艺技术专家。他自16岁求学清华大学，迈入核材料研究的大门，在岁月轮回中，坚守初心、砥砺前行，长期从事核材料与工艺技术、粉末冶金、金属材料、高级陶瓷与金属基复合材料的研究，在生产堆、研究堆和核电站燃料元件与相关组件及铀材料等领域做出了重要贡献。他的许多学术思想在我国核事业领域影响深远。

一、随缘素位，自知自胜

李冠兴说，他的一生很多事情都算是意外的惊喜，因为没有欲望，一路走来，都是收获……

"随缘素位，自知自胜"是李冠兴给自己树立的人生目标。随缘是指要摆脱名利，顺应自然，随遇而安。要以平常心，办平常事，做一个平常的人；素位就是要讲究保守本分，作为院士就是要保守学者的本分。自知者，就是有着清晰的自我认知的人，是懂得扬长避短的人；自胜者，就是能够清晰认识自己的不足，自己战胜自己的缺点与不足的人。自知者英，自胜者雄。自知自胜讲的是，能自知者方能知人，能自胜者方能胜人。

李冠兴当选中国工程院院士后的题词

2005 年 10 月 4 日，李冠兴在一份题为"随缘素位"的党性分析材料中写道：

从行政第一线厂长岗位上退下来已将近一年，一直在国核技筹备组参加第三代核电站的招标工作。这一期间也可以说是我自己适应新形势的调整期。我严格遵守我自己的诺言，不再参与厂里的行政管理，不干预现任班子的工作，决不说三道四，这是一个原则，人贵有自知之明。

时代在发展，社会在进步，二〇二厂步入了发展的快车道，厂领导班子会一届胜过一届，职工队伍素质会越来越好，大家的日子会越过越好，我厂建成国际一流的核燃料工业基地的日子会越来越近，我想这是毋庸置疑、不可逆转的。我为这一届领导班子的出色工作表现感到高兴和欣慰，希望同志们再接再厉，早日建成压水堆元件生产线。

在这篇短文中我不想对过去进行分析评价，历史还是由后人去评说为好。年纪大了，更应向前看，努力保持共产党员的先进性，做一个合格的党员，做一个合格的中国工程院院士，争取为党和人民再做一点力所能及的贡献。

如何能做到这一点？我想只要不断地加强自身修养，努力做到两点：一是随缘，二是素位，大概就可以了。

随缘是佛家的用语，原本有命由天定的消极因素。我这里是指要摆脱名利，顺应自然，随遇而安。要以平常心，办平常事，做一个平常的人。我在 1991 年出任厂总工程师和 2001 年出任厂长，均是迫于当时的形势，由上级领导决定的。我自己则是像在武侠小说中常说的那样"人在江湖，身不由己"。就是这次去国核技筹备组参加第三代核电站的招标工作，也是由上级领导决定的。说说容易，在当今社会真要做到"随缘"两个字，也是很难的。我想这是对院士的要求。

素位是儒家的用语。在《中庸》中有这样一句话，"君子素其位而行，不愿乎其外"。素位就是讲究保守本分。什么是院士的本分？学者也。保守本分就是要保守学者的本分，少做或不去做一些不相干的事情。在当今社会真要做到"素位"两个字，也是很难的。我想这也是对院士的要求。

如果在有生之年，能再为国家做一点力所能及的贡献，特别是在培养年轻科技人才方面，那我将十分庆幸和欣慰。

李冠兴一直欣赏林则徐的这几句话："海纳百川，有容乃大；壁立千仞，无欲则刚。"他是这样说，也是这样做的。李冠兴说他出任二〇二厂的总工程师和厂长是历史的选择，后来参加第三代核电站的招标工作，也是领导决定的，他对自己有着非常明确的认知，但绝不代表放松对自己做人做事的要求，在为国家继续贡献力量的道路上，尤其是在培养年轻科技人才方面，李冠兴鞭策自己，奋力前行。在他人生的各项工作中，正是以随缘素位的心态，敬业务实，以自身的人格魅力影响和带动身边的科研工作者，实现一次次的探索和超越，在核事业发展的史册上留下了浓墨重彩的一笔。

李冠兴担任厂长期间，工作上有一个特点，就是只提出建议和目标，过程让责任者去实现，充分放权。对于班子成员，他只是管战略管方向，班子成员有具体的工作职责分工，经过他的授权，每个人都能确确实实地发挥自己的作用。他定好方向，只要是企业效益有了，职工生活有变化了，收入提高了，管理方面加强了，实际的工作他都放手让副职去干。这是他当领导时非常显著的一个特色，而且这个力度还非常大，让专业的人去干专业的事。

对此，时任二〇二厂副厂长的王翰骏深有体会。他说：

我分管的是计划处、外贸处、供应处，李总一般是听我汇报，干预得少，但是大的方向、大的事情，我们是共同商量的，商量完以后我去执行。因为我主要是跑项目，比如重水堆、压水堆、高温堆等项目，我的任务就是去落实项目，一项一项地把它落实到位，这是我的职责，我对厂长负责。他的格局很大，站位很高，看得也很远。

时任厂总会计师陈维民说：

李冠兴院士担任厂长的时候，我刚接手分管财务工作。李院士找我谈的第一个问题就是厂里的资产结构、资金流向和我们的瓶颈在哪儿。他亲自并主动地来找我了解掌握这些情况。而且李院士知道哪些人能够跑出成效，争取到项目。当时，马文军、王翰骏他们都是搞计划的，他们到国防科工委等多部门争取了很多项目。李院士非常注重市场的计划，特别是在项目争取的过程中，一方面怎么根据政策去争取项目，另一方面怎么根据政策和项目去筹措资金，并且加强管理，做好内部管控。所以，李院士对我和马文军说，你们一个管内，一个跑外。指导我们怎么去争取项目，内部怎么管理国家政策资金，怎么逐步提高内部的管控能力，李院士在这些方面分得很清，每个人各司其职。李院士布置任务也很干脆，不开过长、拖沓的会议，这是他的性格，大家介绍完情况以后，他会提出目标，让大家按这些目标去办。那时候大家各干各的工作，都感到特别顺心、舒畅……

马文军接任二〇二厂总经理以后，每年厂里的职代会李冠兴都会全程参加并讲话，他的讲话虽然不那么具体了，但是依然充满智慧，标准提得很高，从不同的角度倡导上下同心，营造和谐团结的氛围，共同实现工厂的发展目标。2017年春节，他生病了，身体不好，但依然坐在主席台上，坚持全程参会，工会主席洪祥彪多次询问他需不需要休息，他都表示能坚持，并且一直坚持到会议结束。

李冠兴的随缘素位是建立在他严格要求自己的基础之上的。一个严于剖析自己的人，往往是有自知之明的。苏轼的《与叶进叔书》中写道："仆闻有自知之明者，乃所以知人。"中国有句经典名言："人贵有自知之明。"在古希腊一座智慧神庙大门上，也写着这样一句箴言，即"认识你自己"，古希腊人还把它奉为"神谕"，是最高智慧的象征。许多哲人都这样告诫人们，由此可见自知之明对人生乃至人类是何等重要。

"自知自胜"，就是自己能了解自己，自己能认识自己。老子的《道德经》中说："知人者智，自知者明。胜人者有力，自胜者强。"就是说，能够了解他人的人是有智慧的，能够了解自己的人是高明的。能够战胜他人的人是有力量的，能够战胜自我的人是真正的强者。一个人要在人生路上走得从容，既要有知人之智又要有自知之明，既要能超越别人又要能战胜自我。"知人""胜人"是本事，"自知""自胜"更是能力。只有做到"自知""自胜"，才能把握正确的人生方向，积蓄不竭动力，更好地去"知人""胜人"，成为生活中的智者、强者，让人生走得更从容、更精彩。

李冠兴做到了，他是一个"自知自胜"的人。

1985年12月5日，李冠兴向党组织提交了一份思想汇报，他在思想汇报中是这样写的：

> 回国已一年有余。出任副主任已近一年。在此年终将临之际，清理一下自己的思想，权衡一下工作中的得失，请党组织检查和帮助，以便今后更好地发现优点，克服缺点，做好本职工作。
>
> 一年来感触很多。虽然如此，细想起来，这千头万绪集中到一点，即必须加强政治思想工作。这一点可能会令人感到茫然，我这个搞业务、主管科研工作的非党员怎么会突然对这一点如此感兴趣呢？道理很简单，目前科技人员的思想情况比较

复杂，谈技术问题首先要解决的却是政治思想工作范畴的问题。管技术首先要管思想，这是早就知道的一条道理，但是这一点在过去似乎是可以做，亦可以不做的，但是在今天却是非做不可的。不做，任务就可能安排不下去或推不动；不做，同志们的心情可能不舒畅。对一些具体问题做些分析，对于我这个科技人员也是不能例外的。

一种表现是"惰性"大。工作中缺乏主动精神，推一推，动一动或甚至推而不动，致使一些工作进展不快，或水平不高。业务学习不自觉，业务水平提高不快或甚至没有什么提高。这种情况在我们这拨中年技术人员和工人为主的队伍中比较普遍，当然程度不一。我自己亦不时在思想上、在工作中和在业务学习中有不同程度的反映。不管自己的思想境界如何，这是在工作中和同志们交往时，不得不尽力去解决的一个问题。当然，有许多具体问题需要解决，但是究其根本，是精神上丧失了依托，没有追求的人生目标，丧失了不断进取的精神，这对于技术人员尤其致命。因为工作上的精益求精、学术上的不断进取是一个技术人员最主要的素质，实质上，这是一个人的人生观问题，这个问题是不能用钱和职位来解决的，只有靠正面教育，还是要大道理管小道理，树立共产主义人生观。今年全国党代会和四中和五中全会上，许多中央领导同志的讲话都强调了精神文明的建设，我觉得是非常及时、非常正确的。现在，领导手中的法宝亦不是行政手段，还是要靠大道理，靠将心比心地交换思想，以诚待人。在实际工作中，我感到我们的同志都是有觉悟的，现在是牢骚多一点儿，表面上的一些尘土掩盖了一些同志心灵深处的美好东西。当然，实际上我自己思想上亦时有摆动，不能给同志们以真正的帮助。还是一句老话，在改造客观世界的同时，不断地改造自己的主观世界。我在实际工作中感到，只要开诚布公、共同探讨，问题是可望解决的，是可以在大局上大家达到一致认识的。总之，人是要有一点精神的。

另一种比较突出的表现是争功、争奖金、争名次的排列。论功行赏，特别是做领导的要一碗水端平，这是毫无疑问的。对一些处理不当的，争一争，是应该的、无可非议的。但是，这里应有一条标准，即这一切是为了推动工作，做好工作，而不是相反。在日常工作中，有些人的"争功"出了格，令人惊讶，这可能是近来行政手段多了，思想教育少了的缘故，这种情况有些已妨碍或迟缓了工作的进程，单干户、专题组长、班组长、室主任或高一级的领导都涉及这个问题。要宽宏大量，要能吃点儿"亏"，不能搞技术封锁，搞孤家寡人，要走群众路线，相信大多数。特别要有气量容纳持不同意见、业务水平和自己接近或相当的同志，搞好团结，我感到对各级技术领导这一条非常重要。虽然一个当领导的，自身的业务水平较周围同志高一点儿是有好处的，联系到这一点，需要我们注意的是各级干部要以身作则，对于室一级领导更应如此。一些小事不注意，则会在群众中有很坏的影响，俗话说，"上行下效""上梁不正下梁歪"。

一年来，工作中的成绩不大，自己感到各方面的问题很多，可以说的一条收获大约是逐渐开始意识和体会到，一个在室一级领导岗位上的人应如何去做好自己的工作，如何在自己的职责范围内发挥自己的应有作用，也就是说开始有了一点感性认识。比较突出的一个感觉是联系群众的面还不够广，现在，技术人员找我的比较多，交换思想的亦比较多，但工人较少。这一方面是由我目前分管科研造成的，另一方面是自己有意识的努力不够。营造一个相互信任、相互了解、团结一致、共同努力的气氛，是搞好一个集体、带好一支队伍的关键。希望明年在这方面能有所进步。

2021年1月14日，是李冠兴诞辰81周年纪念日，二〇二厂举行了"纪念 感怀 传承"追思活动。时任党委书记、董事长李卫东在发言中说：

面对新时代、新机遇、新挑战，我们要大力弘扬和传承李冠兴院士的伟大精神，激发前行的力量。要学习李冠兴院士强核报国的奉献精神。李冠兴院士自16岁入学清华大学，毕业后就扎根工厂，为祖国的核事业奉献了毕生精力，用行动践行了"两弹一星"精神和"四个一切"核工业精神。他的担当、奉献精神值得传承和发扬。我们要学习他严谨认真的科学家精神。李冠兴院士从事科研生产50多年，德高望重，他的学术成就和对国家核事业发展做出的贡献，体现了严谨认真的科学家精神，值得铭记。我们要学习他勤勉敬业的企业家精神。李冠兴院士既是科学家，同时他出身于企业，扎根立足于企业，更是一名杰出的企业家。他夙兴夜寐、殚精竭虑，为企业的长足发展打下了坚实深厚的基础。他的勤勉务实、执着敬业的精神值得学习。我们要学习他追求卓越的创新精神。他刻苦攻关，坚持真理，始终紧跟发展前沿，不断开拓创新，我们要大力弘扬这种精神，并以此激励和引领一代代二〇二人不断前行。

现任中核北方核燃料元件有限公司党委书记、董事长邹本慧也深有感触地说：

追忆是为了更好地前行。今天，对李冠兴院士有太多词汇值得我们铭记：灯塔、博学、抱负、志向、胸怀、严谨、担当、信任……这些词汇是有血有肉的，是有情有义的精神，是核工业精神的体现，也是时代的召唤。愿我们执院士精神的长矛，完成建设核强国的夙愿，实现中华民族伟大复兴的光荣使命！

二、谦谦君子，大师风范

院士是在某一领域的资深专家，他们在某一领域做出了突出贡献。我们的很多院士都有着"先天下之忧而忧，后天下之乐而乐"的深厚情怀，都是"干惊天动地事，做隐姓埋名人"的民族英雄。大师令人仰止，李冠兴院士给人留下的是温文尔雅、低调谦和的印象。

20世纪90年代中期，李冠兴担任二〇二厂总工程师，厂里配备了专车接送他上下班，但职工们仍然经常在路上看到李冠兴骑自行车上下班的身影，而且是和其他同事边骑车边谈笑风生。同时人们还注意到，李冠兴常年戴着一块电子表，这与和他同龄的知识分子几乎完全不同，而且他的这一习惯一直保持到了晚年，职工们感觉李冠兴特别平易近人。

中国工程院能源与矿业工程学部原专职副主任周永茂院士谈到，李冠兴当选院士不久，他跟我们这些年纪比较大的人在一起开讨论会的时候，很容易交流。他是新当选的院士，我们对他的印象都非常好，他这个人很随和，跟人的交流也很坦诚。

周永茂说，李冠兴在担任中国核学会理事长期间，只要中国核学会一开会，差不多几乎所有相关领域院士都愿意参加。年纪比较大或身体不太好的院士，还可以带夫人、子女参会，这是从李冠兴做理事长的时候开始的。这样一来，年纪比较大的院士都愿意参加活动了。北京协和医院的王世真教授也难得地参加了中国核学会的会议，他以前很少参加中国核学会的活动，是李冠兴把他请来了，当时王世真教授把自己的女儿也带来了，因为他岁数大了，一个人来行动不方便，需要人照顾。李冠兴主持召开中国核学会的会议时，王世真教授及其女儿跟大家都聊得很愉快。本来大家觉得王世真教授年纪比他们大，不容易跟他们沟通，但事实截然相反，因为李冠兴把中国核学会会议的气氛营造得非常好。周永茂感觉，李冠兴为人非常诚恳，会议期间，他会逐个看望到会的院士专家，跟院士专家们聊天，与参会人员畅快沟通。

在中国核学会工作期间，李冠兴善于团结院士专家、支持科技创新的作风也为人称道。近年来，周永茂院士主持设计加速器BNCT实验装置，这个项目将为我国肿瘤治疗带来技术性革新，李冠兴非常具有前瞻性，在该项目还没有太被看好的时候，他是第一个支持该项目开展的人。周永茂说，李冠兴的框框少，这是他的特点，把他选为中国核学会理事长是绝对正确的。

马正锋，现任湖南湘潭大学文学与新闻学院教授。2010年7月，马正锋硕士研究生毕业后入职中国核学会秘书处，在李冠兴的领导下工作。虽然工作时间不长（马正锋于2013年9月进入清华大学攻读博士学位，从而辞去了在中国核学会的全职工作），但这是他人生中的第一份工作，李冠兴正是他的领导。他说：

> 李冠兴院士的言传身教，使我受益匪浅。在中国核学会的三年里，我随李院士出差的机会不少。每一次出差，我不仅能看到接待单位对于李院士发自内心的尊重和敬仰，更能看到李院士对所有接待单位和人员同样发自内心的平易与亲切，甚至于在机场的候机厅里，都能看到航空公司的服务人员对李院士特殊的关怀与照顾，这总是让我觉得，这实际上就是普通人对于科学的尊重，对科学家的尊重，每一次我都被这样的场景感动。李院士是担得起"共和国脊梁"称号的人，值得人们长久地追思与怀念……

上海核工程研究设计院有限公司核燃料材料所副所长周云清评价李冠兴是"爱国奉献的国士、睿智儒雅的大咖、德高望重的长辈，李冠兴院士用他的一言一行，在我们年轻一辈心中树立起一座灯塔，指引我们前进的方向"。

周云清说：

李院士的爱国情怀和大局观，深深地影响着每一位与他交往过的人。他的一生都在矢志不渝地推进我国核燃料自主品牌建设。我刚参加工作不久，就听闻李院士在AP1000技转工作中牵头核燃料组与西屋及美国政府部门"斗争性合作洽谈"，最终为我国三代核电技术引进、消化、吸收及再创新奠定坚实基础。2008年，我去美国西屋电气公司哥伦比亚核燃料厂参加为期一年的技转培训，美国西屋电气公司参加技转谈判的人员无人不对李院士竖起大拇指，认为他是一位杰出的坚持原则而同时又能务实促成合作的专家和领导。2013年，我第一次面对面认识了李院士。当时，我院牵头申报"CAP1400自主化燃料定型组件研制"重大专项课题，邀请李院士为首的专家团队进行立项审查。李院士提出了我国核燃料自主研发"三步走"的战略（实现引进品牌燃料国产化、在引进品牌基础上改进提升、打造完全自主的高性能燃料品牌），为我们年轻的科技工作者推进自主燃料品牌建设提供了强大的精神动力和专业方向指引。

李院士的渊博学识和敬业品质，会以一种"润物细无声"的方式传递给身边的每一个人，让人敬佩并且自然而然去追随。2017年2月22日的北京，下着大雪，CAP1400自主化燃料定型组件设计评审会召开。当时，李院士在刚动完手术不久的情况下，克服身体不适，作为专家组组长领衔开展评审工作。谈到技术问题，他思路清晰、切中重点，让大家既佩服又感动。2017年6月，第25届国际核工程大会在上海召开。在此期间李院士应邀来我院参加科技工作会议，并以"继承发扬'两弹一星'精神"为主题给我院年轻的科技工作者们做了辅导发言，让年轻一代的核电科技人员备受教育，在我院掀起一股继承和发扬"两弹一星"精神的热潮。

李院士对后辈的提点、鼓励，毫无保留、细致入微。一个技术问题的探讨、一句勉励的话，从李院士这边传递出来，仿佛就有一种精神的力量，让我们年轻后辈们备受鼓舞、获益终身。我永远也忘不了2017年3月27日的CAP1400自主化燃料研制第一阶段课题预验收会议上的一幕。李院士作为验收组组长，给我们课题打了98分的高分（应该是迄今重大专项课题验收中的最高分数）。我去收集专家打分表，看到这个分数都惊呆了。李院士说："我们自主化燃料研制难度很大，课题组的工作确实取得了很大的突破，应该值得肯定。扣掉的2分，是希望同志们再接再厉，高标准严要求，研制出优于AP1000的自主化燃料组件，为祖国争光！"当时的我，一下子眼睛就湿润了，很想找个地方大哭一场，同时内心中又充满了无尽的力量，觉得我们只有加倍努力搞好自主燃料研发工作，才对得起以李院士为代表的前辈们对我们的教诲、鼓励和期待。

2017年6月，李院士在第25届国际核工程大会召开间隙，特意到我们燃料所来交流，与我们年轻后辈们互动。当他听说我们依托自主化燃料研发工作，从十几个人的燃料组发展成为30多人的独立的燃料所，并且在燃料材料、结构、试验、分析、软件等各方面均取得积极突破的时候，李院士非常高兴，向年轻后辈们分析当今我们核燃料研发在需求、资源、人才等等各方面面临的新局面，勉励年轻一代把握机遇，并且坚信我

2017年6月，李冠兴院士莅临上海核工程设计研究院有限公司
核燃料材料所指导工作

们的核燃料研发重任在年轻一代的手中必定能够以更快的速度取得更大的进步。他没有高谈阔论，有的是慈祥的微笑和朴实无华的话语，却让我们所有人都充满干劲！

中核集团核燃料元件设计制造技术科技重点专项总设计师、中国核动力研究设计院专项总设计师焦拥军谈到李冠兴时说：

2010年，中核集团开始启动重点科技专项，自主核燃料研发是其中的一项。实施方案评审时，在进度问题上无法达成一致，因为我们觉得根本无法实现集团公司的要求，多次会议都相持不下。后来，在一次李院士出席的会议上，他讲道："这件事，我是有信心的，你们也要有信心，特别是领导，做一件事，领导首先要有信心和决心，领导有了信心和决心，大家也就有了信心和决心，事就能干成。"李院士的作用不仅是"定海神针"，还有对我们的鼓励和关爱。记得N45锆合金立项评审时，我们坚决不同意2017年实现考验件入堆，只同意具备入堆条件。当时，以李院士为首的专家组在会上确定了必须入堆的要求，但我们内心还是担心不能实现。会后，李院士找到我，鼓励我，并专门了解项目的困难和问题，和我一起分析问题，在整个研制历程中，他也一直参与其中，最终，我们实现了项目目标。李院士时时刻刻见证着CF燃料的发展，每次重要的评审活动和重大节点，即使是在他大病初愈的时候，都不辞辛苦来参加我们的会议和讨论，特别是在我们遇到困难的时候，他总会出现，不仅从技术角度给我们解决问题的案例和启发，更给我们鼓励，帮我们解压，让我们感觉到温暖和被理解。在我的成长过程中，有这么一位尊敬的长者相伴，甚是幸运！

2019年5月10日，由中核集团科技质量与信息化部组织的CF3燃料组件批量化生产验收会在四川宜宾中核建中核燃料元件有限公司召开。李冠兴作为验收专家组组长参加此次会议，并在会上对批量化生产CF3核燃料组件进行了总结评价，他还亲自到生产车间见证了CF3核燃料组件实物出厂检验。李冠兴认为，CF3核燃料组件实现批量化生产，标志着中核集团真正掌握了完整的核燃料组件产品供应能力，使我国真正拥有了具有市场竞争力的、自主品牌的核燃料组件产品，且具备了进入国际市场的条件。

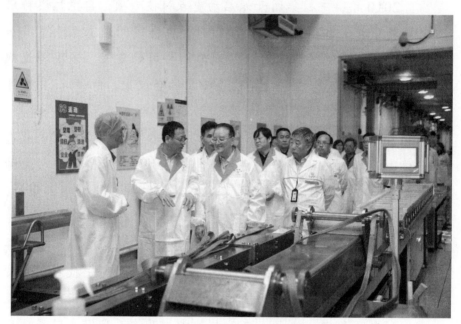

2019年5月10日，李冠兴（前左三）
亲自到生产车间见证CF3核燃料组件实物出厂检验

二〇二厂原副总经理王翰骏回忆道：

我们厂做激光焊机买的第一台设备，是在美国买的，中期我去验收，到那个地方一看，才发现激光源最重要的光源居然是上海造的，我当时心里头真不是个滋味，我说我本来是来美国买最好的设备，结果，你卖给我的是上海制造的。回来以后，我就跟已在中国核学会任职的李院士说这个事情，我说我心里头不平衡，我说能不能国家给予支持，我们把它实现国产化。李冠兴院士表态说："坚决支持这件事情，不管在任何会议上，只要你提出来，我只要当组长，这个事保证给你落实，你放心。"后来的确是这样，凡是李院士他们管的或他当组长的，我们提出的所有的项目没一个落下，全部得到落实。就拿激光焊机来说，我们找到中国最好的单位，买的光源全部是软光源，是世界上最好的光源，现在我们做出来的也是世界上最好的全自动的激光焊机。美国设备递格架的时候都是手工操作，我们现在是机器人，跟他们完全不一样。所以，美国人看了我们的设备以后，感到很惊讶，说中国人真是厉害。以前超声探伤都是波纹分析，现在全部实现数字化，就是通过焊接的情况，自动对比分析，全部以数字来显示，这是中国最好的超声探伤设备，也是世界上最好的。从发展角度看，一个好的领导，一个有技术的领导，一个有想法的领导，敢下决心的领导，是非常重要的，在这方面李冠兴院士应该是做到了。

点点滴滴，都是李冠兴崇高的精神品质、渊博的学识专长、睿智的人格魅力的折射。就是这些点点滴滴，汇聚成一座灯塔，永远矗立在前方，指引核燃料人不畏艰难，在打造自主核燃料品牌的道路上砥砺前行！

中国核学会科普部原处长耿庆云与李冠兴同在一间办公室工作近9年，她回忆说：

那时，中国核学会的办公地点在中核集团总部办公楼的西配楼，李院士有一间独立的办公室。因他的工作需要北京、包头两地跑，不是天天在办公室，所以他的办公室就成为临时借调人员和临时开会的地方。李院士经常是来去匆匆。记得有一次他来核学会，正赶上我们在他办公室开会，看到李院士突然进来了，我马上解释："今天不知道您来办公室……"还没等我把话讲完，他就和蔼可亲地与每一位同志打招呼，还特意叮嘱我："你们办公室人多，我不在的时候这里可以安排人办公，我办公的地方也是核学会办公的地方……"李院士的一声问候、一个叮嘱，化解了大家的紧张情绪，也拉近了我们和李院士之间的距离。中核集团总部的西配楼，李院士就是在这样一种特殊的办公环境中工作了一年多。

2009年下半年，核学会办公室搬到了中核集团总部主楼一层，李院士的办公室就安排在一层110房间。在安排办公室的时候，李院士特别嘱咐我说："你就在110办公室吧，大办公室可以宽松一点。"他看我在犹豫，就婉转地对我说："我不在办公室的时候你就替我值班。"就这样，我有幸与李冠兴理事长在同一间办公室工作了近9年。每次李院士来办公室推开门的第一句话就是："小耿同志你好啊，我来啦！"他坐下来的第一件事情就是打开电脑处理文件，问的第一件事情就是核学会近期的工作，告诉我他在北京的行程，然后，主动到秘书长办公室和秘书长打招呼。

我与李冠兴理事长共同筹备了2009年、2011年、2013年、2015年、2017年千人以上的中国核学会学术年会，2010年、2012年、2014年、2016年中国国际核工业展览会，第18届、第21届、第25届千人以上的国际核工程大会，第二十届太平洋地区核能大会……在我们筹备会议的过程中，每当遇到困难的时候，李院士总是说："你们努力工作，出了问题是我的，没有什么了不起的事情……"无论多复杂的问题到了李院士那里都是这句话。每次筹备会议过程中，李院士总是投入很大的精力，给予我们多方面指导。李院士对重大问题的掌控，对原则问题的坚持，对身边每一位工作人员的关心，让我们难以忘记。在他身上有一种特别的开拓创新精神和知难而进的科学家精神，他把这种精神也融入了核学会的工作中。

2010年底，我不幸被机动车撞骨折了，上午在医院治疗，中午刚刚回到家中，李院士就提了果篮到家里看望我。出于礼貌，我坚持下床，李院士马上按住我说：不要动，伤筋动骨一百天，好好养着，养好了再来上班，并嘱咐我家人好好照顾我。李院士很平常的一个探望，对我来说是一种鼓励我返聘核学会继续工作的精神动力。

与李院士在一起工作时，也会听他讲起一些他曾经的工作生活经历（也许我们都是清华大学校友的关系）。比如，他在清华大学读研究生时李恒德老师如何严格要求他培养他，是老师的言传身教让他掌握了牢固的知识和本领。到二〇二厂工作后，厂里的工人师傅呵护他、爱护他，他说：我们厂的工人师傅业务精湛，经验丰富了不起，后来很多成为知己。人在艰苦的环境中能磨炼，在逆境中坚持信念，在顺利时胸怀坦荡大度。他经常列举一些工作中的往事，潜移默化地引导我、鼓励我，告诉我要坚持热爱自己的工作，就要做事脚踏实地用心做、勤勤恳恳努力工作，坚持把每一件小事做好，积累经验做大事。在李院士身边工作近10年，我受益匪浅，我对李院士充满敬意。

李院士到核学会工作不久后告诉我，有一大批科学家院士付出了很大的精力来支持中国核学会的工作，我们要怀有一颗感恩的心来报答他们。他建议，凡是在学会担任过理事的院士，在他们80岁生日时都要去看望一下，汇报一下学会工作，感谢一下，不要忘记老先生们曾经对核学会给予的支持。遵照李院士的建议和嘱托，我们在"两弹一星功勋奖章"获得者程开甲院士96岁生日时，代表理事长李冠兴前去看望；在彭士禄院士90岁时到医院看望；还先后看望了周永茂院士、钱绍钧院士、陈佳洱院士、王大中院士、胡思得院士、王乃彦院士、叶奇蓁院士、张金麟院士、柳百新院士、杜祥琬院士等。

如今，李院士走了，他永远地离开了我们。但是他和蔼可亲的笑容、儒雅大气的言谈，让我永远不会忘记。

李冠兴院士（右）与耿庆云交流工作

三、忠诚报国，鞠躬尽瘁

人最宝贵的东西是生命，生命只有一次。一个人的生命应当这样度过：当回首往事的时候，不因虚度年华而悔恨，也不因碌碌无为而羞愧……李冠兴的人生，正是这样一种人生境界的真实写照。

朱光潜先生曾讲"匹夫不可夺其志"，这个"志"有两个主要的东西：第一个是爱国，这是第一位的东西，为了爱国，别的事情都可以放下。第二个是学术，学者要有知识，有学识，开创一个学科门类的局面。李冠兴正是靠着自身坚定的大局意识和深厚的技术积累，在数次科技论证中发挥了"定海神针"的作用。

20世纪90年代，李冠兴参加了引进加拿大重水堆的谈判，当时主导谈判的正是他。两周的时间，白天谈判，晚上要把白天谈判的情况、资料整理出来，把主导意见拿出来并向中国核工业总公司领导汇报。当时，他烟抽得很凶，每天晚上要整理资料到凌晨一两点才睡觉。那个时候，连工作人员都感觉身心疲惫，李冠兴却总是精神饱满地以一种忘我的工作状态做好这件事。

王世波陪同李冠兴参加了谈判。当时，李冠兴要求他对所有合同，不管是技术的、设备的还是商务的，都要做到倒背如流。王世波不理解：为什么要倒背如流？当真正跟外国人谈判的时候，就可以做到胸有成竹，对方一看我方准备得这么充分，肚子里有货，也同时能够获得对手的尊重。从加拿大回来以后，王世波深有体会地跟大家讲，要想做成一件事，如果没有一种精神，没有忘我的工作状态，就根本不可能成就这个事业，李冠兴就是榜样。

当时，中国核工业总公司领导确定的引进价格是不能超过600万美元技术转让费，可是怎么也谈不下来，从700万美元谈到680万美元。为了80万美元的价格，逼得加方谈判代表退了三次机票，最后谈到650万美元技术转让费时，谁也不敢拍板。李冠兴考虑再三，一是国家核电发展需要，二是二〇二厂脱困的机遇，于是认了这50万美元。在今天，这50万美元数目不算多，可是在20世纪90年代的时候，这可是不小的数目，50万美元是要担风险的，需要有担当和魄力。合同签订了以后，由于有了重水堆项目，二〇二厂发生了巨大的变化，开始步入了核电领域。

随着我国"大力发展核电以减少碳排放"政策的推出，2003年5月23日，国家发展和改革委签发《关于成立核电自主化依托项目招标团的通知》，明确招标团由中技公司、中核集团和中国广核集团有限公司集团三家单位共同组成，其中中技公司为牵头单位，主要负责招标工作的组织、重点事项的协调和报告工作。根据当时的实际情况，《招标工作大纲》和招标书都是以中广核的进口核电站的内容编制的，最初时，招标团工作组只设技术、技术转让、商务和法律三个组，没有专门的核燃料组。因而，最初的《招标工作大纲》和招标书的编制工作，核燃料组的同志都没有参加。2004年9月13日，正式宣布《核电自主化依托项目招标书》编制完成，并对外正式决定2004年9月28日发标，2005年2月28日截标。为此，到

2004 年下半年才正式组建招标团的核燃料组。

核燃料组谈判成员主要来自中国原子能工业公司、二〇二厂、八一二厂、中国广核集团有限公司、上海核工程研究设计院、西北锆管等核燃料产业的上下游单位，任务是配合第三代核电反应堆主体技术招标，负责相应的核燃料技术引进，包括核燃料设计技术和制造技术，与之密切相关的核级锆技术的引进，以及依托项目初始堆芯燃料采购的全部评标谈判工作。

李冠兴从二〇二厂厂长的岗位上退下来后，受中国核工业集团有限公司委托，被聘到国家核电筹备组参与 AP1000 招标团的工作，担任三代核电自主化依托项目招标团核燃料组的组长，参加第三代核电站的国际招标。他率团与美国西屋电气公司、法国法马通公司等多国供应商进行了长时间的谈判。

国核技筹备组之所以把李冠兴请去作为核燃料组的组长，主要是基于李冠兴在核燃料领域不论是能力还是影响力，都是业界泰斗级人物。从跟外方谈判的经验来说，李冠兴有很多对外沟通交往的经验，他当年曾经在美国俄亥俄州立大学有过两年的进修生活，对美国文化有比较深入的了解。此外，二〇二厂的对外沟通和交流，从 1996 年开始到 20 世纪 90 年代末期，重水堆核电燃料元件的引进项目是李冠兴亲自主抓的，是他亲自去谈判的。作为厂总工程师，从 1996 年开始，从前期跟加拿大公司接触，到实质性谈判，再到最后生产线建设，都是李冠兴一手抓的。所以，进行对外谈判，李冠兴的经验和能力确实是非常到位的，他深得中核集团和国核技筹备组的信赖。

此时，核燃料组面临着巨大的挑战，核燃料组人员来自各方，并且所有人都没有参与《招标工作大纲》和招标书的编制工作，因而，先要了解中方的招标书，截标后，还要消化各投标方的投标文件，为后续问题澄清和谈判奠定基础。为此，李冠兴根据多年在核燃料领域工作的经验，首先制定了详细周密的三个月工作计划，内容包括：核燃料投标文件响应性审查，相关工作的澄清、交流和会谈，核燃料采购评标报告和核燃料技术转让评估报告的编写，与其他组技术和技术转让工作的衔接，核燃料自主化和本地化国内状况的调研、分析，核燃料组件采购合同和技术转让合同的准备、谈判与草签。对评标的各种方法和要求，李冠兴也逐一过问和核实，对核燃料项目的技术经济分析，经济评价方法，换料采购的选项分析、价格可比性分析、拟定的目标值分析、历史价格的对比分析、技术的先进性分析和经济的可接受性分析（包括引进费用、国内配套费用、实现后的经济性）的各项工作都是逐一落实到人。他亲自研究和把关核燃料项目评标办法及细则，拟定评标体系和权重，提出与核燃料有关的重要的澄清清单和评标的预案。虽然，核燃料组组建得比较晚，但通过李冠兴认真细致的安排，大家心里有底了，各项工作启动后，大家都感觉到有条不紊，核燃料组的工作在李冠兴的带领下迅速推进。

在招标准备工作阶段，标书信息量特别大，屋子里摆满了标书文件，全是英文的。李冠兴组织大家认真消化招标文件，讨论明确技术要求，第一个阶段花了两三个月的时间来对标书进行消化。

核燃料组的同志没有参与开始的招标书的编制，不了解投标方的供货范围，核燃料组进入工作状态后，李冠兴迅速发现了招标书的缺项，核燃料技术引进只包括核燃料设计技术转让和核燃料制造技术的转让，没有锆技术的转让。李冠兴提出：锆技术的转让和核燃料技术的转让密不可分，锆技术转让必须包括进去。锆技术转让具体应包括海绵锆、锆合金熔炼、锆中间制品（板和带）以及锆管等几个方面，据此，李冠兴向筹备组领导做了报告。经李冠兴等专家进一步解释和说明，此缺项引起了筹备组的高度重视，并通知各投标方在原招标文件的基础上，再提供"核级锆技术转让"的补充投标文件，要求在投标书中包含核级锆材技术转让内容，并且作为投标的必要条件。核级锆技术转让为我国锆技术的自主化奠定了坚实的基础，李冠兴为我国锆产业的发展做出了巨大的贡献。锆技术转让范围的增加，不仅是三代核电招标中供货范围的一次变更，而且折射出李冠兴对产业现状和未来发展的深度把握。

第二个阶段开始跟外方面对面地进行谈判沟通，这个工作一直持续到 2005 年 11 月初。在澄清与预谈判阶段，鉴于核燃料是一个专门业务系统，具有独立性，核燃料设计与制造是复杂的系统工程技术，核燃料技术对投标方的选择又服从于反应堆主体技术的选择，燃料组必须对三家投标商的燃料技术进行全面审核，对缺项和偏差要求补充和澄清，工作量大且烦琐。李冠兴组织燃料组逐项进行专题讨论并写出报告，与外方一一落实。

在确定引进美国西屋电气公司 AP1000 三代核电技术后就进入正式技术转让商务谈判阶段。谈判组白天谈判，晚上整理谈判进展和要点，梳理问题，并准备第二天的谈判材料，李冠兴总能抓住要点，指挥全组分项推进。会上，中外双方有时争论得很激烈，他总能在关键时刻，切中要害，以其渊博的学识和合理的分析，使分歧得到解决，他的人格魅力赢得大家由衷的敬佩。在谈判首炉堆芯燃料采购条款时，双方分歧较大，外方核燃料组组长，也是主谈者，盛气凌人，出言不逊，引起中方强烈不满。李冠兴严肃批评了对方，事后向领导小组反映并与美国西屋电气公司交涉，坚决要求外方更换此人。在中方的强烈要求下，外方召回此人，换上新负责人与中方继续谈判。谦恭礼让、温文尔雅的李冠兴，在原则问题上，是那样旗帜鲜明、凛然正气、捍卫尊严，尽显国人风骨。

当时，关于中国核电是搞国产化还是引进美国西屋电气公司的AP1000 或者是法国的、俄罗斯的堆型等，是有很大争议的，因为诉求不一样，就容易产生各种矛盾。在与外方谈判的过程中，李冠兴身兼重任，既尽可能从外方争取到最大的利益，又不会让外方感觉到无利可图；既与外方友好合作，又在关键时刻维护中方的立场和尊严。

时任核燃料组成员的中国原子能工业公司尚丽华回忆说：

> 我们参加谈判的有三支队伍，分别开展三项合同的谈判，包括技术转让合同、核岛合同、核燃料合同。这三个主要合同的谈判组中，核燃料组是最团结的。这种团结氛围是因为李冠兴院士的人格魅力和他对国家政策的把握、对时局的把握与带队伍的能力。李院士是我们谈判组的核心灵魂，在当时那种极其错综复杂的情况下，李院士就像定海神针一样，能够让我们团结起来，一致对外，为中方争取了比较合理的价格。谈判结束后，我们去美国访问时，美方的谈判代表非常沮丧，认为这个价格他们吃亏了，因为我们这个价格是很低的。

在李冠兴的领导下，核燃料组圆满完成了核燃料的技术引进和四个依托核电机组首炉堆芯燃料的采购合同谈判任务。应美国西屋电气公司邀请，在合同正式签订之前，李冠兴带队到美国西屋电气公司访问了该公司总部，详细考察了哥伦比亚核燃料元件厂、西部锆厂以及位于匹兹堡的锆管厂等。他穿上工作服，不顾年迈体弱，与考察组的成员一起爬上爬下，仔细察看现场，咨询问题，尤其是将引进技术合同要求与现场实际相对应，得到可靠的落实。2007年7月24日，在人民大会堂举行"三代核电自主化依托"项目合同签字仪式，曾培炎副总理出席。李冠兴作为核燃料谈判的负责人参加了仪式，亲眼见证了中美两国核能界签署当时最大的核能合作项目，中国引进先进的三代核电技术终于尘埃落定。

中国核工业集团有限公司董事、总经济师、总审计师、战略与咨询委员会主任、时任核燃料组副组长的黄敏刚对此深有感慨，他说：

> 三代核电招标核燃料组的工作，虽然只是李院士工作的一小段，但他在工作中所表现出来的战略眼光、渊博知识、个人

魅力和工作作风永远都是我们的榜样。现在，我国核电和核燃料技术进入世界第一阵营或许可以告慰我们的李院士！

在关键时候，李冠兴总能看到问题的核心，然后用他的人格魅力和他的专业技能去跟对方交流。历时三年，在李冠兴的带领和主持下，核燃料组出色地完成了组织交给的任务。李冠兴通观全局、把握要点，认真负责、一丝不苟的工作作风和渊博的学识给中外双方都留下了深刻印象。李冠兴说："怎么才能做好技术引进？怎么才能实现引进、消化、吸收，提高国产化水平？这就要靠你想办法，把所谓的竞争对手变成你的合作伙伴。"

当时参与谈判的美国西屋电气公司中国区总裁周翰是中方的直接竞争对手，谈判桌上他们针锋相对，在核心利益上互不相让，甚至陷入僵局时互不理睬，但最终周翰与李冠兴成为好朋友。时任二〇二厂计划处合同科科长的杨路对此深有感触，他说：

> 从 2005 年 3 月到 2005 年 11 月，在核燃料组工作的几个月时间里，我亲身感受到了李冠兴院士严谨的工作作风和统揽全局的大智慧。第一次参加这种大型项目的谈判，从李冠兴院士身上学习了许多谈判的方法和策略。在整个评标工作过程中，李冠兴院士既是一位运筹帷幄、知识渊博的统帅，又是一位谦虚儒雅、和蔼可亲的长辈。从他身上我学到了很多工作方法、前沿新知，令我终身受益。比如，谈判中，不是什么人都可以发表意见的，也不是什么意见都可以发表的，谈判中要保持意见的一致，避免不必要的麻烦，谁来说什么都要事先约定好。

美国西屋电气公司的谈判代表戴维·斯塔克（Dave Stucker）个人能力非常强，是特别能干的一个人，会议结束了，他自己写的会议纪要也完成了，而且写得特别好。斯塔克的缺点就是相对来说比较强势，是一个特别爱激动、性格急躁的人。因为性格强势，他在美国西屋电气公司里也不太合群，别人也不太好跟他合作，因为他太能干，他总是嫌别人慢，嫌别人跟不上他的工作节奏。

谈判期间发生过这样一件事：一天，李冠兴去国家核电筹备组汇报工作，组内其余人员与外方继续进行谈判。当时的谈判形势非常复杂，谈判开始后，双方就某一问题争执不休。此时，美方代表斯塔克突然情绪激动起来，竟然对我方人员中的一位女同志说起了脏话，把那位女同志骂哭了，谈判不得不中断。

李冠兴了解情况后，立即向美方代表提出强烈抗议，与斯塔克进行了严正交涉，并要求其向那位女同志道歉。李冠兴说："你这样的行为不仅对美国人不礼貌，对中国人也不礼貌。"他维护了中国人的尊严，一个人出面解决了问题。美方代表自知理亏，斯塔克向这位女同志道了歉，谈判得以恢复，谈话时用语也非常尊重。李冠兴在不该退让的时候从来不退让。

谈判结束后，美国西屋电气公司及阿海珐公司谈判团队的很多人，包括斯塔克，都成了李冠兴及其团队成员的好朋友，即使多年以后再次碰上，他们依然对李冠兴赞不绝口。

李冠兴着眼国家核燃料产业发展的全局，不仅关注核燃料制造技术的引进，还关注核燃料制造上下游的技术（如核级锆材制造、核燃料设计技术）的引进。在李冠兴的领导下，核燃料组最终完成了核燃料制造、锆合金制造、核燃料设计技术三大板块的技术转让谈判工作，最终将核燃料制造技术的受让方确定为二○二厂，并写进了技术转让合同。可以说，没有李冠兴，就没有二○二厂现在的AP1000核燃料元件生产线。

美国西屋电气公司中国区总裁周翰在得知李冠兴去世的消息后，写了一篇长文深切悼念李冠兴。周翰在悼文中说：

我从2005年到2020年的15年里，有幸和冠兴院士有很多的交往，得以近距离观察学习冠兴院士的学养和人格魅力，我非常愿意将我们交往中那些美好回忆中的一些点滴分享出来，使之不至于随着时光消逝而流失。

冠兴院士给我最大的感受就是"如沐春风"。最初和冠兴院士接触是2005年。当时三代核电招标工作刚刚开始，我有幸作为西屋方三位主要谈判代表之一［另外两位是戴维·斯塔克和莱奥·范宁（Leo Fanning）］参与核燃料组的谈判。冠兴院士当时是核燃料组中方组长，副组长为黄敏刚、陈宝山，组员包括陈伦寿、张建宇、刘建章、尚丽华、冯慈扬、石双庆、杨路等，分别来自原子能公司、三门核电业主、海阳核电业主、中广核、包头核燃料厂、宜宾核燃料厂、西北锆管、上海高泰等诸多单位。

当时，冠兴院士给我的感受就是儒雅和有大局观，有着高超的智慧把诉求各不相同的方方面面人员朝一个方向引领。在此次谈判之前，西屋方并没有机会和中国方面谈如此大规模的合作，与中国方面谈判经验不足，而且有一位主要谈判代表（美国人），他的个性之强，即使放在西屋也是非常少见的。这些文化背景、利益诉求、性格特点各不相同的人员集中在一起，使得谈判过程中激烈冲突不时发生。另一方面，中方这么多代表来自不同单位，每一家单位的考量重点也各不相同，那可真是"十八路神仙"啊，可以想见其中有大量的沟通协调工作需要做。冠兴院士在近三年的谈判过程中，总是温文尔雅地听取各方面意见，充分考虑并尽量兼顾各方的核心利益诉求，同时始终把握谈判节奏，使谈判向着"谈成"且"多赢"的方向走。

这么多年过去，随着阅历的增加，我越来越能理解，也越来越欣赏冠兴院士的风格和智慧，但我自己还是能看懂但学不会，只能是"心向往之，但不能至"，我自己很多时候还是湖南人"吃苦、霸蛮、硬推"的风格。后来，有时候我也在想，冠兴院士他本是江南人士，清华大学毕业，之后长期担任北方大厂的专家型领导，这种如沐春风的风格究竟是如何形成的？中国文化很有意思，南方人到北方担任领导，水土不服的情况并不少见。冠兴院士的人格魅力不但征服了中方内部团队，也征服了外方代表，包括那位个性鲜明的美国人士。直到今天，冠兴院士在核电圈的良好口碑都是不多见的。

随着 2007 年 7 月签订 AP1000 三代合同，我也转变了工作重心，担任南通海绵锆公司总经理。冠兴院士在我任职期间多次来南通。每次我向他报告项目进展时，他满眼都是盈盈笑意，总是说："周翰你看，当时我们策划的国产化，一步一步都实现了……"记得我当时也是年少气盛，和冠兴院士探讨苏东坡的名文《晁错论》，他说"我们不光是要看到要说到，还要有能力把事情给办成，只空谈是不行的"。南通海绵锆公司从 2009 年 6 月到 2012 年 6 月，用三年时间，完成了设计、建设全部近 500 台套设备的国产化、合格性鉴定以及试生产。冠兴院士和张华祝、顾军等核工业领导共同参加了公司 2012 年 6 月的正式生产启动仪式，他们几位一起在公司种下了一棵小树苗，纪念核级锆产品填补了国内空白，了却了老一辈核电人的一个心愿。

2013 年，包头核燃料元件厂合格性鉴定因为种种原因推不下去，于是报告给了时任中核集团总经理钱智民和美国西屋电气公司全球总裁何塞，根据双方高层协商结果，由我来推动解决问题。我的确对包头厂的人员非常有感情，觉得能帮上忙是我的荣幸。西屋电气公司的理念是客户第一，客户核燃料厂合格性鉴定完不成，电站等着要燃料拿不出来，那怎么行呢？我马上采取了一些力度很大的手段，包括辞退了一位西屋方派出的工作力度不到位的项目经理，以及采取创造性措施从美国以外国家调集人力资源优先保障包头厂的需要。结果只花了一个月时间就把不利局面扭转了过来，使事情能够顺利往前推。之后在包头二〇二厂合格性鉴定完成仪式上，美国西屋电气公司同事给我准备了讲话稿，我说我不读这个稿子——和老朋友叙叙旧怎么还能用稿子呢？结果，那天中核集团副总经理马文军、冠兴院士和我在仪式上都脱稿了，都深情回忆这段并肩战斗的经历和友谊。回想这十几年，我和包括冠兴院士在内的各位朋友的信任和情谊，是在并肩作战过程中形成的，更往深了说，就是我们西屋电气公司全心全力要想着让客户成功，客户就会找一切办法让我们成功。

2020年12月，突闻噩耗，得知冠兴院士过世，非常难过。在冠兴院士追悼会那天，恰逢我需要主持一个外部单位参与的人数众多的会议，实在无法去北京见冠兴院士最后一面。我请西屋电气公司的北京同事送了一个花圈以表心意。当晚追悼会的新闻通稿出来，美国西屋电气公司的名字赫然在列。那天晚上，我花了一个晚上的时间，安安静静地整理过往与冠兴院士的照片，一边找，一边看，一边回忆，找出来十几张，每一张都是满满的背景故事，每一张中的冠兴院士都是那样笑容灿烂，但有着这么美好的笑容的主人却离我们而去了。在这个行业内时间久了，我也有幸见识了许多优秀的专家和领导，真是三人行必有我师，但像冠兴院士这样集学术成就、治企能力、人格魅力于一身的杰出人才，还是不多见的。这不就是我们传统文化中说的"立功、立德、立言"三不朽吗？斯人去矣，但他的影响力必然长期存在于我们的记忆中。

叶少俊是法国法马通上海分公司总经理，1996年入职法马通公司。叶少俊与李冠兴一起工作的时间是2005年到2007年第三代核电技术国际招标期间，当时他是法马通公司核燃料业务的谈判代表之一，主要任务是协助法马通公司法国本部谈判代表就法马通公司核燃料制造相关技术的投标方案与李冠兴率领的核燃料组进行沟

美国西屋电气公司中国区总裁周翰（右）与李冠兴（左）合影留念

通、谈判，还承担翻译的工作。引进谈判期间，叶少俊陪同李冠兴带领的中核二〇二厂代表团到法国核燃料企业进行考察。法马通公司考虑到考察行程紧，李冠兴年事高，并且当年二〇二厂尚未介入压水堆核燃料组件的生产等因素，所以并未安排大量的车间参观及技术交流。但是，李冠兴不顾舟车劳顿、时差干扰，坚持要求参观所有生产线。在参观时，法马通公司的工作人员不仅惊讶于李冠兴对压水堆组件生产与设计的广博知识，同时也钦佩他对生产管理所提出的问题与观点。李冠兴从二〇二厂领导岗位退休几年之后，当法马通公司与二〇二厂签订压水堆合作协议时，叶少俊才明白当时的李冠兴已在规划设计二〇二厂压水堆组件的发展蓝图了。

叶少俊说：

李院士当时作为核燃料小组的组长，领导该小组与包括法马通在内的外资企业进行了紧张繁重的技术与商务谈判。三代招标工作是我经历过的最严酷的商务谈判，不仅涉及内容广泛，而且商务竞争激烈。李院士带领的团队给我留下两大深刻印象。一是招标工作协调准备充分。当时的三代招标小组是由国内各单位临时抽调的人员组成的，单位的业务不同，看问题的观点与想法自然多种多样。但是，李院士领导的核燃料小组自始至终目标清晰，要求明确。二是以理服人，公平竞争。买卖双方是天然的利益冲突者。三代招标中，每个外方团队都以势在必得的精神，投入了巨大的人力物力。当时，我司谈判成员的压力可想而知。但是，李院士领导的团队从未利用甲方的优势"折磨"乙方。反而是耐心地解释国家的招标政策、核电国产化的必要性，建议我司顺应政策要求，推己及人地参与公平竞争。虽然我司未能在三代招标中胜出，但是所有谈判组成员都敬佩李院士的为人及工作方式。

2005年8月9日，核燃料组组长李冠兴（前排左三）、
副组长黄敏刚（前排左一）及组员与法国法马通公司谈判代表合影

作为核燃料、核材料科学家，李冠兴一直十分关心地方经济的发展，为地方钢铁、稀土等行业的发展献计献策。内蒙古包头市是世界稀土之都，白云鄂博主矿、东矿是铁、稀土和钍共生的世界少有的大型矿藏。其中钍是一种潜在的核能资源，为了扩大核燃料的

供应来源，20世纪60年代以后，我国及美、欧、印度等国家（地区）对钍作为核燃料的利用开展了大量的研究开发工作。我国钍资源储量为世界第二位，长期以来，白云鄂博主矿、东矿的开采方式是只是提取铁和部分稀土，含有钍的尾矿作为尾料没有得到有效利用。2005年12月，李冠兴作为中国科学院咨询研究组成员，参加了中国科学院学部咨询评议委员会设立的"钍的核能利用研究"咨询项目，2007年完成了咨询报告，提出了钍的应用的方案设想，此项工作直接推动了我国钍资源核能利用的研究工作。

在担任中国核学会理事长期间，李冠兴积极推动包头市钍资源的核能开发利用国际学术交流工作。2007年，在清华大学召开了第一届核能可持续发展中的钍资源利用国际研讨会，包头市和二〇二厂派出了团队参加，李冠兴作为嘉宾主持大会并致辞。2009年在包头市召开了第二届钍资源利用国际研讨会，会议主题是"包头白云鄂博钍资源的综合利用"，会议有来自美国、加拿大、挪威、乌克兰、日本等国家的14名国外专家，以及中国科学院、中国核学会、清华大学、中国原子能科学研究院、中国核动力研究设计院、内蒙古包钢稀土高科技股份有限公司、中核北方核燃料元件有限公司等的近70名专家学者参加，中国核学会大力支持国际学术研讨会的召开，推动了钍资源核能开发利用研究的国际交流工作，扩大了包头市的国际影响。

中核北方核燃料元件有限公司作为核燃料核材料科研生产基地，在李冠兴的关怀下，得到了内蒙古自治区和包头市的大力支持，2009年，中核北方核燃料元件有限公司建立了内蒙古钍资源利用工程技术中心，着手开展了核纯级二氧化钍粉末和芯块的研究及核纯级四氟化钍的研究工作，2011年完成了产品研制，确定了工艺路线和检测方法。李冠兴曾经讲：钍的核能开发利用是漫长的，企业科研开发要有前瞻性，应尽早筹划，依托包头市的钍资源优势，做好分离纯化和元件制造的技术储备工作，这对工厂的发展、对地方经济和国家核能的发展都是有意义的事情。遵照李冠兴的嘱托，中核北方核燃料元件有限公司完成了钍资源核能利用的前期系列工艺开发研究工作，并向外拓展，与清华大学和中国科学院等单位开展了横向合作。2020 年，积极推动了钍化合物杂质元素测定方法国际标准的立项工作。2023 年 6 月初，中国科学院上海应用物理研究所获得了由国家核安全局批准的核反应堆运行许可证，其中位于甘肃武威的钍基熔盐反应堆正式开始试运行，有效期为 10 年。这样一张看似简单的许可证，实则蕴含了影响我国乃至世界百年能源变局的巨大信息。

李冠兴常说，"钱多少是个够？有钱就能搞出科研成果来吗？咱们还是要有点'两弹一星'的精神"，而且他对"两弹一星"精神 24 个字（热爱祖国、无私奉献，自力更生、艰苦奋斗，大力协同、勇于登攀）倒背如流。他一直心怀这种精神。他是我国核燃料核材料领域著名的科学家，他无限崇拜景仰"两弹一星"功勋科学家。他说，这 23 位"两弹一星"功勋科学家，永远是不畏艰难险阻、百折不挠，毕生致力于国家强盛、民族兴旺的典范！

宋代陆游有诗："双鬓多年作雪，寸心至死如丹。"一天横戈马上，保家卫国并不难，难的是一年 365 天每天都这样，而更难的是年年都这样，一辈子都这样，爱国成了李冠兴一生的事业和追求。

四、创新图强，奉献终身

进入 20 世纪中叶以来，核级锆材作为压水堆核燃料元件不可或缺的关键材料，始终受限于我国核级锆工业产业链的不完整和行业现状，严重制约了我国核电自主化的发展进程。虽然我国几次引进了国外先进核电技术及锆材加工制造技术，但效果均不明显。作为一位将毕生心血都奉献给我国核材料领域的院士专家，李冠兴对此忧心忡忡。

我们说的锆材是核级锆材，锆材在国内许多领域用得很多，但核级锆材只有核工业使用。从原理、工艺上来讲，自然界锆和铪是两个伴生的金属元素，这两个伴生的金属元素的性能正好是相反的，但对核工业都有用。锆主要是一种吸收截面较小的结构材料，把它做成锆材元件以后，把有放射性的芯块放在锆管里，等裂变反应产生中子以后，锆管屏蔽中子就不容易出来，保证不损失中子。它的性能很好，抗辐照、抗腐蚀，是目前自然界最适合做核级的屏蔽材料。铪是吸收中子的，锆和铪正好相反，一个是屏蔽，一个是吸收。铪主要用到控制棒里。比如说，反应堆起堆、停堆。一停堆，就要把控制棒插进去，中子一吸收，反应就弱了，弱了以后，反应堆就停下来了。所以，生产核级锆材和铪材，对核工业来讲非常重要。但是，到目前为止，国内所使用的锆材和铪材，90%以上还是依赖进口。

核燃料组件是核反应堆的核心，其安全性和可靠性取决于锆合金包壳。作为核反应堆堆芯的关键结构材料，锆合金构成了燃料组件的"骨骼"和"皮肤"，被称为核反应堆的"第一道安全屏障"。国外对燃料的生产非常重视，因为他们知道，卖给你反应堆就一次，而燃料是长期供应的。有一次，八一二厂要自己加工俄罗斯的VVER燃料组件，可锆材需要从俄罗斯购买。俄罗斯的相关公司据此把锆材的价格涨到了基本上跟燃料组件一样的价格，不用他的，就没有可以替代的东西。所以，自主研发国产锆合金材料非常重要。

2007年，在李冠兴的极力争取下，将原本不在美国西屋电气公司技术转让计划中的TP12任务包括AP1000核级锆材技术纳入技术转让之中，最终通过了美国国防部、商务部、能源部和外交部的联合批准，他认为这是我国实现核级锆材自主化"弯道超车"的最佳时机。考虑到核级锆材生产工序长、工艺复杂、技术要求高等，建立一家能代表国家锆材生产制造能力的企业迫在眉睫。

2007年，国核锆业应运而生。在担任国核锆业独立董事、进站院士、专家委员会委员期间，李冠兴每年多次到访国核锆业，对项目的研究进展提出了众多具有建设性的宝贵意见，在中国锆业发展史上留下了浓墨重彩的一笔。

李冠兴深谋远虑，始终站在核燃料发展的高度并结合国外核级锆产业的发展历程，提出了"整体规划，模块设计，分步实施"的建设策略。作为填补国家空白，实施核级锆材全产业链国产化、自主化的项目，李冠兴说："我国核级锆材产业体系一直游离于核工业体系之外，其供应链和生产线的管理还处于常规金属材料加工的大众意识中，与核行业的高要求有一定的差距，因此，一定要注重对核级锆材产业体系开展核安全文化的培育工作，树立安全是核工业发展的生命线的安全理念。"他多次强调："在做好引进、消化、吸收核级锆材生产技术转让工作的基础上，知其然是第一步，知其所以然才是关键，这是一项要长期落实到生产实践中的重要工作！"

事实也充分证明李冠兴的决策英明。2009～2015年，国核锆业扎实落实技术转让的各项条款，遇到了不少挫折，也经历了众多考验，特别是美国西屋电气公司为了验证锆业实验机构的独立性和权威性，故意将不合格品掺入合格标样中，试图为难和考验国核锆业，国核锆业在完全不知情的条件下，多次核查确定，坚定地判断为不合格，赢得了美国西屋电气公司的认可，并最终获得了该公司颁发的生产线技术转让合格证书，并以此为平台进行了SZA-4、SZA-6、N36、CZ1/2新锆合金的研制，现已具备向国内所有核电机组供应核级锆材的能力。

2020年2月，国核锆业生产的AP1000海阳首炉换料用ZirLo合金包壳管正式入堆服役。喜讯传来，李冠兴百感交集，他感叹道："我们这一代核材料、核元件工作者的梦想终于实现了！一个队伍的建立只靠教是教不出来的。实践才能真正培养出一支队伍。我们的每一步走得都很平稳。从实验室研发转入工业化生产，未来是一个充满机遇与挑战的新阶段！不冒进，不过度追求进度，每个环节都力求操作规范。为了批量化生产之后不出问题，研发团队以保证稳定为前提，为未来的研究走出了成熟的发展道路！"

李冠兴非常关注科研人才的培养，指出："人才是创新的主体，一定要完善人才培养机制并注重基础研究工作。只有巩固好人才培养，搞好基础性研究，才能更好地引领创新！"同时，他还要求相关人员做好 AP1000 技术转让工作中的知识产权甄别、梳理和保护，最终，国核锆业建立了完善的知识产权管理体系并有效运转。在"国家能源核级锆材研发中心"整体建设方案规划上，李冠兴也提出了"应用一代、研制一代、预研一代"的重要发展思路，国核锆业先后完成了 Zr-4 合金、E110 合金、ZirLo 合金、CZ 合金、N36 合金的技术研发和生产制造，并与科研院所联合开展了 N 系列、X 系列等新型锆合金的预研。

2017 年《中国核工业报》上的一篇报道，谈到了这样一些细节：2017 年 11 月 23 日，N36 锆合金管棒材通过中核集团科技与信息化部组织的转批量化阶段工艺评审，标志着我国掌握了完整的、工业化规模的、具有自主知识产权的 N36 锆合金制备技术，以三代核电技术"华龙一号"为代表的中国核电"走出去"战略实施获得了关键材料的保障。担任该项目评审专家组组长的李冠兴回顾了中国锆材的研发历程，满是激动与自豪。评审与研制总结会结束后，李冠兴对记者说："我的情绪一直在为会上 N36 锆合金研发团队负责人赵文金在汇报时流泪的细节所牵动，赵文金太不容易了，他这一辈子就做了这一件事，但他和他的团队是幸运的，终于走到成功的这一天。"

中国核动力研究设计院四所研究员、中国材料专家、N36 技术第一发明人赵文金回顾说：

在 2010 年 2 月审查中核集团重大专项会议上，李冠兴院士就强调："CF3 关键是包壳材料，元件是瓶颈，要以最快的速度把 N36 搞出来。"的确，那时我们国家还没有自己的锆合金，以至于国内所有核电站燃料组件都是国外的锆合金。2013 年，N36 特征组件考验第一循环后，池边检查发现 N36 包壳颜色与预期存在差异，很多人担心甚至怀疑 N36 能否达到考验目标。为了实现专项目标，我们向中核集团提出了 N36 改进方案，在方案审查会上，李冠兴院士明确表态："要坚定不移把 N36 搞下去，不要动摇，换其他合金不一定就好。我相信赵文金，他是在第一线干出来的，有办法解决问题。他们的改进方案可行，应尽快落实。"有了李院士等老一辈专家的支持，N36 得到持续推进。用于先导组件的改进工艺 N36 包壳燃料棒在堆内考验第一循环后，池边检查结果明显好于特征组件的考验结果。李院士对 N36 的研制给予了积极的支持，关键时候也都肯定我的技术方案，相信我能把 N36 搞出来。2017 年评审 N36 项目，我在汇报最后感谢时，情不自禁地流泪了。8 年来经历了多少坎坷，才成功研制出 N36 包壳材料并掌握了产业化应用技术，这都离不开方方面面的支持，李院士则是坚定的支持者之一。

经过几代科研人员的不懈探索攻坚，我国最终掌握了拥有自主知识产权的核燃料组件关键结构材料 N36 锆合金工程化制备技术。时任中国原子能工业公司西部新锆董事长任海梁说，那个时候，搞科研是非常困难的，会出现各种各样的情况，有些困难，不是具体的科研方案或者怎么做科研的困难，而是要把握在出现一些情况的时候，要不要坚持，要不要继续做下去。李冠兴作为技术权威，他定的或者他同意的、他支持的事情，他拍板了，就可以继续往前做。如果没有他的支持，或者他有不同的声音，甚至如果他不支持，这事儿可能就是另外一种结果了。所以，这个时候，他的意见就非常重要。其间，李院士积极地支持、肯定，协调各单位之间的关系，提出建设性意见，起到了非常重要的作用。在最关键的时候，是李冠兴的支持把握住了方向，对中国自主品牌 CF 系列核燃料组件的研制，李冠兴起到了非常关键的作用。

2013 年 8 月，当 N36 锆合金特征化组件在秦山核电堆内考验第一次池边检查结果出来后，由于缺乏历史数据和经验认识上的积累，针对后续继续考验可能出现的风险和应对策略，中核集团在北京组织了专题技术讨论。会上，出现了各种困惑、疑虑、怀疑乃至动摇的观点。李冠兴肯定了一线技术人员开展的分析论证和采取的主要应对措施，有力地推进了中国自主品牌 CF 系列燃料组件和 N36 锆合金的研发进程与成功应用。

2018 年 11 月 24 日，李冠兴（右四）、
中核集团副总经理杨长利（左四）、西北有色金属研究院
院长张平祥（右一）、中国原子能工业有限公司董事长刘春胜（左一）、
西部新锆董事长任海梁（右三）、西部新锆总经理刘海明（左三）等出席中国
自主品牌 CF3 核燃料元件 N36 锆合金材料产业化产品首批交付仪式

李冠兴最关心的问题之一就是何时能实现我国核用锆材的自主化问题。经过 30 年的努力，2018 年 11 月 24 日，首批中国自主品牌 CF3 核燃料组件 N36 锆合金管棒材在西部新锆公司顺利交付，李冠兴异常兴奋地参加了首批产品交付仪式。此次首批 N36 锆合金管棒材的顺利交付，打破了国外垄断的局面，从此，彻底解决了我国

核电"走出去"后核燃料组件的自主化问题，使中国第三代核电技术"华龙一号"工程真正成为我国核电"走出去"战略的一张名片。在中核集团 N36 锆合金的研制过程中，李冠兴播下了种子，他的意见发挥了"定海神针"的作用，推进了中国自主品牌 CF 系列燃料组件和 N36 锆合金的研发应用。

作为业界精英，李冠兴始终用自己的坚定、坚持、坚守，在困境中持续推动先进燃料研究。2011 年，日本福岛核泄漏事故发生，核电发展遇冷。当时上海核工程研究设计院拟开展高热导芯块的预研工作，部分专家基于业界发展前景的悲观预期，对研究投入持保守审视态度。李冠兴则充分认识到这种先进材料在后续核电安全性、经济性提升中的重要意义，大力推动该研究内容在"CAP1400 关键设计技术研究"科技重大专项中的立项。后来 ATF 材料成为国际热点，高热导芯块成为各国重要的研究方向，李冠兴的真知远见为我国核燃料在该领域的发展带来了先机。

2013 年，国家能源局组织召开中国首届事故容错核燃料技术研讨会，李冠兴不辞辛劳地主持会议，推动组建中国 ATF 研发联盟。ATF 国家科技重大专项成功立项后，他不顾高龄，于 2015~2019 年频频往返于包头、北京、深圳，主持学术年会，参加方案评审等会议，帮助 ATF 开好头、起好步。李冠兴曾说，ATF 是中国核燃料赶超世界的一次重大机遇。

2019 年的一天，李冠兴要去上海开会，会议召开前，他还在北京跑项目，直到晚上 8 点左右才赶到会场参加预备会。会议中间，李冠兴突然满头大汗晕倒了，参加会议的人都很着急，赶紧把他送到医院抢救。两三个小时之后他才苏醒过来，医生说没事了，就是因为太劳累，没有休息好。

李冠兴不崇尚口号，只崇尚踏实工作的普通人，崇尚自己的信念。因为经历过苦难，才更渴望强核强国，开辟祖国的一朝繁华。虽然已是耄耋之年，身体也有病痛，可在别人颐养天年时，李冠兴

2013年，李冠兴（前排左六）出席
中国首届事故容错核燃料技术研讨会

却还在不知疲倦地整日忙碌着……

一个生命体要保持活力，就要不停地进行新陈代谢，排除杂质，进行新的循环。这是个自救和重生的过程。如果有一天，这个过程停止了，那么一切也就结束了。李冠兴这一生都在进行着创新活动。他用自己丰富的一生，为我们诠释了一个道理：把自己融入国家，把思想传给后人，生命无止境，创新永不止！

李冠兴对科研人员说得最多的一句话就是：我们现在不要为了研究而研究，我们要把东西先做出来，我们要在工作上先用上，我们要在工程化上下功夫，最后还要商业化。研究成果得不到应用，中国的核燃料发展就不能往前走。做再多研究，不去使用，有可能研究两年就放那了。如果把它工程化了，把它产品化了，它就能成为一个型号、一个产品，这就是我们企业科研和院校科研区别最大的地方，我们直接应用于生产制造，直接应用于实际应用。李冠兴还一直强调，不是说院校里面做基础科研不行，可以与企业结合一下。院校基础科研跟企业公司可以一起做，让搞工程的去搞这种太深入的基础研究，也不太现实，但是让院校里面的基础科研成果直接转化出来，也不容易。两者结合起来，为的就是把核燃料事业往前推动。李冠兴的这种心情，让人们能够真真切切感受到他对发展中国核燃料事业的迫切愿望。

在压水堆重大专项核燃料自主化项目实施过程中，李冠兴始终站在科技前沿和我国核燃料自主化的高度，在共性技术研究中，注重产学研用相结合的研发体系。他总能敏锐地发现关键问题所在，提出要充分利用国家能源核级锆材研发中心的平台优势，进行梳理和顶层设计。根据压水堆重大专项整体目标，分解了自主化燃料研制目标和核级锆材自主化目标，并以此为导向，进行任务分解和课题设计与衔接。李冠兴强调材料先行的重要性，并提醒有关方面要注重企业在研发过程中的主体作用。

在李冠兴的深切关怀和指导下，国核锆业先后完成了 SZA-4 和 SZA-6 两种新锆合金开发，并拥有了这两种合金的自主知识产权；研制开发了两种新锆合金管、带、棒材工业化生产技术并固化；建立了核级锆材堆外性能评价体系；实现了两种新锆合金带材、包壳管、导向管的入堆考验，定型组件的制作和性能测试，达到了设计预期效果。

站在我国核电事业发展的制高点，总有个问题萦绕在李冠兴的心头，那就是：如何把我国从核电大国发展成为核电强国？如何从"跟跑"到"并跑"，最终实现"领跑"？核燃料元件是核电站的"粮食"，它的自主可控性、安全性、高效性和经济性，是我们首要考虑的重要因素。在国家科技重大专项核燃料自主化项目的牵引下，国内三大集团自主化核燃料和核级锆材的研发掀起了一股高潮。李冠兴清醒地认识到核燃料元件和核级锆材研发的长期性、复杂性，结果存在的诸多不确定性，以及我国在核级锆材研发领域的基础经验薄弱等因素，他提醒大家，我国核电站的堆型复杂，所需的自主化高性能核燃料元件和核级锆材必将呈现多样性。核级锆材的研发刚起步，我们一定要利用好国家现有的平台和资源，联合高等院校、科研院所和核电站，最大限度地夯实基础。在李冠兴的指导下，国核锆业相继研发出了 CZ1 和 CZ2 自主化锆合金、N36 包壳管材和带材及导向管的工艺与产品，经堆内考验，取得了很好的效果，他甚是欣慰，表示："我国的核级锆材和核燃料元件的研发生产一定会厚积薄发，进入世界第一方阵！"

李冠兴常说："要敢为人先，要大力协同、合作共赢，实现由跟踪向创新的跨越。"创新是要有底气的，空喊口号是不行的。李冠兴热衷研究制定国产化方案，不仅是元件制造，还有反应堆，他站在中国人要自己成功的角度去思考中国核电发展的未来。

2018年，李冠兴（左二）出席二〇二厂核电燃料元件制造技术
院士专家工作站揭牌仪式

李冠兴对中国核燃料事业发展寄予厚望，为的就是把核燃料事业往前推动。日本福岛核泄漏事故发生后，ATF研发兴起，李冠兴全力支持国内ATF的研发，二〇二厂也在李冠兴的支持下，在中核集团内率先启动了碳化硅包壳管的制备工艺研究，开启了ATF的研究工作。在后来的多次会议上，李冠兴又大声疾呼，ATF是核燃料领域多年未见的新潮流，也是新思想，我们要抓住这个"换道超车"的机会，把我们的核燃料技术搞上去。在项目论证和立项阶段，李冠兴亲力亲为，与项目团队一起研究国外进展，研究项目目标，确

定研究方案。在李冠兴的指导下，装有铬涂层包壳管的特征化核燃料组件顺利入堆，这也是国内第一个 ATF 概念的特征化核燃料组件装入核电机组辐照。

李冠兴渊博的专业学识、广阔的国际视野和儒雅的风度气质为核工业界所公认，这样的品质品格是润物细无声的，常常在一些小事上流露出来。有一次，美国机械工程师学会标准委员会的两位外国专家到中国核学会访问交流，商谈有关"标准"事宜，这是一次专业性较强的交流会。因为是一次比较正式的会见，双方都使用母语，然后各由自己的翻译转述。当然，实际情况是美国的领导和专家是不懂中文的，需要由其中国办事处的员工进行翻译，李冠兴本人则具有较好的英文听说与表达能力。一开始，双方的交流较为顺畅，各自表达了对于标准化趋势的观点与看法。不过，随着讨论的深入，话题的专业性变得越来越强。无论是中国核学会的中文翻译还是美国机械工程师学会的中方员工，都不太能快速且准确地表达双方领导和专业技术人员的原意，这就影响了会议的质量。李冠兴及时地发现了这一问题，并主动提出说不再使用翻译，由他本人用英语表述。李冠兴是核燃料元件领域的专家，而这次会议其实主要是谈标准化问题，其中的差异较为明显，何况标准化领域的研究还有更频繁的更新换代问题，所以说，其中的翻译难度是比较大的。在李冠兴使用英文表述之后，双方的交流的确变得更为流畅和准确。究其原因，一方面是因为李冠兴有较好的语言基础，他是改革开放之后我国第一批公派海外访学的研究者；另一方面是因为李冠兴长期不间断地学习，从而使得自己的专业知识体系能够紧跟时代的发展，他的视野在全球而不仅是中国。

曾在中国核学会秘书处工作的马正锋回忆：一次，李冠兴和他谈起 2010 年前后流行的一本书——《世界是平的：21 世纪简史》（ *The World is Flat*：*A Brief History of the 21st Century* ），当时李冠兴问马正锋看的是中文版还是英文版，马正锋说是中文版。随后，李冠兴说:"既然 the world is flat(世界是平的),你也应该看一看英文原版。"这本书讲的是全球化的问题,说的是随着科技的进步,全球化程度加深,传统世界的规则与秩序在 21 世纪初已经发生了深刻的变革,要求现代人去适应这一变化。中国核工业在当时也深度参与到核工业全球化的新时代之中,对中国核工业的主流技术是否需要多元化讨论得很多。李冠兴时时关注着中国核工业发展的一些重大问题,并有过长期且持续的思考,否则他不会在一般的聊天中提及这样的一本著作。在这种看似漫不经心中,马正锋看到了一位核科技工作者坚持不懈地对专业素养的追求,也看到了他的开放包容及永远创新的精神态度。

李冠兴曾任南华大学核设施应急安全技术与装备湖南省重点实验室学术委员会主任、湖南省核燃料循环技术与装备协同创新中心专家委员会主任委员,长期以来对南华大学的人才培养、科学研究和学术交流等工作倾注了心血,做出了重大贡献。李冠兴受聘南华大学重点实验室学术委员会主任后,非常关心实验室的发展,每年都亲临实验室讲学指导,为实验室的研究方向、科学研究、人才培养和社会服务等方面"问诊把脉"。2012 年实验室成立之初,他语重心长地对师生们说:"这个湖南省重点实验室很不容易,重点实验室的方向很不错,抓住了后处理和退役治理,这两个方面是我国核工业的短板。实验室的整体方向不会有很多问题,现在是要抓住一些项目,踏踏实实做起来,慢慢壮大了!"

日本福岛核泄漏事故发生后,全世界都更加重视核安全,南华大学核设施应急安全技术与装备湖南省重点实验室加紧攻关,在 2014 年研制出了一款名为"葫芦娃"的核用机器人,这款机器人能在放射性污染的环境中开展工作,并在西北某核基地高放废物处置场地成功完成试验使用。不久,这个项目在西北某核基地举行了科研成果鉴定会,李冠兴是项目鉴定委员会主任委员。李冠兴对这个项目给予较高评价,他肯定成果瞄准国内外急需,开展核用机器人研发工作，方向正确，个别指标还相当领先。他说，核心技术是买不来、要不来的，我们一定要有自己的民族品牌，要有自主可控的技术和装备，要对标国外那些尖端产品，要赶超世界先进水平，从"跟踪"、"跟跑"、"并跑"到"领跑"，这需要大家有创新精神，有颠覆性设计思路，这是我们科研人员的追求和使命。

在中国核学会 2016 年学术年会上，李冠兴又提出殷切期望：

> 实验室发展要"顶天立地"，"顶天"指的是科学前沿，根据国内外核工业发展趋势、国家的战略需求，科学研究要有前瞻性。"立地"指要接地气，根据核工业急需解决的短板问题、企业生产一线技术难题开展科技研究。重点实验室要把基础打好。我觉得要搞好顶层设计，搞退役的顶层设计，搞大项目的顶层设计。要知道我们到底要做什么工作，做核用机器人的时候要把眼界放开，机器人现在发展到了什么程度，实验室研制的这个核用机器人要与国内外现在的产品比较，究竟是先进还是落后，这个很重要。做核用机器人或退役治理的智能机械装置方向很好，关键是要把那些基础研究打好，基础打好有利于今后的发展，开展应用研究就得心应手了。

2019 年病重期间，李冠兴仍不忘实验室发展，抱病坚持主持 2019 年重点实验室学术年会，他说："实验室发展已进入主旋律，但不能总在纵向科研项目上做文章，可以主动找中核集团、中广核和国电投等央企寻找横向合作科研项目，央企可提供应用帮助。"李冠兴同时指出："核用机器人这个项目很重要，不是边缘产品，项目很有前途；乏燃料切割机的工作要做实做细，不断提高精度和智能集成度；人才是科研中的大问题，要加强人才引进和培养。"

在参加实验室博士研究生学位论文指导中，李冠兴热心指导，诲人不倦，不但严谨地提出了论文中的不足与存在的问题，而且耐心指出论文研究的学术深度和创新方向。在曹殿鹏的博士学位论文

《耐事故型锆合金包壳涂层制备及性能研究》开题报告会上，李冠兴指出：课题很有意义，值得继续深入做，后续如能开展入堆实验验证，则课题研究将更加完整，更加结合实际，课题研究的价值将更大。在孙美兰的博士学位论文《海洋核动力平台应急救援体系研究》开题报告会上，李冠兴指出：海上核动力平台安全性要求高，研究难度大，关键要深入挖掘相关技术数据，分析事故源项，侧重事故应急体系研究。

李冠兴（右）指导年轻科技人才修改论文

李冠兴在指导实验室研究生学位论文开题中，特别强调"在研究生开展科研工作的过程中，严谨是科研工作的首要要求，严谨是科研工作者必须遵守的最基本原则，也是科研工作者必须具备的素质。没有严谨的态度，就不可能有真正的科研成果。创新是科研工作的核心要求，科研创新是研究方法、研究手段、数据处理、现象分析、设备组合、项目理解等一系列科研活动中所表现出的与前人不同的思维方式和行为方式"。在这个过程中，李冠兴还总结出了一套"为什么"与"怎么做"的思考方法。他认为"为什么"的思考方法主要是理解和认识型的思考方法，"怎么做"的思考方法是创造型的思考方法。最后，要以创新的科研精神、严谨的科研态度、规范的科研方法产出优秀的科研成果。

李冠兴（左三）出席清华大学博士学位论文答辩会

李冠兴也是南华大学湖南省核燃料循环技术与装备协同创新中心专家委员会主任委员。在2017年的协同创新中心学术年会上，李冠兴指出："现在我国正从核电大国向核电强国发展，这不仅是科研人员提出来的，是国家能源局领导提出来的，也是国家的发展战略。总体来说，核工业的发展形势相当好。核燃料循环技术与装备协同创新中心发展得非常好，核燃料循环与装备中心做的面很广，创新中心可以把核工业的力量结合起来，现在非常注重合作共赢，核行业的科研院所，尤其是生产企业特别重视与高校的合作，南华大学一定要'走出去''请进来'，无论是科学研究还是人才培养，都应与核能产业深度融合，走产学研用发展之路。"

2020年教师节，南华大学原党委书记、博士研究生导师邹树良赶赴北京，专程到医院看望李冠兴。消瘦的李冠兴，脸颊凹陷，额头显得特别突出，几乎让人认不出来。病重之中的李冠兴用微弱的声音，向邹树良询问重点实验室"十四五"发展规划、创新中心科研项目进展情况、南华大学核学科专业的发展态势。告别时，李冠兴还嘱咐邹树良："老邹，一定要做好'传帮带'，现在是核事业的春天，把核学科建设好，把核专业人才培养好，大家要乘势而上啊！……"未曾料到，邹树良与李冠兴的这次见面，竟成永别！身体虚弱的李冠兴躺在病床上，还惦记着南华大学的建设和发展，关心着核学科专业的人才培养，真是"我将忘我，国之大家"！

我有国士，天下无双。

住院期间，平时除了上午配合治疗、化疗、输血外，李冠兴还要接许多各方打来的工作电话。他一边输着液，一边打开笔记本电脑，查看给他发来的各种文字、视频等材料。中国核学会核材料分会的同志，要向李冠兴汇报工作，因为情况特殊，医院不允许外人探视，核材料分会的同志只能在医院外面，用手机视频的方式向李冠兴汇报，接受李冠兴交代的工作。

尽管李冠兴病重，但凡是牵涉中核集团和二〇二厂方面的专家评审工作之类的重要会议，他都坚持参加。

有一次，李冠兴要去中国原子能科学研究院参加一个重要的会议。上午，在医院做完化疗后，他提出要回趟家。李冠兴有一个习惯，在出席重要的会议之前，他都要洗个澡，换身衣服，精神一点，然后再去开会。

躺在医院的病床上，李冠兴还在冲锋……

同事、朋友、学生、亲人赶到医院看望他，他说："我没有时间了，看望我一分钟就够了，其他事问我老伴吧。"2020年11月，李冠兴的病情到了晚期。从确诊到去世的最后时间里，在病房的办公桌前，一直放着他的笔记本电脑……因为他电脑的文件夹中，收藏着关系国家核心利益的核材料与核燃料、新型特种材料研究的技术文件。除此之外，还有学生的毕业论文，他们快要答辩了，不能耽误孩子们毕业，他意识到自己的时间不多了，一切都要快，要尽快……

李冠兴的病情再度恶化，生命进入倒计时，他多次请求甚至哀求医生同意自己下床工作，陪伴他一生的爱人张珊珠实在不忍心他最后一个愿望都不被满足，他才终于又坐在了电脑前，他的手开始颤得握不住鼠标，眼睛也渐渐看不清东西，他几次问爱人张珊珠："我的眼镜在哪儿？"爱人说："眼镜戴着呢……"

站在病床旁边的医生、护士等很多人痛哭起来。因为怕他听到，都使劲捂着嘴巴。最后，还是他的爱人张珊珠说了一句："医生想叫你休息一会儿！"

他则回答道："坐着休息！"而他接下来说的一句话，让在场所有人再一次掩面啜泣："坐着比躺着好啊，我不能躺下，躺下了，就起不来了！"

两个小时后，他终于累得再也支撑不住，在医护人员的搀扶下，李冠兴回到了病床，这是他生前最后的影像，他大口喘着气，眼神也黯淡下来。

这一躺下，他再也没能起来……

几个小时之后，中国工程院院士李冠兴，永远地闭上了眼睛。

2020年12月1日，他的心脏跳动不起来了，也不会再请求着起床。他没做完他的工作，这几天他在电脑上列了个提纲敲敲打打，5条提纲的内容没有完全填满，家人留言这一条完全是空白……

中国共产党的优秀党员，中国共产党第十六次全国代表大会代表，第十届全国政协委员，我国著名核材料与核燃料科学家、工艺技术专家、新型特种材料研究及应用的奠基人、新型研究试验堆燃料元件研究制造的开拓者、行业学术的引领者，中国工程院院士李冠兴因病医治无效，于2020年12月1日6时8分在北京逝世，享年81岁。

医院科室主任、护士、亲人、同事、朋友等对着床头说，李院士您安心地走，剩下的工作我们后人会接着完成。医院科室主任治疗了30多年的患者，像这样面对自己生死的人，他是第一次见到。

李冠兴的儿子李昊明深情地对父亲说：

您是一位慈爱的父亲、严格的父亲；是一位对生活、对工作非常认真的父亲。您的肩膀是那么的宽厚，您是我最好的朋友，是我的师长，更是我的榜样……

李昊明说：

随着年龄的增长，我觉得我工作、生活的点点滴滴都受父亲的影响，我能有现在这点成绩，也是因为父亲的影响。在父亲生前，我没有感触那么深，自从父亲走了以后，我回想了很多很多，看看自己走过的路，觉得我在父亲身上学到的东西越来越多，父亲生前教给我的点点滴滴都是那么珍贵。虽然父亲没有直接为我的工作事业铺路搭桥，但是，我所走的每一步路，我所做的每一件事，起关键作用的，都是父亲教给我的这些点点滴滴。感谢父亲！因为有了父亲点点滴滴、潜移默化的影响，才有了今天我事业的成就。我的这种感觉，随着时间的流逝，将会越来越深刻！

2020年12月3日，北京八宝山殡仪馆礼堂，哀乐低回，偌大的告别大厅内摆满了花圈，直至廊道，悼念的人流绵延数百米。参加告别仪式的既有耄耋老者，也有菁菁少年；既有学界泰斗，也有稚气学子；既有国家有关部门、企业集团的各级领导干部，也有普通工人；既有在京的各界人士，也有自发来京的同事挚友。人们聚集于此，共同为一位伟大的科学家送行。

在相隔千里之外的内蒙古包头市，李冠兴奉献毕生心血的二〇二厂全体干部职工因李冠兴的离世深感痛心和惋惜，部分人员自发选择到北京八宝山送李冠兴最后一程。

党和国家领导人李克强、王岐山、王晨、刘鹤、陈希、张德江、吴官正、王勇、肖捷、刘延东等同志，致电家属表示诚挚慰问和沉痛悼念，并以个人名义赠送花圈。胡锦涛同志办公室来电对李冠兴同志的逝世表示哀悼，对其家属表示慰问。

中共中央组织部、中央军委科技委、中央军委装备发展部、国防科技工业局、国家核安全局、国家能源局、内蒙古自治区党委，中国核工业集团有限公司、国家核电技术有限公司、中国广核集团有限公司、中国华能集团有限公司、中国一重集团有限公司，中国科学院、中国工程院、中物院、中国国际核聚变能源计划执行中心、清华大学、北京师范大学、哈尔滨工程大学、西安交通大学、上海大学、兰州大学、四川大学、湖南大学、重庆大学、西北工业大学、东北大学、中南大学、南华大学、北京科技大学、北京化工大学、大连理工大学、华南理工大学、内蒙古科技大学、内蒙古工业大学，中国核学会及各专业分会、各省市级核学会等国家部委、地方党委、企业集团、科研高校、社会团体等敬献花圈表示哀悼。美国机械工程师学会、西屋电气公司等国外组织和企业也敬献花圈表示哀悼。李冠兴院士生前好友、单位同事、亲属及学生敬献了花圈，以不同方式表示沉痛哀悼，并向李冠兴院士家属表示深切慰问。

中国工程院院士周廉、张国成、汪燮卿、袁渭康、胡思得、张立同、杜祥琬、吴慰祖、舒心田、邱爱慈、樊明武、曹湘洪、才鸿年、叶奇蓁、王一德、王国栋、屠海令、周克崧、周玉、赵宪庚、陈祥宝、李言荣、钱旭红、谭天伟、李元元、欧阳晓平、李卫、陈芬儿、谢建新、钱峰、王玉忠、毛新平、吴锋、黄小卫、潘复生、戴厚良、彭金辉、宫声凯、吴宜灿、柴立元，中国科学院院士吕敏、王乃彦、詹文龙等敬献花圈。

中国工程院院士周永茂、武胜、孙传尧、张联盟、彭寿、张平祥、刘正东、罗琦，中国科学院院士蒙大桥参加遗体告别仪式。

李冠兴院士亲属、生前好友、同事、学生及社会各界人士等到场送别。

2018 年，中央军委装备发展部首长到二〇二厂检查指导工作，在谈话时说，二〇二厂是"国宝级"的工厂，要保护好、发展好。这句话转给了远在北京工作的李冠兴。那天，他回到家特别兴奋，跟老伴儿说："今天，咱们别做饭了，出去吃面条，为二〇二厂长远发展，吃个长寿面。"一位78岁的老人，听到中央军委装备发展部首长评价二〇二厂是"国宝级"的工厂，他激动，他要偕老伴儿一起出去吃长寿面，祝福二〇二厂不断发展，这就是他的格局。

李冠兴去世后，不少领导都去家里看望他的夫人张珊珠。每当这些老朋友、老领导去看望张珊珠的时候，都会问："您还有什么需要我们帮助和解决的困难？"张珊珠回答的基本上都是一句话："我个人没有任何困难，现在很好。我唯一的一个心愿，就是先生走之前的一个心愿：希望你们能够一如既往地继续支持好二〇二厂，关心好二〇二厂。"这让各级领导都特别感动。

时任二〇二厂总经理邹本慧多次在党委会、青年员工大会、中层干部会上讲，这就是一位刚刚失去丈夫的70多岁的老人讲的一句话，多大的情怀、格局啊！大家都很年轻，都在重要岗位上，我们做的工作或者我们完成任务的标准和效果自己是否满意？

邹本慧始终都在跟班子成员讲，咱们真的不能辜负李院士，包括亲戚家人对咱们的期盼。李院士不仅日常自己这么说，连他的爱人都能讲出这样的话。可想而知，平时他们老两口在家里是如何对二〇二厂进行评价，如何对二〇二厂寄予期望的……

在给新入职员工的讲课中，邹本慧引用了李冠兴和张珊珠之间发短信的故事，李冠兴有一条短信，内容是"生逢其时，重任在肩"。邹本慧说，这8个字也要送给我自己和我们新入职的年轻大学生们。真的，我们很幸运，生长在这个伟大的时代，赶上这么好的时候，还有这么好的平台，我们重任在肩，我们要把先生未竟的事业传承好。

张珊珠也经常含着热泪说，先生自己是舍不得走的，他有好多的想法想去实现，他有好多自己的工作还没有做完啊……

2017 年，李冠兴与夫人张珊珠

2021 年 3 月，经包头市政府批准，包头市建造"功勋苑"公墓，公墓接纳的第一位功勋人物便是李冠兴。

秋雨绵绵，寄托思念。2021 年 9 月 15 日上午，李冠兴院士纪念铜像揭幕暨入园仪式在包头九龙生态人文纪念园功勋苑举行。中核集团党组成员、副总经理马文军，包头市委副书记、政法委书记王征宇，中核集团综合部、系统工程部、党群工作部，中国原子能公司，包头市委组织部、市民政局、青山区委、石拐区民政局，中核北方核燃料元件有限公司等相关单位的领导，李冠兴院士家人及中核北方有关部门、单位负责人和部分青年职工代表共计 60 余人参加仪式，共同缅怀敬爱的李冠兴院士。

现任二〇二厂党委书记、董事长邹本慧在致辞中说：

李冠兴院士一心向"核"，扎根北疆，把毕生的智慧和才华执着地奉献于他热爱的核事业。他秉持"求真务实，创新图强，厚道为人，报效祖国"的精神信念和"随缘素位、自知自

矗立在包头九龙生态人文纪念园功勋苑的李冠兴院士纪念铜像。
李冠兴院士极目远眺，表情安静祥和，与他随缘素位、爱国奉献的
一生相得益彰

胜"的人生格言，以渊博深厚的专业功底，在我国新型材料、
金属型核燃料元件、研究堆燃料元件和先进核电燃料元件等领
域取得了丰硕成果。他用一生的坚守，诠释了"事业高于一
切、责任重于一切、严细融入一切、进取成就一切"的使命担
当，他用一生的默默奉献诠释了对祖国核事业的忠诚热爱。当
前，我国核事业发展正处于重大战略机遇期。李冠兴院士常讲
我们这代人"生逢其时，重任在肩"。让我们切实以李院士为榜
样，铭记和传承他始终不渝、热爱祖国、躬身实践、求实创新、
恪尽职守、鞠躬尽瘁的精神风范，坚持以李院士提出的"要把
二〇二厂建成国际一流的核燃料工业基地"为目标指引，牢记
强核报国初心使命，始终以奋发的状态和昂扬的斗志，拼搏进
取、建功立业，争取早日达成夙愿。让我们坚持以李院士提出
的"团结、求实、自强、创新"的二〇二厂企业精神，争做实

345

干者，不做"空谈客"，守正创新、奋力攻关，切实担负起时代赋予我们的责任和使命。让我们坚持以李院士常讲的"我们不怕困难，中央给我们的任务一定要完成，想尽办法去完成"为工作信念，以敢打硬仗、善打胜仗的决心和勇气，精益求精、争创一流，为我国核事业和经济社会发展做出新的更大贡献！

为中国核事业奉献一生的李冠兴，将永远长眠在这片他热爱一生、奉献一生的热土，留在包头市城市发展的记忆中，留在他所钟爱的祖国北疆，永远铭记在二〇二厂全体职工和核工业人的感念中。

为纪念李冠兴对我国核科学事业的突出贡献，继承和弘扬李冠兴强核报国的奉献精神、严谨认真的科学家精神、勤勉敬业的企业家精神及追求卓越的创新精神，二〇二厂还特别设立了"李冠兴科技奖"，以表彰对公司科技创新和主导产业发展做出突出贡献的个人及团队。

二〇二厂首届"李冠兴科技奖"获奖的团队

李冠兴几十年如一日，在阴山脚下的黄土地上勤奋耕耘，扎根在他热爱的核事业领域，为我国的核工业发展做出了巨大贡献。他经常告诉身边的人，对于科研人员来说，一辈子有机会做几个大课题是不容易的，要把眼光放远一点，有些东西不是金钱能买到的，人总要有点精神。

李冠兴，宁移白首之心，不坠青云之志。从求学清华到扎根塞外工厂，从出国留学到当选院士，他用执着与坚守成就了最美芳华。2020 年 1 月，他荣获"核工业功勋人物"奖。荣誉的背后，满载的是李冠兴几十年如一日的奉献精神和责任与担当。

2020 年 1 月，李冠兴荣获"核工业功勋人物"奖

科学家精神是胸怀祖国、服务人民的爱国精神，勇攀高峰、敢为人先的创新精神，追求真理、严谨治学的求实精神，淡泊名利、潜心研究的奉献精神，集智攻关、团结协作的协同精神，甘为人梯、奖掖后学的育人精神。作为一位虔诚的核科技工作者，李冠兴在长期的工作中，践行了一种精神，也一直在丰富这种精神的内涵。这种精神是"科学家精神"，是"两弹一星"精神，是"四个一切"核工业精神和"强核报国 创新奉献"的新时代核工业精神。

核科学技术是很前沿、很尖端的科学技术，其不是单纯的核电

中核集团授予李冠兴的院士荣誉勋章

站、核建设和核军工，核太大了，核特别前沿，核科学技术为当代前沿科学技术。但是，在所有的前沿科学技术中，核又是最讲政治的一门科学技术，因为核的学科性质，让各个国家对核的态度是极其政治化的，一个国家的核科学家，他在核科学技术领域，越是一个大家，就越是讲政治的。这一点，在李冠兴身上体现得很明显。他是以身许国、以身许党的榜样，像钱三强、王淦昌、郭永怀、邓稼先等核科学大家一样，李冠兴是一位将政治与科学高度统一起来的人。

在纪念我国第一颗原子弹爆炸成功50周年的演讲中，李冠兴在题为"传承'两弹一星'精神、实现伟大中国梦"的发言中谈道，"热爱祖国、无私奉献"，是核科技工作者的坚强精神支柱。广大核科技工作者把个人的理想与祖国的命运紧紧联系在一起，把个人的志向与民族的振兴紧紧联系在一起，隐姓埋名，默默奉献。他们用热血和生命谱写了一部为祖国、为人民鞠躬尽瘁、死而后已的动人诗篇。"自力更生、艰苦奋斗"，是核科技事业取得成功的立足基点。广大核科技工作者依靠科学、顽强拼搏，发奋图强、锐意创新，突破了一个又一个技术难关，取得了核科技事业的伟大胜利。他们所具有的惊人毅力和勇气，显示了中华民族在自力更生的基础上自立于世界民族之林的坚强决心和强大能力。"大力协同、勇于登攀"，是核科技事业取得成功的重要保证。广大核科技工作者以执着的追求和超凡的智慧大胆创新，发扬学术民主、集思广益，突破了一系列关键技术，实现了一系列重大突破，使我国的科研能力实现了质的飞跃。他们用自己的辉煌业绩，为中华民族文明创造史增添了光彩夺目的一页。"两弹一星"精神，是爱国主义、集体主义、社会主义精神和科学精神的生动体现，是中国人民在党的领导下，创造的新的宝贵精神财富，是激励全国各族人民，在社会主义现代化建设道路上奋勇前进的巨大精神力量。我们需要大力推进"两弹一星"伟业，继续加强国际交流与合作。既要将更多更好的国际经验"请进来"，也要努力为我国核工业"走出去"做出贡献。积极参与、申办重要的国际会议，通过交流与合作的方式积极宣传我国核科技成就、产品和服务，向国际社会介绍中国蓬勃发展的核事业，传递中国的核声音，为我国核工业"走出去"营造良好的国际舆论氛围。

仅仅因为投身到了一个伟大的事业中，仅仅因为把自己的理想追求同国家民族的命运结合起来，李冠兴就升华了自己的人生价值。李冠兴从事的我国核燃料事业蓬勃发展，也达成了他的愿望。

他以"求真务实，创新图强，厚道为人，报效祖国"的人生信念和"自知者明，自胜者强"的科学态度，在核材料核工艺技术领域勤奋耕耘着。他为我国核科学事业奉献了毕生精力，他是一位谦和而执着的学者，也是一位德艺双馨的智者，在他身上，诠释了风度与才华的完美融合，也谱写了科学家与管理者的"双料"传奇。

中国核工业最早的"五厂三矿"中的"五厂"除了西北核武器研制基地（原二二一厂）外，其余全部都是核燃料生产企业，可以说这是中国核燃料产业的肇始和雏形。中国核燃料产业的发展伴随着中国核工业的创建，已经走过了60多年的光辉历程，见证了中国核工业前进的每一个脚印，承载着几代核燃料人艰苦创业、无私奉献、强军强核的追求与梦想，构筑了中国核工业的"脊梁"。核燃料产业是核产业体系中的重要环节，如果没有这个环节，就不能叫有完整的核产业体系，在世界上就不能称为核强国，就没有话语权，就要受制于人。如今，中国核燃料产业已成为国家建设和核能事业发展的重要基础，正沿着创新融合式发展道路阔步前行。在这个从白手起家到自主创新茁壮成长的历程中，中国核燃料元件产业的创新发展，二〇二厂的二次创业、振兴跨越，无不凝聚着李冠兴的忠诚、智慧和奉献，无不彰显出"冠兴精神"的张扬，李冠兴给我们带来的影响是根深蒂固、深远而持久的。

循着李冠兴的足迹，在清华大学建校 110 周年校庆日，作为学生代表向中共中央总书记、国家主席、中央军委主席习近平汇报学习工作情况的清华大学工程物理系应届博士毕业生孙启明，也来到了二〇二厂工作。他说："总书记嘱咐我们要爱国爱民、锤炼品德、勇于创新、实学实干。我来到二〇二厂工作，这是对总书记嘱咐的践行，是李冠兴院士不朽精神的感召，是报国使命的催动，是伟大事业的呼唤。"

李冠兴的事迹和精神激励着孙启明，李冠兴的事业将会有更多的后来者承继。

2019 年毕业来厂的清华大学工程物理系博士李明阳说：

> 李院士虽然已经离开我们了，不能给我们指出具体方向了，但是，他的那种思维方法，是我们年轻人需要去把握的。我听说过李院士做科研的一些事迹。首先，他有很扎实的理论功底，从科学的角度来想问题，来制订一个比较合理的方案，进行一些大胆尝试。首次尝试肯定不会尽善尽美，但是有一个好的发展方向，从科学原理上知道这个一定是能做成的，这个信心就定下来了，看到可行性，科学上分析能做成，就坚定不移地把它做成，把世界最前沿的产品做出来，这给我启发很大。现在我们接触的都是国内外各种新型堆型，首选都找我们做，有一个好的机遇，有一个好的平台，然后，就看自己的努力程度怎么样了。如果在科学技术研究的工作中能够享受过程，干得开心快乐，能做出成果，我就感觉挺好。

"躬耕原子美誉冠华夏，精研核材硕果兴乾坤"，这是中国核学会原副秘书长申立新在李冠兴院士八十寿辰时送给他的贺寿条幅，这也正是对李冠兴院士辉煌一生的真实写照。

中国核学会原副秘书长申立新（左一）
在李冠兴（右二）八十寿辰时送给他贺寿条幅

附　　录

附录一 李冠兴院士大事年表

1940 年 1 月 14 日

生于上海市。

1950 年

从私立道达小学毕业。

1953 年

从上海市私立肇和中学初中毕业。

1956 年

从上海卢湾中学高中毕业。

1956 年

考入清华大学工程物理系。

1956～1962 年

在清华大学工程物理系攻读核材料专业。

1962 年

大学毕业，留校攻读核材料专业研究生，师从李恒德先生。

1962～1966 年

在清华大学工程物理系攻读核材料专业研究生。

1967 年

投身核工业生产科研一线，到中国核工业二○二厂参加工作。

1968 年

与张珊珠女士（1964 年分配到二○二厂职工医院工作，上海中医学院毕业）结婚。

1967～1982 年

任中国核工业二〇二厂冶金研究所课题组组长。

1982 年

经导师李恒德先生推荐，到美国俄亥俄州立大学冶金工程系做访问学者（教育部公派）。

1982～1984 年

美国俄亥俄州立大学冶金工程系任访问学者。

1984～1990 年

任中国核工业二〇二厂冶金研究所科研副所长，工程师、高级工程师、研究员级高级工程师。

1986 年 4 月

加入中国共产党。

1990 年 8 月

任中国核工业二〇二厂副总工程师，研究员级高级工程师。

1990 年 12 月

任中国核工业二〇二厂总工程师，研究员级高级工程师。

1993 年

筹建核工业特种材料研究与应用开发重点实验室。

1997 年

核工业特种材料重点实验室建成，通过正式验收，任重点实验室主任。

1999 年 11 月

当选中国工程院化工、冶金与材料工程学部院士。

2001～2004 年

任中国核工业集团公司二〇二厂厂长。

2002 年

当选中国共产党第十六次全国代表大会代表。

2002 年 6 月

任内蒙古科学技术协会名誉主席。

2002 年 6 月

任第五届中国腐蚀与防护学会能源工程专业委员会副主任委员。

2003 年

当选第十届全国政协委员。

2003 年

主持建成了中国第一条重水堆核电站用燃料棒束生产线，为我国核燃料元件制造技术进步做出了重要贡献。

2003 年 11 月

任内蒙古科技大学名誉校长。

2004 年

退出领导岗位，受中国核工业集团公司委托，参加第三代核电站的国际招标，任燃料组组长。促使美国西屋电气公司 AP1000 三代核电燃料元件生产线的建设定点二〇二厂。

2004～2020 年

任中核北方核燃料元件有限公司名誉总经理。

2007～2020 年

任中国核学会核材料分会第六、第七、第八届理事会理事长。

2009 年

获全国道德模范提名奖和包头市第二届道德模范荣誉称号。

2009 年 4 月

任国核宝钛锆业股份公司董事会独立董事。

2011 年 4 月

任浙江大学高压过程装备与安全教育部工程研究中心技术委员会副主任委员。

2012～2020 年 12 月

任中国核动力研究设计院反应堆燃料及材料重点实验室学术委

员会主任。

2012 年 4 月

任清华大学核能与新能源技术研究院双聘教授及精细陶瓷北京市重点实验室学术委员会主任。

2013 年 4 月

任表面物理与化学重点实验室第三届学术委员会主任。

2014 年

任核燃料循环科学传播专家团队首席科学家。

2014 年 2 月

任国家能源局核电科学发展咨询专家。

2014 年 4 月

任国家能源先进核燃料元件研发（实验）中心学术委员会主任。

2015 年 7 月

任全国核能标准化技术委员会第五届主任委员。

2015 年 9 月

任中国核工业集团公司第四届科技委高级顾问。

2017 年

任由中国科协、国家能源局、国家原子能机构、国家核安全局主办的"科普中国——绿色核能主题科普活动"首席科学家。

2018～2020 年

任中国核学会第九届理事会监事会监事长。

2018 年 1 月

任中国核能行业协会第三届专家委员会特邀顾问。

2019 年 1 月

获中核集团院士荣誉勋章。

2019 年 7 月

任国家核安全专家委员会副主席。

2019 年 8 月

获中国核学会特别贡献奖。

2020 年 1 月

被中核集团授予"核工业功勋人物"奖。

附录二　李冠兴院士主要著作目录

《核科学技术学科发展报告》
《研究试验堆燃料元件制造技术》
《核燃料》
《重水堆燃料元件》
《二元系统中的扩散理论》
《快速凝固三元铁－铝－硅粉末混合压实体的扩散均匀化》
《铀合金及其性能》
《水堆燃料技术和利用改进》
《试论金属的结构层次》
《我国核燃料循环产业面临的挑战和机遇》
《我国核燃料循环前端产业的现状和展望》
《核电安全理念的一次飞跃》

　　（由于保密原因，这里无法更多展示李冠兴院士的主要科学论著，亦无法更多描述他对中国核事业的卓越贡献，但李冠兴院士渊博的学识和对理想事业的追求，是人所共知的。他是一位辛勤的耕耘者，是在中国核事业历史丰碑上永远闪光的楷模。）

后　记

　　走在中核北方核燃料元件有限公司办公楼、研究所、车间生产厂房，这些干净整洁、朴实无华的建筑没有现代化大企业的豪华气派，却自有 60 多年老厂的端庄威严；道路两旁绿树成荫，仿佛见证着这里的沧桑流变。

　　随着采访的日益深入，我们愈发感受到，与朴实无华的工作环境相对应的，是中核北方的丰富内涵：这里是我国第一个完整的核燃料元件生产科研基地，曾建成我国第一条铀化工生产线、第一条金属钙生产线、第一条核燃料元件生产线，从而奠定了从建厂之初就确立的"厂所合一"体制下的雄厚的核燃料元件科研和生产基础；如今这里拥有国内最多的核电燃料元件生产线和核燃料元件的品种；这里洋溢着 60 多年荣耀激发的勇争一流的豪情和气魄……

　　与这些紧密相连、相伴而生的，正是中核北方在核燃料研制与核材料研发领域日益增强的创新实力，以及正在以更快的节奏、更高的速度亮相的创新成果。对于从创立之初就承载着自主先进核燃料元件研发攻坚使命的中核北方来说，在坚持创新的同时，其正在储备技术、培养和锻炼人才队伍，为今后的发展不断积蓄新的力量。

　　这一切都与李冠兴院士相伴相依、紧密相连。搁笔之余，那挥之不去的一个个细节一直在眼前重现。撰写科学家的传记，我们固然对他们在某个科学领域做出的前所未有的发现及特殊贡献感兴趣，但是感动我们、给我们印象更加深刻的，往往是一些别的东西，比如他们在选择职业时的思考，他们在科研过程中坚持的思维方式，他们在逆境中的淡定以及他们的人生哲学，等等。这些，都是发人深思的，我们想应当归之为科学家的人格魅力吧！

也许我们已经习惯于把科学家的人格遗忘于科学之外，以为科学可以脱离科学家的人格，但李冠兴远去的背影投射到我们心中，却给出这样一个答案：科学家的人格也是科学的一部分，它是科学的脊梁。生命就像一篇文摘，不接受平淡，只收藏精彩，生命是一个连载的过程，无论成功还是失败，都不会在你的背后留下空白。在中核北方，李冠兴是个传奇人物，是从干部到职工人人仰慕的大师，甚至街头偶遇的大爷大妈，谈起李冠兴来也都充满了崇敬。有些受访者说着说着就忍不住流下了热泪，足见人们对李冠兴的那份感情。我们为之感慨，我们为之感动，李冠兴给这家企业带来的影响是根深蒂固、深远而持久的。

腹有诗书气自华，人到无求品自高。李冠兴的大师风范和人格魅力，聚传统之美德，汇时代之精华，树人生之楷模，把共产党人的道德情操和思想境界升华到了一个全新的高度，具有鲜明的时代性和旺盛的生命力。李冠兴以渊博深厚的专业知识及"求真务实，创新图强，厚道为人，报效祖国"的人生信念和"自知者明，自胜者强"的科学态度，自觉融入国家发展洪流之中，始终心系"国之大者"，做足"新长征"的准备，充盈"大决战"的豪情，像战士一样战斗，像旗帜一样凝聚，像磐石一样坚守，汇聚在信仰的旗帜下，做好当下事，着手长远事，成就美好事，穷其一生，默默无闻，致力科学。在一穷二白时大胆探索，在成长发展中奋力追赶，在市场搏击中自立自强，在国际竞争中领先创新。时代需要大师，李冠兴是大师。

大域中有"四大"，即道大、天大、地大、人亦大，大师由此而来。当大家提到自己最崇拜的人时，往往我们听到的是一些伟大的尽人皆知的名字。比如提到自己最崇拜的科学家，名单中总是会有这样的名字：牛顿、伽利略、爱因斯坦……是的，这些伟大的人确实为这个世界和我们整个人类社会做出了不可磨灭的贡献，甚至正是一个个这样的人带领我们创造着我们的社会。但是，我们崇拜的更应该是用最朴素的心态、最诚恳的态度、最坚定的信念和最踏实的行动验证与追求自己信念的科学家，他可以不是世界闻名的，可以不是著作等身的，甚至可以没有什么轰动业界的闻名的理论成果。这样的科学家只是科学的践行者，正是这样的基座垫起了整个科学的大厦，所以，这样的科学家才是值得我们崇拜的大师。

"求真务实"是李冠兴的人生追求。"求真"就是不断地认识事物的本质，把握事物的规律；"务实"就是要在规律性认识的指导下，去做、去实践。"求真务实"已经成为社会发展不可或缺的无形的精神要素。李冠兴作为深受大家爱戴的科学大家，始终坚持求真务实，以渊博深厚的专业功底，在我国新型材料、金属型核燃料元件、研究堆燃料元件和先进核电燃料元件等领域取得了丰硕成果。

"自信自强"是李冠兴的人生底色。自信自强是贯穿李冠兴科研人生始终的特有气质，从"中国制造"到"中国创造"，从"跟跑"、"并跑"到"领跑"，李冠兴带领着他的团队，一路走来，使我国的核燃料产业不断成长，取得了一系列重大科研成果，这是李冠兴等老一辈科学家自信自强、勇于探索的精神彰显。

"立己达人"是李冠兴的人生格局。"立己"就是自知自胜，使自己成为有用之才；"达人"就是托人举事、服务人民、报效祖国。胸怀天下，立己达人，李冠兴很喜欢这种成长他人、丰盈自己的生活状态，既行走在科学探究的路上，又不忘科学哲学的思考，坚定着他科技报国初心的理想信念。

"报效祖国"是李冠兴的人生目标。正是在这种精神的感召下，李冠兴怀着质朴的兴核报国情怀，在心有大我的战略大局中思考、在战略大局下行动，找准正确坐标，明确奋斗目标。观大局、明大势、谋大事、成大业，这是李冠兴的奋斗初衷，也是其力量之源泉。凭借深厚的学术造诣、宽广的科学视角、心有大我的境界和信念，李冠兴为祖国和人民做出了彪炳史册的重大贡献。

李冠兴是一位成就卓著的战略科学家和工程技术专家，是一位谦和而执着的学者，也是一位德艺双馨的智者，在他身上，诠释了风度与才华的完美融合，也谱写了科学家与管理者的"双料"传奇。认识了李冠兴，你就认可了一种格局和高度。李冠兴以赤胆忠诚的爱国情怀、卓尔不群的科学品质、无私无我的价值追求，深刻地展示了一代科学巨擘崇高的大师风范和超凡的人格魅力。仰大师之学更慕大师之德。李冠兴虽然离开了我们，但他德馨品高的大师风范却历久弥新、光耀后人，永远是我们立身做人、治学研修、干事创业、为官从政的光辉旗帜。

德高才能望重，虚怀才能若谷。李冠兴之所以成为深受人们爱戴的科学大家，最重要的是他有一颗平常心，把科学看得最重、把名利看得最轻，从不计较得失，唯一考虑的只有事业，充分展现了一位共产党人无私无我的崇高价值追求。我们被"冠兴精神"所感染，所感动。征途如虹，梦想可期。山峰耸立，挺立的是脊梁；事业勃兴，昂扬的是精神；"强核报国"，激扬的是气象，"冠兴精神"不朽！

青山为枕，书册常伴，愿李冠兴院士安息！愿李冠兴院士精神永存！愿李冠兴院士钟情一生的核事业强盛！

无比遗憾的是，我们没能在李冠兴院士生前采访到他，目睹他的大师风范和人格魅力，亲耳聆听他对党对事业的无比忠诚之情……但我们有幸采访到了李冠兴院士众多的同事、学生、家人……从他们的生动讲述中，我们了解了太多太多我们敬爱的李冠兴院士的感人故事。李冠兴的故事像万花丛中的玫瑰散发出的芬芳，吸引着无数热爱他的人。我们深深地被他们景仰并爱戴李冠兴院士的真情打动了。感动之余，我们也知道了，在这个社会上，还有这样一些人，他们的灵魂是那样地高贵、纯洁，像从高山流淌而来的清泉水，可以荡涤人们内心的浮躁，可以让精神恍惚的人镇静自若……

李冠兴院士——他的生命历程所展示的大爱、坚韧、忠诚、奉献、感恩……已经打动了许许多多的人。李冠兴院士的高尚人格和优秀品德，体现了中华优秀儿女情感之真诚、襟怀之博大、气节之刚烈……这都是中华民族几千年来保持自立自尊的精神源泉。

李冠兴院士就是我们这个大时代的精神楷模！

搁笔案头，掩卷沉思，心中仍不免忐忑，笔墨在描摹这样一位科学大师的时候，显得如此苍白。于是，我们通过遍访先生的故交同事、学生好友，希望能窥其一斑。我们也时常扪心自问：对先生生平的记载、形象的塑造、精神的挖掘、人格的把握，概括到位了吗？记述准确吗？我们力求全面、准确地去记述李冠兴院士的辉煌一生，去概括提炼李冠兴院士科技人生蕴含的精神特质，但由于我们的水平有限，素材掌握得不足，不当之处在所难免。至于作品优劣，还是留待读者去评价吧！

在这里，要特别感谢中国核工业集团有限公司党组成员、副总经理马文军对我们采访工作的支持和线索提供；感谢李冠兴院士的夫人张珊珠女士给予的信任及提供的先生的生平资料、素材；衷心感谢著名作家杨关老师主笔创作完成了本书书稿，为读者再现了李冠兴院士辉煌的一生；感谢中核集团、中国核学会、中国原子能工业有限公司、中核北方核燃料元件有限公司等的各级领导提供的采访便利；中核北方核燃料元件有限公司在协助采访、素材搜集、资料整理及修改完善工作中对我们的帮助。一并致谢所有接受我们采访的各级领导、院士、科技工作者、李冠兴院士的工作同事及退休老职工。

作　者

2024 年 7 月

作者简介

杨新英，"两弹一星"历史研究会宣传部部长、中国国防科技工业文化交流协会专家。曾在原中国人民解放军总参三部服役 15 年，被授予上尉军衔。参与创作纪实文学作品《核铸强国梦——见证中国"两弹一艇"的研制》，获"五个一工程"奖。著有《彭士禄传》，被收入中国传记文学学会特别推出的"建党百年·百部优秀党员传记作品"。编著有《赤诚——彭士禄图传》，荣获 2020"书香羊城"十大好书。参与组织、策划、编写《共和国核记忆口述史·亲历者说》，深受核工业广大干部职工和社会各界的欢迎。

杨关，毕业于西北工业大学。编审（正高级技术职称）、高级政工师。1977 年参加工作，1979 年开始先后在部队、军工单位从事新闻宣传工作，担任宣传部部长近 30 年。现为中国军工文化首席专家、《军工文化》杂志副主编、《航空班组》杂志特约编辑及专栏撰稿人。出版纪实文学、报告文学、专论等个人专著 7 部，在省部级以上报刊发表新闻、散文等作品千余篇，发表理论文章、学术论文等 200 余篇。